Die Unwirksamkeit des Stiftungsgeschäfts

Europäische Hochschulschriften

European University Studies

Publications Universitaires Européennes

Reihe II **Rechtswissenschaft**

Series II Law

Série II Droit

Band/Volume **5717**

Eva Schreiber

Die Unwirksamkeit des Stiftungsgeschäfts

PL ACADEMIC RESEARCH

Bibliografische Information der Deutschen Nationalbibliothek
Die Deutsche Nationalbibliothek verzeichnet diese Publikation in der Deutschen Nationalbibliografie; detaillierte bibliografische Daten sind im Internet über http://dnb.d-nb.de abrufbar.

Zugl.: Hamburg, Bucerius Law School, Diss., 2014

H 360
ISSN 0531-7312
ISBN 978-3-631-66311-0 (Print)
E-ISBN 978-3-653-05550-4 (E-Book)
DOI 10.3726/978-3-653-05550-4

PL Academic Research ist ein Imprint der Peter Lang GmbH.
Peter Lang – Frankfurt am Main · Bern · Bruxelles · New York · Oxford · Warszawa · Wien

Diese Publikation wurde begutachtet.

www.peterlang.com

Meiner Familie

Vorwort

Die vorliegende Arbeit wurde an der Bucerius Law School – Hochschule für Rechtswissenschaft – im Herbsttrimester 2014 als Dissertation angenommen. Die mündliche Prüfung fand am 08. Dezember 2014 in Hamburg statt.

Mein besonderer Dank gilt meinem Doktorvater Herrn *Prof. Dr. Peter Rawert, LL.M.*, der mein Interesse für das Stiftungsrecht geweckt und meine Arbeit mit viel Engagement betreut hat. Frau *Prof. Dr. Birgit Weitemeyer* danke ich herzlich für die Erstellung des Zweitgutachtens.

Bedanken möchte ich mich außerdem bei all jenen, die mir während der Promotionszeit mit Rat und Tat stets zur Seite standen. Sie haben mit ihren hilfreichen Ideen, ihrer konstruktiven Kritik, ihrer Geduld und aufmunternden Worten maßgeblich zum Entstehen dieser Arbeit beigetragen und dafür gesorgt, dass mir die Zeit trotz Höhen und Tiefen insgesamt in guter Erinnerung bleiben wird. Mein herzlicher Dank geht daher an *Lars Kettner*, *Anna Edler*, *Manuela Puchalla*, *Regina Kettner*, *Lara Friederichs* und *Luisa Bartels*.

Ich danke meiner Familie, insbesondere meinem Vater *Karl-Josef Schreiber* und meiner Mutter *Rita Fischer* sowie meinem Bruder *Lutz Schreiber*. Meine Familie ist immer für mich da, steht hinter mir und gibt mir Halt – ihr ist diese Arbeit gewidmet.

Hamburg im Januar 2015 Eva Schreiber

Gliederung

Abkürzungsverzeichnis

a.A.	Andere Ansicht
a.a.O.	Am angegeben Ort
a.F.	Alte Fassung
Abs.	Absatz
AcP	Zeitschrift Archiv civilistischer Praxis
ADD	Aufsichts- und Dienstleistungsdirektion
AG	Aktiengesellschaft
Akt.-Zn.	Akten-Zeichen
AktG	Aktiengesetz
Allg.	Allgemein(es)
Alt.	Alternative
Anm.	Anmerkung
AO	Abgabenordnung
Art.	Artikel
AT	Allgemeiner Teil
BayGVBl.	Bayrisches Gesetz- und Verordnungsblatt
BayOblG	Bayrisches Oberstes Landesgericht
BayOblGZ	Sammlung der Entscheidungen des Bayrischen Obersten Landgerichts in Zivilsachen
BayOLGE	Sammlung der Entscheidungen des Bayrischen Obersten Landesgerichts
BayVBl.	Zeitschrift Bayrische Verwaltungsblätter
BayVGH	Bayrischer Verwaltungsgerichtshof
BB	Zeitschrift Betriebsberater

Begr.	Begründer
Bes. v.	Beschluss vom
BFH	Bundesfinanzhof
BFHE	Sammlung der Entscheidungen des Bundesfinanzhofs
BGB	Bürgerliches Gesetzbuch
BGBl.	Bundesgesetzblatt
BGH	Bundesgerichtshof
BGHZ	Sammlung der Entscheidungen des Bundesgerichtshofs in Zivilsachen
BR-Drucks.	Bundesratsdrucksache
BStBl II	Bundes-Steuerblatt, Teil II: Entscheidungen des Bundesfinanzhofes
BT	Besonderer Teil / Deutscher Bundestag
BT-Drucks.	Bundestagsdrucksache
BVerfG	Bundesverfassungsgericht
BVerfGE	Sammlung der Entscheidungen des Bundesverfassungsgerichts
BVerwG	Bundesverwaltungsgericht
BVerwGE	Sammlung der Entscheidungen des Bundesverwaltungsgerichts
DB	Zeitschrift Der Betrieb
Ders.	Derselbe
Dies.	Dieselben / Dieselbe
DNotZ	Deutsche Notar-Zeitschrift
DRiZ	Deutsche Richterzeitung
DStR	Zeitschrift Deutsches Steuerrecht

DVBl.	Zeitschrift Deutsches Verwaltungsblatt
EFG	Zeitschrift Entscheidungen der Finanzgerichte
EGMR	Europäischer Gerichtshof für Menschenrechte
Einl.	Einleitung
f.	Folgende (eine Seite)
FamRZ	Zeitschrift für das gesamte Familienrecht
FAZ	Frankfurter Allgemeine Zeitung
ff.	Folgende (mehrere Seiten)
FG	Festgabe
Fn.	Fußnote
Fortgef.	Fortgeführt
FR	Zeitschrift Finanzrundschau
FS	Festschrift
GG	Grundgesetz
GmbH	Gesellschaft mit beschränkter Haftung
GmbHG	GmbH-Gesetz
GS	Gedächtnisschrift
HGB	Handelsgesetzbuch
HM	Herrschende Meinung
HmbGVBl.	Hamburgisches Gesetz- und Verordnungsblatt
HRR	Zeitschrift Höchstrichterliche Rechtsprechung (Ergänzungsblatt zur „Deutschen Justiz“ und zur Amtlichen Sammlung der Reichsgerichtsentscheidungen)
hrsg.	Herausgegeben
Hrsg.	Herausgeber

i.E.	Im Ergebnis
i.V.m.	In Verbindung mit
InsO	Insolvenzordnung
InsVZ	Zeitschrift für Insolvenzverwaltung und Sanierungsberatung
JA	Zeitschrift Juristische Arbeitsblätter
JR	Zeitschrift Juristische Rundschau
JuS	Zeitschrift Juristische Schulung
JZ	Juristenzeitung
Kap.	Kapitel
krit.	Kritisch
KTS	Konkurs-, Treuhand- und Schiedsgerichtswesen, Zeitschrift für Insolvenzrecht
lit.	Litera
m.w.A.	Mit weiteren Anmerkungen
m.w.N.	Mit weiteren Nachweisen
MittRhNotK	Zeitschrift Mitteilungen der Rheinischen Notarkammer
MoMiG	Gesetz zur Modernisierung des GmbH-Rechts und zur Bekämpfung von Missbräuchen
MünchKomm	Münchener Kommentar
n.F.	Neue Fassung
Nds. GVBl.	Niedersächsisches Gesetz- und Verordnungsblatt
NJW	Zeitschrift Neue Juristische Wochenschrift
NJW-RR	Zeitschrift Neue Juristische Wochenschrift – Rechtsprechungs-Report
NPLY	Non Profit Law Yearbook

npoR	Zeitschrift für das Recht der Non Profit Organisationen
Nr.	Nummer
NRW	Nordrhein-Westfalen
NRW-StiftG	Stiftungsgesetz des Landes Nordrhein-Westfalen
NStZ	Neue Zeitschrift für Strafrecht
NVwZ	Neue Zeitschrift für Verwaltungsrecht
NWVBl.	Zeitschrift Nordrhein-Westfälische Verwaltungsblätter
NZG	Neue Zeitschrift für Gesellschaftsrecht
NZI	Neue Zeitschrift für das Recht der Insolvenz und Sanierung
OLG	Oberlandesgericht
RA	Rechtsanwalt
RG	Reichsgericht
RGRK	Reichsgerichträte-Kommentar
RGZ	Sammlung der Entscheidungen des Reichsgerichts in Zivilsachen
Rn.	Randnummer
RNotZ	Rheinische Notarzeitschrift
Rpfleger	Zeitschrift Der deutsche Rechtspfleger
S.	Satz / Seite
SaarlStiftG	Saarländisches Stiftungsgesetz
SchR	Schuldrecht
SHStiftG	Schleswig-Holsteinisches Stiftungsgesetz
st. Rspr.	Ständige Rechtsprechung
StGB	Strafgesetzbuch

StiftG	Stiftungsgesetz
StiftRMoG	Gesetz zur Modernisierung des Stiftungsrechts
StiftRspr.	Zeitschrift Stiftungen in der Rechtsprechung
StPO	Strafprozessordnung
taz	Die Tageszeitung
u.a.	Und andere / unter anderem
Unv.	Unveröffentlicht
Urt. v.	Urteil vom
UWG	Gesetz gegen den unlauteren Wettbewerb
Verf.	Verfasser
VG	Verwaltungsgericht
vgl.	Vergleiche
VwGO	Verwaltungsgerichtsordnung
VwVfG	Verwaltungsverfahrensgesetz
WM	Zeitschrift Wertpapier-Mitteilungen
z.B.	Zum Beispiel
ZBJV	Zeitschrift des Berner Juristenvereins
ZEV	Zeitschrift für Erbrecht und Vermögensnachfolge
ZHR	Zeitschrift für das gesamte Handelsrecht und Wirtschaftsrecht
ZRP	Zeitschrift für Rechtspolitik
ZSt	Zeitschrift zum Stiftungswesen

Literaturverzeichnis

***Achilles**, Wilhelm-Albrecht:* Stiftungsrechtsreform und Gesetzgebungskompetenz des Bundes, ZRP 2002, 23–29.

***Allgäuer**, Jörg E.:* Die linke und die rechte Hand: Motive der Gründung einer Stiftung, Baden-Baden 2008, zitiert als: *Allgäuer*.

***Andrick**, Bernd:* Das Öffentliche Recht – Garant eines leistungsfähigen Stiftungswesens, in: Saenger / Bayer / Koch / Körber, Gründen und Stiften, Festschrift zum 70. Geburtstag des Jenaer Gründungsdekans und Stiftungsrechtlers Olaf Werner, Baden-Baden 2009, S. 31–44.

–: Rücknahme oder Aufhebung – Stiftungsbehördliche Reaktion bei erschlichener Stiftungsgenehmigung – Anmerkung zum Urteil des BayVGH vom 12.10.2005 - M 7 K 0.4714, ZSt 2006, 41–43.

–: Die Entwicklung zum modernisierten Stiftungsrecht, ZSt 2003, 3–13.

–: Die staatliche Anerkennung der Stiftung, DVBl. 2003, 1246–1252.

–: Das modernisierte Stiftungsrecht, RNotZ 2002, 441–444.

–: Stiftungsrecht und Staatsaufsicht unter besonderer Berücksichtigung der nordrhein-westfälischen Verhältnisse, Baden-Baden 1988, zitiert als: *Andrick*.

***Andrick**, Bernd / **Suerbaum**, Joachim:* Das Gesetz zur Modernisierung des Stiftungsrechts, NJW 2002, 2905–2910.

–: Stiftung und Aufsicht, Dogmatik – Stiftungspraxis – Reformbestrebungen, München 2001, zitiert als: *Andrick/Suerbaum*.

–: Das Konzessionssystem – Hindernis oder Garant eines leistungsfähigen Stiftungswesens?, NWVBl. 9/1999, 329–334.

***Arnold**, Arnd:* Die zivil- und steuerrechtlichen Schranken der Rücklagenbildung bei Stiftungen, NZG 2007, 805–809.

***Backert**, Wolfram:* Anforderungen an die Vermögensausstattung rechtsfähiger Stiftungen bürgerlichen Rechts, ZSt 2003, 129–131.

***Bamberger**, Heinz Georg / **Roth**, Herbert:* Kommentar zum Bürgerlichen Gesetzbuch, 3. Auflage, München 2012, Band 1: §§ 1–610, CISG; Band 2: §§ 611–1296, AGG, ErbbauVO, WEG; Band 3: §§ 1297–2385, EGBGB; zitiert als: *Bearbeiter*, in: Bamberger/Roth.

***Baumbach**, Adolf / **Hopt**, Klaus J.:* Beck'scher Kurzkommentar zum Handelsgesetzbuch, 36. Auflage, München 2014, zitiert als: *Bearbeiter*, in: Baumbach/Hopt.

***Baumbach**, Adolf / **Hueck**, Alfred:* Beck'scher Kurzkommentar zum GmbHG, 20. Auflage, München 2013, zitiert als: *Bearbeiter*, in: Baumbach/Hueck.

***Beater**, Axel:* Der Gesetzesbegriff von § 134 BGB, AcP 197 (1997), 505–528.

***Bettermann**, Karl August:* Die verfassungskonforme Auslegung, Grenzen und Gefahren, Heidelberg 1986, zitiert als: *Bettermann.*

***Beuthien**, Volker:* Beck'scher Kurzkommentar zum Genossenschaftsgesetz mit Umwandlungs- und Kartellrecht sowie Statut der Europäischen Genossenschaft, 15. Auflage, München 2011, zitiert als: *Beuthien.*

***Beuthien**, Volker / **Gummert**, Hans:* Münchener Handbuch des Gesellschaftsrechts, Band 5: Verein, Stiftung bürgerlichen Rechts, 3. Auflage, München 2009, zitiert als: *Bearbeiter*, in: MünchHdbGesR Bd. V.

***Bork**, Reinhard:* Allgemeiner Teil des Bürgerlichen Gesetzbuchs, 3. Auflage, Tübingen 2011, zitiert als: *Bork.*

***Braun**, Eberhard:* Kommentar zur Insolvenzordnung (InsO), 6. Auflage, München 2014, zitiert als: *Bearbeiter*, in: Braun.

***Brox**, Hans / **Walker**, Wolf-Dietrich:* Zwangsvollstreckungsrecht, 10. Auflage, München 2014, zitiert als: *Brox/Walker.*

***Büch**, Markus:* Das sittenwidrige Stiftungsgeschäft, ZEV 2010, 440–445.

***Buchna**, Johannes / **Seeger**, Andreas / **Brox**, Wilhelm:* Gemeinnützigkeit im Steuerrecht, Die steuerlichen Begünstigungen für Vereine, Stiftungen und andere Körperschaften – steuerliche Spendenbehandlung, 10. Auflage, Achim bei Bremen 2010, zitiert als: *Buchna/Seeger/Brox.*

Bundesverband Deutscher Stiftungen (Hrsg.): Verzeichnis Deutscher Stiftungen, 7. Auflage, Berlin 2011, Band 1: Zahlen, Daten, Fakten zum deutschen Stiftungswesen, zitiert als: Verzeichnis Deutscher Stiftungen, Band 1.

***Burgard**, Ulrich:* Gestaltungsfreiheit im Stiftungsrecht, zur Einführung korporativer Strukturen bei der Stiftung, Köln 2006, zitiert als: *Burgard.*

–: Das neue Stiftungsprivatrecht, NZG 2002, 697–702.

***Campenhausen**, Axel von / **Richter**, Andreas:* Stiftungsrecht-Handbuch, 4. Auflage, München 2014, zitiert als: *Bearbeiter*, in: v. Campenhausen/Richter.

***Canaris**, Claus-Wilhelm:* Nachträgliche Gesetzeswidrigkeit von Verträgen, geltungserhaltende Reduktion und salvatorische Klauseln im deutschen und europäischen Kartellrecht, DB 2002, 930–936.

***Cording**, Clemens:* Kriterien zur Feststellung der Testier(un)fähigkeit, ZEV 2010, 115–121.

–: Beweismittel zur Klärung der Testier(un)fähigkeit, ZEV 2010, 23–28.

***Cording**, Clemens / **Foerster**, Klaus:* Psychopathologische Kurztests durch den Notar - ein im Grundsatz verfehlter Vorschlag, Erwiderung zum Beitrag von Stoppe / Lichtenwimmer, Die Feststellung der Geschäfts- und Testierfähigkeit beim alten Menschen durch den Notar - ein interdisziplinärer Vorschlag, DNotZ 2005, 806 ff., DNotZ 2006, 329–333.

***Damrau**, Jürgen / **Wehinger**, M.:* Übersicht zum Mindestvermögen nach dem Recht der Bundesländer, ZEV 1998, 178–179.

***Dietlein**, Johannes / **Thiel**, Markus:* Ringen um eine „Kultur des Gebens" – Renaissance des Stiftungswesens?, ZRP 2001, 72–77.

***Droege**, Michael:* Gemeinnützigkeit im offenen Steuerstaat, Tübingen 2010, zitiert als: *Droege.*

***Ebersbach**, Harry:* Handbuch des deutschen Stiftungsrechts, Göttingen 1972, zitiert als: *Ebersbach.*

***Eichinger**, Johann:* Die rechtliche Natur des Stiftungsgeschäfts, Greifswald 1913, zitiert als: *Eichinger.*

***Enneccerus**, Ludwig / **Nipperdey**, Karl:* Lehrbuch des Bürgerlichen Rechts, Band 1: Allgemeiner Teil des Bürgerlichen Rechts, Halbband 2: Entstehung, Untergang und Veränderung der Rechte, Ansprüche und Einreden, Ausübung und Sicherung der Rechte, 15. Auflage, Tübingen 1960, zitiert als: *Enneccerus/Nipperdey* I/2.

***Eyermann**, Erich:* Kommentar zur Verwaltungsgerichtsordnung, 14. Auflage, München 2014, zitiert als: *Bearbeiter*, in: Eyermann.

***Faust**, Florian:* Bürgerliches Gesetzbuch Allgemeiner Teil, 3. Auflage, Baden-Baden 2013, zitiert als: *Faust.*

***Fehling**, Michael / **Kastner**, Berthold / **Strömer**, Rainer:* Verwaltungsrecht, Handkommentar zu VwVfG / VwGO / Nebengesetze, 3. Auflage, Baden-Baden 2013, zitiert als: *Bearbeiter*, in: Fehling/Kastner/Strömer.

***Flume**, Werner:* Allgemeiner Teil des Bürgerlichen Rechts, Zweiter Band, Das Rechtsgeschäft, 4. Auflage, Berlin 1992, zitiert als: *Flume*, AT II.

–: Allgemeiner Teil des Bürgerlichen Rechts, Erster Band, Zweiter Teil: Die juristische Person, Berlin 1983, zitiert als: *Flume,* AT I 2.

***Foerste**, Ulrich:* Insolvenzrecht, 6. Auflage, München 2014, zitiert als: *Foerste.*

***Fritsche**, Stefan:* Die Stiftung des bürgerlichen Rechts im Regelinsolvenzverfahren (Teil 2), ZSt 2003, 243–251.

–: Die Stiftung des bürgerlichen Rechts im Regelinsolvenzverfahren (Teil 1), ZSt 2003, 211–221.

–: Zivilrechtlich begründete Verbindlichkeiten der Stiftung, ZSt 2003, 113–121.

Fritz, *Stefan:* Stifterwille und Stiftungsvermögen, Baden-Baden 2009, zitiert als: *Fritz.*

Fuchs, *Andreas:* Zur Disponibilität gesetzlicher Widerrufsrechte – unter besonderer Berücksichtigung der Widerrufsrechte nach §§ 7 VerbrKrG, 168 S. 2 und 130 Abs. 1 S. 2 BGB –, AcP 196 (1996), 313–394.

Gantenbrink, *Matthias:* Die hoheitliche Beendigung der Stiftung durch die Stiftungsbehörde, Frankfurt am Main 2011, zitiert als: *Gantenbrink.*

–: Zum Mindestumfang anfänglicher Vermögensausstattung von Stiftungen und den Folgerungen für Vorrats-, Einkommens- und Sammelstiftungen, in: Andrick / Hellmig / Janitzki / Muscheler / Schewe, Die Stiftung, Jahreshefte zum Stiftungswesen, 2. Jahrgang, Frankfurt am Main 2008, S. 59–68.

Gebhard, *Albert (Verf.)* / **Schubert**, *Werner (Hrsg.):* Die Vorlagen der Redaktoren für die erste Kommission zur Ausarbeitung des Entwurfs eines Bürgerlichen Gesetzbuches, Allgemeiner Teil, Teil I, Unveränderter Nachdruck der Ausgaben aus den Jahren 1876–1887, Berlin 1980, zitiert als: *Gebhard*, Vorentwurf.

Goette, *Wulf* / **Habersack**, *Mathias:* Münchener Kommentar zum Aktiengesetz Band 6: §§ 329–410, WpÜG, Österreichisches Übernahmerecht, 3. Auflage, München 2011, zitiert als: *Bearbeiter*, in: MünchKomm AktG.

Gottwald, *Peter (Hrsg.):* Insolvenzrechts-Handbuch, 4. Auflage, München 2010, zitiert als: *Bearbeiter*, in: Gottwald.

Graf, *Jürgen Peter:* Strafprozessordnung, Kommentar, 16. Edition, München 2013, zitiert als: *Bearbeiter*, in: Graf.

Hagen, *Horst:* Funktionale und dogmatische Zusammenhänge zwischen Schadens- und Bereicherungsrecht, in: Paulus / Diederichsen / Canaris, Festschrift für Karl Larenz zum 70. Geburtstag, München 1973, S. 867–884.

Hagmann, *Birke:* Gewinnherausgabe im Rahmen des Nutzungsherausgabeanspruchs gemäß § 818 I 1. Alt. BGB, Frankfurt am Main 2007, zitiert als: *Hagmann.*

Happ, *Annette:* Stifterwille und Zweckänderung, Möglichkeiten und Grenzen einer Änderung des Stiftungszwecks durch Organbeschluss, Köln 2007, zitiert als: *Happ.*

Henssler, *Martin* / **Strohn**, *Lutz:* Gesellschaftsrecht, Kommentar zu BGB, HGB, PartGG, GmbHG, AktG, UmwG, GenG, IntGesR, 2. Auflage, München 2014, zitiert als: *Bearbeiter*, in: Henssler/Strohn.

***Hippel**, Thomas von:* Grundprobleme von Nonprofit-Organisationen, Eine zivilrechtsdogmatische, steuerrechtliche und rechtsvergleichende Untersuchung über Strukturen, Pflichten und Kontrollen und wirtschaftliche Tätigkeit von Vereinen und Stiftungen, Tübingen 2007, zitiert als: *v. Hippel.*

***Hirte**, Heribert:* Stiftung und Insolvenz, in: Saenger / Bayer / Koch / Körber, Gründen und Stiften, Festschrift zum 70. Geburtstag des Jenaer Gründungsdekans und Stiftungsrechtlers Olaf Werner, Baden-Baden 2009, S. 222–238.

***Hof**, Hagen:* Die Vermögensausstattung von Stiftungen privaten Rechts (Teil II), DStR 1992, 1587–1591.

***Huber**, Jonas / **Schmieder**, Andrea / **Dengler**, Wilhelm:* 312-und-20 Jahre (Dreihundertzwölfundzwanzig Jahre) geschäftsfähig / testierfähig oder fremdbestimmt?, BWNotZ 2012, 150–159.

***Huber**, Michael:* Beck'scher Kurzkommentar zum Anfechtungsgesetz, 10. Auflage, München 2006, zitiert als: *Huber*, AnfG.

–: Das neue Recht der Gläubigeranfechtung außerhalb des Insolvenzverfahrens, ZIP 1998, 897–904.

***Hübschmann**, Walter / **Hepp**, Ernst / **Spitaler**, Armin:* Kommentar zur Abgabenordnung, Finanzgerichtsordnung, Band III: §§ 33–77 AO, 227. Ergänzungslieferung, Köln April 2014, zitiert als: *Bearbeiter*, in: Hübschmann/Hepp/Spitaler.

***Hushahn**, Johannes:* Unternehmensverbundene Stiftungen im deutschen und schwedischen Recht, Köln, München 2009, zitiert als: *Hushahn.*

***Hüttemann**, Rainer:* Die Vorstiftung – ein zivil- und steuerrechtliches Phantom, in: Wachter, Festschrift für Sebastian Spiegelberger zum 70. Geburtstag, Bonn 2009, S. 1292–3000.

–: Stiftungsgeschäft und Vermögensausstattung, in: Saenger / Bayer / Koch / Körber, Gründen und Stiften, Festschrift zum 70. Geburtstag des Jenaer Gründungsdekans und Stiftungsrechtlers Olaf Werner, Baden-Baden 2009, S. 85–100.

–: Gemeinnützigkeits- und Spendenrecht, 2. Auflage, Köln 2012, zitiert als: *Hüttemann.*

–: Das Gesetz zur Modernisierung des Stiftungsrechts, ZHR 167 (2003), 35–65.

–: Der neue Anwendungserlass zum Gemeinnützigkeitsrecht (§§ 51 bis 68 AO), FR 2002, 1337–1347.

–: Das Gesetz zur weiteren steuerlichen Förderung von Stiftungen, DB 2000, 1584–1592.

–: Der Grundsatz der Vermögenserhaltung im Stiftungsrecht, in: Jakobs / Picker / Wilhelm / Ernst / Hüttemann / Schön, Festgabe für Werner Flume zum 90. Geburtstag, Berlin 1998, S. 59–98.

– / **Rawert**, *Peter:* Die notleidende Stiftung, ZIP 2013, 2136–2147.

Ipsen, *Jörn:* Staat und Stiftung – Überlegungen zum verfassungsrechtlichen Standort der Stiftung des privaten Rechts, in: Hauer / Goerdeler / Kreuser / v. Pölnitz-Egloffstein, Deutsches Stiftungswesen 1977–1988, Bonn 1989, S. 151–163.

Jakob, *Dominique:* Schutz der Stiftung, Tübingen 2006, zitiert als: *Jakob*.

–: (Insolvenz-)Anfechtung und Stiftungsrecht, ZSt 2005, 99–107.

Jauernig, *Othmar:* Kommentar zum Bürgerlichen Gesetzbuch, 15. Auflage, München 2014, zitiert als: *Jauernig*.

Jeß, *Kay:* Das Verhältnis des lebenden Stifters zur Stiftung, unter besonderer Berücksichtigung der Gestaltungsmöglichkeiten der Stiftungsverfassung und des Rechtsschutzes der Stiftung vor Übergriffen des Stifters, Ammersbek bei Hamburg 1991, zitiert als: *Jeß*.

Joecks, *Wolfgang* / **Miebach**, *Klaus:* Münchener Kommentar zum Strafgesetzbuch, Band 2: §§ 38–79b StGB, 2. Auflage, München 2012; Band 6/1: Nebenstrafrecht II: Strafvorschriften aus MarkenG, UrhG, UWG, AO, SchwarzArbG, AÜG, BetrVG, AktG, AWG, BanFordSiG, BörsG, DepotG, GenG, GewO, GmbHG, HGB, InsO, KWG, WpHG, TKG, TMG, München 2010; zitiert als: *Bearbeiter*, in: MünchKomm StGB.

Johannsen, *Kurt Herbert* / **Kregel**, *Wilhelm* / **Krüger-Nieland**, *Gerda* / **Piper**, *Henning* / **Steffen**, *Erich (Bearb.):* Das Bürgerliche Gesetzbuch mit besonderer Berücksichtigung der Rechtsprechung des Reichsgerichts und des Bundesgerichtshofes, Band I: §§ 1–240, Berlin, New York 1982, zitiert als: *Bearbeiter*, in: RGRK.

Kaper, *Aaltje:* Bürgerstiftungen: Die Stiftung bürgerlichen Rechts und die unselbstständige Stiftung als Organisationsformen für Bürgerstiftungen, Baden-Baden 2006, zitiert als: *Kaper*.

Karper, *Ines:* Die Zusammenlegung von privatrechtlichen Stiftungen, Aachen 1995, zitiert als: *Karper*.

Kindl, *Johann* / **Meller-Hannich**, *Caroline* / **Wolf**, *Hans-Joachim:* Kommentar zum gesamten Recht der Zwangsvollstreckung, 2. Auflage, Baden-Baden 2013, zitiert als: *Bearbeiter*, in: Kindl/Meller-Hannich/Wolf.

Kirchhof, *Hans-Peter* / **Lwowski**, *Hans-Jürgen* / **Stürner**, *Rolf:* Münchener Kommentar zur Insolvenzordnung, Band 1: §§ 1–79 InsO, InsVV, 3. Auflage, München 2013, zitiert als: *Bearbeiter*, in: MünchKomm InsO.

***Klein**, Franz:* Kommentar zur Abgabenordnung – einschließlich Steuerstrafrecht –, 12. Auflage, München 2014, zitiert als: *Bearbeiter*, in: Klein.

***Kluth**, Winfried:* Das Übermaßverbot, JA 1999, 606–613.

***Koos**, Stefan:* Fiduziarische Person und Widmung, Das stiftungsspezifische Rechtsgeschäft und die Personifikation treuhänderisch geprägter Stiftungen, München 2004, zitiert als: *Koos*.

***Koppensteiner**, Hans-Georg:* Probleme bereicherungsrechtlichen Wertersatzes (II), NJW 1971, 1769–1775.

***Krause**, Nils / **Thiele**, Dominic:* Die Reichweite der Stifterfreiheit bei der Anerkennung von Stiftungen, NPLY 2007, 133–147.

***Kronke**, Herbert:* Stiftungstypus und Unternehmensträgerstiftung, Tübingen 1988, zitiert als: *Kronke*.

***Künnemann**, Ulf:* Die Stiftung im System des Unterordnungs-Konzerns, Frankfurt a.M. 1996, zitiert als: *Künnemann*.

***Lackner**, Karl / **Kühl**, Kristian:* Strafgesetzbuch, Kommentar, 28. Auflage, München 2014, zitiert als: *Lackner/Kühl*.

***Langenfeld**, Gerrit:* Die letztwillige Stiftung, ZEV 2002, 481–484.

***Larenz**, Karl:* Methodenlehre der Rechtswissenschaft, 6. Auflage, Berlin 1991, zitiert als: *Larenz*, Methodenlehre.

***Larenz**, Karl / **Canaris**, Claus-Wilhelm:* Lehrbuch des Schuldrechts, Zweiter Band, Besonderer Teil 2. Halbband, 13. Auflage, München 1994, zitiert als: *Larenz/Canaris*.

***Larenz**, Karl / **Wolf**, Manfred:* Allgemeiner Teil des Bürgerlichen Rechts, 9. Auflage, München 2004, zitiert als: *Larenz/Wolf* [9].

***Lichtenwimmer**, Andrea:* Die Feststellung der Geschäfts- und Testierfähigkeit durch den Notar, MittBayNot 2002, 240–244.

***Liermann**, Hans:* Die Stiftung als Rechtspersönlichkeit – Aufgaben, Möglichkeiten und Grenzen des Stiftungswesens (17.5.1955), in: Franz / Liermann / zur Nedden / von Pölnitz, Deutsches Stiftungswesen 1948–1966, Wissenschaft und Praxis, Tübingen 1968, S. 153–172.

–: Handbuch des Stiftungsrechts, I. Band: Geschichte des Stiftungsrechts, Tübingen 1963, zitiert als: *Liermann*.

***Lutter**, Marcus:* Die Verbrauchsstiftung – Stiftung auf Zeit, NPLY 2004, 43–58.

***Maier**, Jochen:* Die Besteuerung der Stiftung nach der Reform, BB 2001, 494–504.

***Maunz**, Theodor / **Dürig**, Günter:* Kommentar zum Grundgesetz, Loseblattsammlung, München, 72. Ergänzungslieferung Juli 2014, Band I: Texte-Art. 5; Band III: Art. 16–Art. 22; Band V: Art. 54-Art. 85; zitiert als: *Bearbeiter*, in: Maunz/Dürig.

***Mayer-Maly**, Theo:* Rechtsirrtum und Bereicherung, in: Kuchinke, Rechtsbewahrung und Rechtsentwicklung, Festschrift für Heinrich Lange zum 70. Geburtstag, München 1970, S. 293–304.

–: Rechtsirrtum und Rechtsunkenntnis als Probleme des Privatrechts, AcP 170 (1970), 133–180.

***Mecking**, Christoph:* Der Sitz der Stiftung, ZSt 2004, 199–203.

***Medicus**, Dieter:* Über die Rückwirkung von Rechtsprechung, NJW 1995, 2577–2584.

***Mercker**, Florian:* Die selbstständige Stiftung bürgerlichen Rechts, in: Strachwitz / Mercker, Stiftungen in Theorie, Recht und Praxis, Handbuch für ein modernes Stiftungswesen, Berlin 2005, S. 210–219.

***Meyn**, Christian / **Richter**, Andreas / **Koss**, Claus:* Die Stiftung - Umfassende Erläuterungen, Beispiele und Musterformulare für die Rechtspraxis, 2. Auflage, Berlin 2009, zitiert als: *Bearbeiter*, in: Meyn/Richter/Koss.

***Michalski**, Lutz:* Kommentar zum Gesetz betreffend die Gesellschaft mit beschränkter Haftung (GmbH-Gesetz), 2. Auflage, München 2010, Band 1: Systematische Darstellungen, §§ 1–34 GmbHG, zitiert als: *Bearbeiter*, in: Michalski.

***Milatz**, Jürgen E. / **Kemcke**, Tom / **Schütz**, Robert:* Stiftungen im Zivil- und Steuerrecht, Ein Praxisleitfaden, Heidelberg 2004, zitiert als: *Milatz/Kemcke/Schütz*.

***Mirbach**, Niklas:* Stiftungszweck und Gemeinwohlgefährdung, Göttingen 2011, zitiert als: *Mirbach*.

***Mugdan**, Benno:* Die gesamten Materialien zum Bürgerlichen Gesetzbuch für das Deutsche Reich, Berlin 1899, I. Band: Einführungsgesetz und Allgemeiner Theil; II. Band: Recht der Schuldverhältnisse; IV. Band: Familienrecht; zitiert als: *Mugdan*.

***Münch**, Ingo von / **Kunig**, Philip:* Grundgesetz Kommentar, 6. Auflage, München 2012, Band 1: Präambel bis Art. 69, zitiert als: *Bearbeiter*, in: von Münch/Kunig.

***Muscheler**, Karlheinz:* Die Verbrauchsstiftung, in: Saenger / Bayer / Koch / Körber, Gründen und Stiften, Festschrift zum 70. Geburtstag des Jenaer Gründungsdekans und Stiftungsrechtlers Olaf Werner, Baden-Baden 2009, S. 129–145.

–: Das Wesen der Zustiftung, WM 2008, 1669–1671.

–: Stiftungsrecht – Gesammelte Beiträge, unveränderte 2. Auflage, Baden-Baden 2011, zitiert als: *Muscheler*, Stiftungsrecht.

–: Stiftung und Schenkung – Zum Kausalverhältnis in den Beziehungen zwischen Stifter, Stiftung, Destinatären, Anfallberechtigten, AcP 203 (2003), 469–510.

–: Das vertragliche Stiftungsgeschäft, ZEV 2003, 41–49.

–: Zur Verbindlichkeit des Verbindlichen im Stiftungsakt, JR 2003, 441–446.

–: Stiftung und Gemeinwohlgefährdung, NJW 2003, 3161–3166.

–: Stiftungsautonomie und Stiftereinfluss in Stiftungen der öffentlichen Hand, Teil 1, ZSt 2003, 67–78.

Neuhoff, *Klaus:* „Ewige Dauer" als Problem des Stiftungsrechts, in: Kohl / Kübler / Ott / K. Schmidt, Gedächtnisschrift für Rainer Walz, Köln 2008, S. 465–483.

–: Zur historischen Herkunft von („ewige") Dauer und „Nachhaltigkeit" im Stiftungsrecht, in: Andrick / Hellmig / Janitzki / Muscheler / Schewe, Die Stiftung, Jahreshefte zum Stiftungswesen, 2. Jahrgang, Frankfurt am Main 2008, S. 11–27.

–: Über (fehlgeschlagene?) Stifterautonomie, Nochmals: Dürfen Mörder stiften?, ZSt 2007, 20–23.

–: Stiftungsmittel, in: Strachwitz / Mercker, Stiftungen in Theorie, Recht und Praxis, Handbuch für ein modernes Stiftungswesen, Berlin 2005, S. 457–474.

Nissel, *Reinhard:* Das neue Stiftungsrecht – Stiftungen des bürgerlichen Rechts, Baden-Baden 2002, zitiert als: *Nissel*.

Otto, *Lieselotte:* Handbuch der Stiftungspraxis. Stiftungsrecht, Steuerrecht und Rechnungslegung bei Stiftungen, Köln 2007, zitiert als: *Otto*.

Palandt, *Otto:* Kommentar zum Bürgerlichen Gesetzbuch, 74. Auflage, München 2015, zitiert als: *Bearbeiter*, in: Palandt.

Pauli, *Rudolf:* Die Verbrauchsstiftung, ZSt 2008, 97–103.

Pawlowski, *Hans-Martin:* Die Ansprüche des Vermieters eines Kraftfahrzeugs gegen den minderjährigen Mieter – OLG Hamm, NJW 1966, 2357, JuS 1967, 302–308.

Pieroth, *Bodo* / ***Schlink***, *Bernhard:* Grundrechte, Staatsrecht II, 28. Auflage, Heidelberg 2012, zitiert als: *Pieroth/Schlink*.

Prütting, *Hanns:* Insolvenz von Vereinen und Stiftungen, NPLY 2002, 137–155.

***Prütting**, Hanns / **Wegen**, Gerhard / **Weinreich**, Gerd:* Kommentar zum Bürgerlichen Gesetzbuch, 9. Auflage, Köln 2014, zitiert als: *Bearbeiter*, in: PWW.

***Rawert,** Peter:* Kapitalerhöhungen zu guten Zwecken – Die Zustiftung in der Gestaltungspraxis –, DNotZ 2008, 5–18.

–: Rezension von „Ulrich Burgard, Gestaltungsfreiheit im Stiftungsrecht – Zur Einführung korporativer Strukturen bei der Stiftung, 2006", ZHR 171 (2007), 105–110.

–: Zivilrechtsfragen des Spendens, NPLY 2005, 165–183.

–: Stiftung und Unternehmen, NPLY 2003, 1–16.

–: Der Stiftungsbegriff und seine Merkmale – Stiftungszweck, Stiftungsvermögen, Stiftungsorganisation, in: Hopt / Reuter, Stiftungsrecht in Europa, Stiftungsrecht und Stiftungsrechtsreform in Deutschland, den Mitgliedsstaaten der Europäischen Union, der Schweiz, Liechtenstein und den USA, Köln 2001, S. 109–137.

–: Der Einsatz der Stiftung zu stiftungsfremden Zwecken, ZEV 1999, 294–298.

–: Die Genehmigungsfähigkeit der unternehmensverbundenen Stiftung, Frankfurt am Main1990, zitiert als: *Rawert*, unternehmensverbundene Stiftung.

–: Grundrecht auf Stiftung?, in: Martinek / Rawert / Weitemeyer, Festschrift für Dieter Reuter zum 70. Geburtstag am 16. Oktober 2010, Berlin 2010, S. 1323–1338.

***Rawert**, Peter / **Katschinski**, Ralf:* Stiftungserrichtung und Pflichtteilsergänzung, ZEV 1996, 161–166.

***Reichert**, Bernhard:* Vereins- und Verbandsrecht, 12. Auflage, Köln 2010, zitiert als: *Reichert*.

***Rengier**, Bernhard:* Der Wegfall der Bereicherung, AcP 177 (1977), 418–451.

***Reuter**, Dieter:* Die Verbrauchsstiftung, npoR 2010, 69–73.

–: Die Zustiftung im Recht der selbstständigen Stiftung, npoR 2009, 55–61.

–: Grenzen der privatrechtlichen Einkommensstiftung der öffentlichen Hand, in: Engel / Möschel, Recht und spontane Ordnung, Festschrift für Ernst-Joachim Mestmäcker zum achtzigsten Geburtstag, Baden-Baden 2006, S. 387–409.

–: Stiftungsrechtliche Vorgaben für die Verwaltung des Stiftungsvermögens, NZG 2005, 649–654.

–: Neue Impulse für das gemeinwohlorientierte Stiftungswesen? Zum Entwurf eines Gesetzes zur Modernisierung des Stiftungsrechts, NPLY 2001, 27–64.

–: Konzessions- oder Normativsystem für Stiftungen, in: Hönn / Konzen / Kreutz, Festschrift für Alfons Kraft zum 70. Geburtstag, Neuwied 1998, S. 493–508.

–: Verbandszweck und Rechtsfähigkeit im Vereinsrechts, ZHR 151 (1987), 237–257.

***Richter**, Andreas* / ***Wachter**, Thomas:* Handbuch des internationalen Stiftungsrechts, Angelbachtal 2007, zitiert als: *Bearbeiter*, in: Richter/Wachter.

***Riemer**, Hans Michael:* Stiftungen im schweizerischen Recht, in: Hopt / Reuter, Stiftungsrecht in Europa, Stiftungsrecht und Stiftungsrechtsreform in Deutschland, den Mitgliedsstaaten der Europäischen Union, der Schweiz, Liechtenstein und den USA, Köln 2001, S. 511–519.

–: Rechtsprobleme der Unternehmensstiftung, ZBJV 116 [1980], 489–531.

***Rittner**, Fritz:* Die werdende juristische Person, Tübingen 1973, zitiert als: *Rittner.*

***Roth**, Gregor* / ***Knof**, Béla:* Verein und Stiftung in Krise und Insolvenz, InsVZ 2010, 190–200.

–: Die Stiftung in Krise und Insolvenz, KTS 2009, 163–198.

***Rugullis**, Sven:* Die Insolvenzantragspflicht beim Verein – Eine Interpretation des § 42 II BGB, NZI 2007, 323–327.

***Sachs**, Michael:* Grundgesetz Kommentar, 7. Auflage, München 2014, zitiert als: Bearbeiter, in: *Sachs.*

–: Kein Recht auf Stiftungsgenehmigung, in: Isensee / Lescheler, Freiheit und Eigentum, Festschrift für Walter Leisner zum 70. Geburtstag, Berlin 1999, S. 955–971.

***Säcker**, Franz Jürgen* / ***Rixecker**, Roland:* Münchener Kommentar zum Bürgerlichen Gesetzbuch, Band 1, Teilband 1: Allgemeiner Teil, §§ 1–240 BGB, ProstG, 5. Auflage, München 2006; Band 1: Allgemeiner Teil, §§ 1–240 BGB, ProstG, AGG, 6. Auflage, München 2012; Band 2: Schuldrecht Allgemeiner Teil: §§ 241–432, 6. Auflage, München 2012; Band 3: Schuldrecht, Besonderer Teil I, §§ 423–610, CISG, 6. Auflage, München 2012; Band 4: Schuldrecht, Besonderer Teil II, §§ 611–704, EFZG, TzBfG, KSchG, 6. Auflage, München 2012; Band 5: Schuldrecht, Besonderer Teil III, §§ 705–853, PartGG, ProdHaftG, 6. Auflage, München 2013; Band 6: Sachenrecht, §§ 854–1296, WEG, ErbbauRG, 6. Auflage, München 2013; Band 8: Familienrecht II: §§ 1589–1921, SGB VIII, 6. Auflage, München 2012; Band 9: Erbrecht: §§ 1922–2385, §§ 27–35 BeurkG, 6. Auflage, München 2013; zitiert als: *Bearbeiter*, in: MünchKomm.

Sauer, *Jörg* / **Schwarz**, *Stephanie:* Aberkennung der Gemeinnützigkeit: Steuerliche Konsequenzen und Haftungsfragen, StiftungsBrief 2011, 166–169.

–: Aberkennung der Gemeinnützigkeit: Gründe, Verfahren und Folgen, StiftungsBrief 2011, 143–147.

Savigny, *Friedrich Carl von:* System des heutigen Römischen Rechts, Zweyter Band, Berlin 1840, zitiert als: *Savigny.*

Schauhoff, *Stephan:* Handbuch der Gemeinnützigkeit, 3. Auflage, München 2010, zitiert als: *Bearbeiter*, in: Schauhoff.

Schewe, *Markus:* Die Errichtung der rechtsfähigen Stiftung von Todes wegen, Frankfurt am Main 2004, zitiert als: *Schewe.*

–: Die Stiftungserrichtung von Todes wegen (Teil 2), ZSt 2004, 301–305.

–: Die Stiftungserrichtung von Todes wegen (Teil 1), ZSt 2004, 270–277.

Schiffer, *K. Jan:* Fortsetzung der Diskussion zur unternehmensverbundenen Stiftung trotz des neuen Stiftungszivilrechts? - Ein Ruf aus der Praxis, ZSt 2003, 252–254.

Schlüter, *Andreas:* Stiftungsrecht zwischen Privatautonomie und Gemeinwohlbindung, Ein Rechtsvergleich Deutschland, Frankreich, Italien, England, USA, München 2004, zitiert als: *Schlüter.*

Schlüter, *Andreas* / **Stolte**, *Stefan:* Stiftungsrecht, 2. Auflage, München 2013, zitiert als: *Schlüter/Stolte.*

Schmidt, *Karsten (Hrsg.):* Münchener Kommentar zum Handelsgesetzbuch, Buch 2: Zweites Buch. Handelsgesellschaft und stille Gesellschaft, Erster Abschnitt: Offene Handelsgesellschaft, §§ 105–160, 3. Auflage, München 2011, zitiert als: *Bearbeiter*, in: MünchKomm HGB.

–: Gesellschaftsrecht, 4. Auflage, Köln 2002, zitiert als: *K. Schmidt*, Gesellschaftsrecht.

–: Brave New World: Deutschland und seine Unternehmenserben auf dem Weg in ein Stiftungs-Dorado, ZHR 166 (2002), 145–149.

–: Stiftungswesen – Stiftungsrecht – Stiftungspolitik, Köln 1987, zitiert als: *K. Schmidt*, Stiftungswesen.

–: Verbandszweck und Rechtsfähigkeit im Vereinsrecht, Eine Studie über Erwerb und Verlust der Rechtsfähigkeit nichtwirtschaftlicher und wirtschaftlicher Vereine, Heidelberg 1984, zitiert als: *K. Schmidt*, Verbandszweck.

Schmidt, *Oliver:* Die Stiftung von Todes wegen im Errichtungsstadium: Gibt es die Vorstiftung?, ZEV 1998, 81–82.

***Schmidt**, Oliver / **Gleichner**, Elmar:* Der Widerruf des Stiftungsgeschäfts unter Lebenden und von Todes wegen, ZSt 2003, 227–235.

***Schmoeckel**, Matthias / **Rückert**, Joachim / **Zimmermann**, Reinhard:* Historisch-kritischer Kommentar zum BGB, Band I Allgemeiner Teil §§ 1–240, Tübingen 2003, zitiert als: *Bearbeiter*, in: HKK.

***Schöning**, Anne:* Privatnützige Stiftungen im deutschen und spanischen Zivilrecht, Köln 2003, zitiert als: *Schöning*.

***Schönke**, Adolf / **Schröder**, Horst:* Strafgesetzbuch, Kommentar, 29. Auflage, München 2014, zitiert als: *Bearbeiter*, in: Schönke/Schröder.

***Schulze**, Reiner:* Die Gegenwart des Vergangenen – Zu Stand und Aufgaben der Stiftungsrechtsgeschichte, in: Hopt / Reuter, Stiftungsrecht in Europa, Stiftungsrecht und Stiftungsrechtsreform in Deutschland, den Mitgliedsstaaten der Europäischen Union, der Schweiz, Liechtenstein und den USA, Köln 2001, S. 55–72.

***Schwake**, Johannes:* Zum Mindestkapital bei rechtsfähigen Stiftungen bürgerlichen Rechts, NZG 2008, 248–252.

***Schwarz**, Bernhard:* Kommentar zu Abgabenordnung, 115. Ergänzungslieferung, Freiburg September 2005, Band 1: Stichwortverzeichnis, Gesetzestext, §§ 1–84 AO; Band 4: § 347 bis § 415, Nebengesetze, Verwaltungsanweisungen; zitiert als: *Bearbeiter*, in: Schwarz.

***Schwarz**, Günter Christian:* Zur Zulässigkeit landesrechtlicher Vorschriften über die Familien- und Unternehmensstiftung, ZEV 2003, 306–313.

–: Zur Neuregelung des Stiftungsprivatrechts (Teil I), DStR 2002, 1718–1725.

–: Die Stiftung als Instrument für die mittelständische Unternehmensnachfolge, BB 2001, 2381–2390.

***Schwinge**, Erich:* Die Stiftung im Errichtungsstadium, BB 1978, 527–528.

***Sieger**, Jürgen / **Bank**, Stefan:* Erhalt von Einflussmöglichkeiten des Stifters auf die Geschäftstätigkeit einer zivilrechtlichen Stiftung, NZG 2010, 641–646.

***Singer**, Reinhard:* Vorausleistungen auf künftige Schuldverhältnisse, JR 1983, 356–362.

***Soergel**, Hans Theodor:* Kohlhammer Kommentar zum Bürgerlichen Gesetzbuch, Band 1 – Allgemeiner Teil §§ 1–103, 13. Auflage, Stuttgart 2000; Band 2 – Allgemeiner Teil 2, §§ 104–240, 13. Auflage, Stuttgart 2000; Band 4/1 – Schuldrecht III/1 (§§ 516–651), Gesetz zur Miethöhe, Verbraucherkreditgesetz, 12. Auflage, Stuttgart 1997; zitiert als: *Bearbeiter*, in: Soergel.

***Sonnenschein**, Jürgen:* Der maßgebliche Zeitpunkt für die Auslegung des Rechtsgeschäfts, Solingen 1969, zitiert als: *Sonnenschein.*

***Sontheimer**, Jürgen:* Das neue Stiftungsrecht, 2. Auflage, München 2003, zitiert als: *Sontheimer.*

***Staudinger**, J. von:* Kommentar zum Bürgerlichen Gesetzbuch, Berlin Buch 1 – Einleitung §§ 1–89, VerschG, 12. Auflage 1978; Buch 1 – Allgemeiner Teil §§ 21–103, 13. Bearbeitung 1995; Buch 1 – Allgemeiner Teil §§ 21–79 (Allgemeiner Teil 2), 13. Auflage, Neubearbeitung 2005; Buch 1 – Allgemeiner Teil §§ 80–89 (Stiftungsrecht), 13. Auflage, Neubearbeitung 2011; Buch 1 – Allgemeiner Teil §§ 90–124; 130–133 (Allgemeiner Teil 3), 14. Auflage, Neubearbeitung 2012; Buch 1 – Allgemeiner Teil, §§ 134–138; Anh. zu § 138 BGB: ProstG (Allgemeiner Teil 4a) 13. Auflage, Neubearbeitung 2011; Buch 1 – Allgemeiner Teil 4b, §§ 139–163, 13. Auflage, Neubearbeitung 2010; Buch 2 – Recht der Schuldverhältnisse, §§ 311b, 311c (Verträge über Grundstücke, das Vermögen und den Nachlass), 13. Auflage, Neubearbeitung 2012; Buch 2 – Recht der Schuldverhältnisse, §§ 516–534 (Schenkungsrecht), 13. Auflage, Neubearbeitung 2013; Buch 2 – Recht der Schuldverhältnisse, §§ 705–740 (Gesellschaftsrecht), 13. Auflage, Bearbeitung 2003; Buch 2 – Recht der Schuldverhältnisse §§ 812–822 (Ungerechtfertigte Bereicherung), 13. Auflage, Neubearbeitung 2007; Buch 3 – Sachenrecht §§ 925–984, Anhang zu §§ 929 ff., Sonderformen der Übereignung (Eigentum 2), 13. Auflage, Neubearbeitung 2011; Buch 4 – Familienrecht, §§ 1638–1683 (Elterliche Sorge 2 – Vermögenssorge, Kindesschutz, Sorgerechtswechsel), 13. Auflage, Neubearbeitung 2009; Buch 4 – Familienrecht, §§ 1773–1895; Anhang zu §§ 1773–1895 (Vormundschaftsrecht), 15. Auflage, Neubearbeitung 2014; Buch 5 – §§ 2229–2264 (Testament 3), 13. Auflage, Neubearbeitung 2012; Buch 5 – §§ 2265–2302 (gemeinschaftliches Testament, Erbvertrag), 15. Auflage, Neubearbeitung 2014; Einführungsgesetz zum Bürgerlichen Gesetzbuche Art. 1, 2, 50–218 EGBGB (Inkrafttreten, Verhältnis zu anderen Vorschriften, Übergangsvorschriften), 13. Auflage, Neubearbeitung 2012; zitiert als: *Bearbeiter*, in: Staudinger.

***Stelkens**, Paul / **Bonk**, Heinz Joachim / **Sachs**, Michael:* Verwaltungsverfahrensgesetz, Kommentar, 8. Auflage, München 2014, zitiert als: *Bearbeiter*, in: Stelkens/Bonk/Sachs.

***Stintzing**, Wolfgang:* Ueber das Stiftungsgeschäft nach dem Bürgerlichen Gesetzbuch, AcP 88 (1898), 392–465.

***Stöber**, Kurt / **Otto**, Dirk-Ulrich:* Handbuch zum Vereinsrecht, 10. Auflage, Köln 2012, zitiert als: *Stöber/Otto.*

***Stoppe**, Gabriela* / ***Lichtenwimmer**, Andrea:* Die Feststellung der Geschäfts- und Testierfähigkeit beim alten Menschen durch den Notar – ein interdisziplinärer Vorschlag, DNotZ 2005, 806–813.

***Strickrodt**, Georg:* Stiftungsrecht, Geltende Vorschriften und rechtspolitische Vorschläge, Baden-Baden 1977, zitiert als: *Strickrodt.*

***Thole**, Larissa:* Die Stiftung in Gründung, Berlin 2009, zitiert als: *Thole.*

***Timmer**, Karsten:* Stiften in Deutschland, Die Ergebnisse der StifterStudie, Gütersloh 2005, zitiert als: *Timmer.*

***Uhl**, Matthias:* Einführung ins Stiftungsprivatrecht, Iurratio 2010, 202–206.

***Veltmann**, Till:* Replik: Über (fehlgeschlagene?) Stifterautonomie, ZSt 2007, 60–62.

–: Dürfen Mörder stiften? - Zur Sittenwidrigkeit der geplanten „Magnus-Gäfgen-Stiftung", ZSt 2006, 150–153.

***Volkholz**, Torsten:* Geltung und Reichweite der Privatautonomie bei der Errichtung von Stiftungen – Die Weiterentwicklung des Stiftungsrechts nach Neufassung der §§ 80 bis 88 BGB durch das Gesetz zur Modernisierung des Stiftungsrechts zum 1. September 2002, Frankfurt am Main 2008, zitiert als: *Volkholz.*

***Wachter**, Thomas:* Steuerliche Behandlung von Stiftungen zwischen Errichtung und Anerkennung, ZEV 2003, 445–449.

–: Stiftungen, Zivil- und Steuerrecht in der Praxis, Köln 2001, zitiert als: *Wachter.*

***Wentzel**, Ulrich:* Auswirkungen des Insolvenzverfahrens auf das Vereinsregister, Rpfleger 2001, 334–336.

***Werner**, Almuth:* Die Zustiftung – Eine rechtsdogmatische Untersuchung unter besonderer Berücksichtigung aufsichtsrechtlicher Genehmigungsvorbehalte und Anzeigepflichten, Baden-Baden 2003, zitiert als: *A. Werner.*

***Werner**, Olaf:* Der Verein als Stifter, in: Martinek / Rawert / Weitemeyer, Festschrift für Dieter Reuter zum 70. Geburtstag am 16. Oktober 2010, Berlin 2010, S. 431–451.

***Werner**, Olaf* / ***Saenger**, Ingo:* Die Stiftung – Recht, Steuern, Wirtschaft – Stiftungsrecht, Berlin 2008, zitiert als: *Bearbeiter*, in: Werner/Saenger.

***Westermann**, Harm Peter (Hrsg.):* Erman, Handkommentar zum Bürgerlichen Gesetzbuch, 14. Auflage, Köln 2014, Band I: §§ 1–758, AGG, UKlaG; Band II:

§§ 759–2385, ProdHaftG, ErbbauRG, VersAusglG, VBVG, LPartG, WEG, EGBGB; zitiert als: *Bearbeiter*, in: Erman.

***Wochner**, Georg:* Die Anerkennung der Stiftung, in: Andrick / Hellmig / Janitzki / Muscheler / Schewe, Die Stiftung, Jahreshefte zum Stiftungswesen, 2. Jahrgang, Frankfurt am Main 2008, S. 79–88.

–: Rechtsfähige Stiftungen – Grundlagen und aktuelle Reformbestrebungen, BB 1999, 1441–1449.

–: Anmerkung zu OLG Schleswig, Urteil vom 1.8.1995, DNotZ 1996, 773–778.

–: Stiftungen und stiftungsähnliche Körperschaften als Instrumente dauerhafter Vermögensbindung, MittRhNotK 1994, 89–112.

***Wolf**, Manfred / **Neuner**, Jörg:* Allgemeiner Teil des Bürgerlichen Rechts, 10. Auflage, München 2012, zitiert als: *Wolf/Neuner*.

***Zimmer**, Maximilian:* Demenz als Herausforderung für die erbrechtliche Praxis, NJW 2007, 1713–1717.

A. Einführung

„Die Stiftung ist nämlich ein Sonderling unter den juristischen Personen."[1]

So pointiert bezeichnete *Karsten Schmidt* die Eigenart, die lange Zeit Grund für das Schattendasein der Stiftung war. Anders als bei allen anderen juristischen Personen stehen hinter ihr weder Mitglieder noch Gesellschafter. Sie ist eine verselbstständigte Vermögensmasse und nur dem Willen des Stifters verpflichtet. Um die Stiftungskultur in Deutschland zu stärken[2] und um die Stiftung aus dem Schatten ins Licht zu führen, hat der Gesetzgeber in den letzten Jahren ihre zivil- und steuerrechtlichen Grundlagen reformiert.[3] Auch weiterhin bleibt die Stiftung aber eine außergewöhnliche juristische Person, die besonderer Betrachtung bedarf.

Der Erfolg der Reformen lässt sich am Zuwachs der Stiftungsgründungen - durch entsprechende Studien belegt - ablesen: Wurden im Jahr 1990 lediglich 181 Stiftungen errichtet, so lag die Zahl im Jahr 2010 bei 824, im Jahr 2013 immerhin noch 638.[4] Nach einer der letzten und weitgehend steuerrechtlichen Reform 2007[5] wurden im selben Jahr sogar 1134 Stiftungen neu gegründet.[6] Die

---

1 *K. Schmidt*, Stiftungswesen, S. 3 – Vortrag zur Eröffnung des Wallraf-Richartz-Museum und Museum Ludwig 1986 in Köln.

2 Beschlussempfehlung und Bericht des Rechtsausschusses, BT-Drucks. 14/8894, S. 1.

3 Gesetz zur Modernisierung des Stiftungsrechts vom 15.07.2002, BGBl. 2002 I, S. 2634 sowie Gesetz zur weiteren steuerlichen Förderung von Stiftungen vom 14.07.2000, BGBl. 2000 I, S. 1034, Gesetz zur weiteren Stärkung bürgerschaftlichen Engagements vom 10.10.2007, BGBl. 2007 I, S. 2332 und Gesetz zur Stärkung des Ehrenamtes vom 21.03.2013, BGBl. 2013 I, S. 556.

4 Jahresstatistik 2013 des Bundesverbands deutscher Stiftungen, Folie „Stiftungen in Zahlen 2013: Bestand, Errichtungen und Stiftungsdichte", abrufbar unter: www.stiftungen.org/statistik (abgerufen: 14.01.2015).

5 Gesetz zur weiteren Stärkung bürgerschaftlichen Engagements vom 10.10.2007, BGBl. 2007 I, S. 2332, ihr folgend: Gesetz zur Stärkung des Ehrenamtes vom 21.03.2013, BGBl. 2013 I, S. 556.

6 Jahresstatistik 2012 des Bundesverbands deutscher Stiftungen, Folie „Stiftungen in Zahlen 2012: Bestand, Errichtungen und Stiftungsdichte", abrufbar unter: www.stiftungen.org/statistik (abgerufen: 14.01.2015); leicht abweichende Zahlen bei der Studie des Deutschen Zentralinstituts für soziale Fragen (DZI – Jana Sommerfeld) zur Evaluierung der Auswirkungen des Gesetzes zur weiteren Stärkung bürgerschaftlichen Engagements aus Juli 2009: danach wurden 2007 1117 Stiftungen gegründet, ein Plus von 24% gegenüber 2006, Kurzfassung S. 9, abrufbar unter http://www.dzi.de/wp-content/pdfs_DZI/Kurzfassung_fe17-07_DZI-Evaluation_Gemein-und-Spendenrecht_Nov-2009.pdf (abgerufen: 14.01.2015).

Gesamtzahl der Stiftungen erhöhte sich in Deutschland bis Ende 2013 bereits auf über 20.150. Dabei fällt auf, dass häufig Privatpersonen Stiftungen gründen.[7] Viele möchten sicherstellen, dass ihr Vermögen nach dem eigenen Tod einem guten Zweck dient,[8] andere durch Fortführung der Stiftung unter ihrem Namen einen Hauch von Unsterblichkeit erlangen.[9] Für wieder andere ist dagegen weder ein gesteigertes Ansehen durch die Stiftungsgründung noch die Sicherung des Lebenswerkes entscheidend.[10] Vielmehr wollen sie schlicht soziale Zwecke fördern.[11] Trotz derart unterschiedlicher Motive vereint viele Stifter jedoch Eines: Sie lassen sich nur selten umfassend rechtlich beraten. Nach den Ergebnissen der StifterStudie wurden nur bei 25% der Gründungen Rechtsanwälte eingeschaltet, bei 23% Steuerberater und bei 12% Bankberater.[12] Bei größeren Vermögensmassen bemühen die Stifter häufig sogar all diese verschiedenen Berater parallel. Die Zahl der Stiftungen, die ganz ohne professionelle Unterstützung gegründet werden, ist gleichwohl sehr hoch. Wie sich aus den Ergebnissen der StifterStudie ablesen lässt, verlassen sich Stifter bei der Gründung einer Stiftung eher auf die Hilfe von Freunden oder Verwandten.[13]

So zeigt sich der Ansatzpunkt für diese Arbeit: Ohne rechtliche Unterstützung steigt das Risiko, dass Stiftern bei Vornahme des Stiftungsgeschäfts aus Unerfahrenheit Fehler unterlaufen.[14] Aber auch in Fällen, in denen die Stiftung mit rechtskundiger Hilfe gegründet wurde, kann ein Stiftungsgeschäft unwirksam sein. Dies zeigen insbesondere die Fälle der Magnus-Gäfgen-Stiftung[15]

---

7 Vgl. Verzeichnis Deutscher Stiftungen, Band 1, S. 78, nach welchem 2010 65,4% aller Stifter natürliche Personen waren.

8 *Timmer*, S. 87.

9 Das vermutet *Schewe*, ZSt 2004, 301, 305; jedenfalls soll etwas den eigenen Tod überdauern: *Schulze*, in: Hopt/Reuter, 55, 55; *Liermann*, S. 1; *Pennitz*, in: HKK, §§ 80–88 Rn. 1.

10 Das ergab eine Umfrage von *Allgäuer* im April 2002, an der sich 147 Stiftungen beteiligten: *Allgäuer*, S. 181, 190, 191.

11 *Allgäuer*, S. 184.

12 Vgl. *Timmer*, in: Richter/Wachter, § 1 Rn. 81; *Timmer*, S. 87.

13 Vgl. *Timmer*, in: Richter/Wachter, § 1 Rn. 80 f.; *Timmer*, S. 87.

14 Nach *Werner*, in: Erman, § 81 Rn. 7 kann ein ungeschulter Laie in der Regel jedoch den Anforderungen an Stiftungsgeschäft und Satzung nur mit juristischer Hilfe gerecht werden.

15 Pressemitteilung Nr. 1 der ADD Trier vom 02.01.2007, abrufbar unter http://www.add.rlp.de/icc/ADD/nav/845/broker.jsp?uMen=84560f23-4693-aefb-e592-613e9246ca93&uCon=a7c5c052-fb85-f01b-e592-6a90fb0e2236&uTem=aaaaaaaa-aaaa-aaaa-aaaa-000000000042 (abgerufen: 14.01.2015); vgl. dazu näher unten C.I.5.b).

und der „Franz-Schönhuber"-Stiftung.[16] Die Folgen derartiger Fehler im Gründungsprozess wurden in der Literatur bislang nicht umfassend behandelt. Diese Lücke soll geschlossen und die Gründe für die Unwirksamkeit des Stiftungsgeschäfts ebenso wie die sich daraus ergebenden Folgen sollen eingehend untersucht werden.

Der Schwerpunkt wird auf den nach § 80 Abs. 1 BGB für jede Stiftungsgründung erforderlichen Elementen liegen: dem Stiftungsgeschäft und der öffentlich-rechtlichen Anerkennung. Ergibt sich erst nach Anerkennung, dass das Stiftungsgeschäft unwirksam ist, so könnte dies Auswirkungen auf das weitere Schicksal der zumindest faktisch bestehenden Stiftung haben. Diese nimmt am Rechtsverkehr teil, schließt Verträge, geht Verpflichtungen ein und kann Ansprüche geltend machen. Alle Beteiligten vertrauen, auch aufgrund der staatlichen Anerkennung, auf ihr wirksames Bestehen. Gerade wenn die Unwirksamkeit des Stiftungsgeschäfts erst nach einiger Zeit aufgedeckt wird, können bereits Forderungen und Verbindlichkeiten in erheblichem Umfang bestehen. Neben einer möglichen Rückübertragung des Vermögens an den Stifter müssten dann weitere Rechtsverhältnisse abgewickelt werden. Ob das Bereicherungsrecht allein diesem Problem gerecht wird, ist – wie noch zu zeigen sein wird – zweifelhaft. Es sind daher auch andere Lösungswege zu prüfen.

Die Arbeit wird sich auf die selbstständige Stiftung bürgerlichen Rechts beschränken[17] – das „Leitbild" der Stiftungen in Deutschland.[18] Nur diese wird mit den oben genannten möglichen Problemen gemäß §§ 80 ff. BGB durch Stiftungsgeschäft und Anerkennung gegründet. Bei der unselbstständigen Stiftung wird dagegen ein Stiftungs*vertrag* zwischen Treuhänder und Stifter geschlossen, welcher keiner Anerkennung bedarf.[19] Der Treuhänder verfügt stets in eigenem Namen über das ihm zur Verfügung gestellte Vermögen.[20] Ist der Stiftungsvertrag

16 BVerwG, Urt. v. 12.02.1998, BVerwGE 106, 177 ff.; vgl. auch dazu näher unten C.I.4.b)aa).

17 Soweit nicht ausdrücklich anders beschrieben, ist als „Stiftung" in dieser Arbeit daher immer die selbstständige Stiftung bürgerlichen Rechts zu verstehen.

18 So *Mirbach*, S. 1; von dem Prototypen sprechend: *Neuhoff*, in: Soergel, vor § 80 Rn. 9; *Ebersbach*, S. 38; *Strickrodt*, S. 23; *Saenger*, in: Werner/Saenger, Rn. 160.

19 Vgl. *Hof*, in: v. Campenhausen/Richter, § 36 Rn. 2, 35; *Schwake*, in: MünchHdbGesR Bd. V, § 79 Rn. 62; *Hüttemann/Rawert*, in: Staudinger, Vorbem zu §§ 80 ff. Rn. 231; *Backert*, in: Bamberger/Roth, § 80 Rn. 22; *Schlüter*, S. 59 f. für die Einordnung als Schenkung unter Auflage.

20 Vgl. *Schlüter/Stolte*, Kap. 4 Rn. 5; *Hüttemann/Rawert*, in: Staudinger, Vorbem zu §§ 80 ff. Rn. 231; *Ebersbach*, S. 173; *Backert*, in: Bamberger/Roth, § 80 Rn. 22.

unwirksam, so wirkt sich das nicht auf die übrigen Rechtsgeschäfte aus. Ebensowenig wird die selbstständige Stiftung des öffentlichen Rechts in dieser Arbeit behandelt. Sie unterscheidet sich dadurch von der Stiftung des Privatrechts, dass schon das Stiftungsgeschäft ein Akt öffentlicher Gewalt ist.[21]

Die Arbeit ist wie folgt aufgebaut: Zunächst werden die Grundlagen des Stiftungsgeschäfts nach §§ 80 ff. BGB sowie seine rechtliche Einordnung dargelegt (B.), um so die möglichen Unwirksamkeitsgründe zu identifizieren. Im Anschluss werden eben diese Ursachen der Unwirksamkeit – getrennt nach allgemein zivilrechtlichen (C.I.) und speziellen Gründen, welche sich aus den §§ 80 ff. BGB ergeben (C.II.) – einzeln beleuchtet. Insbesondere das Verhältnis der §§ 134, 138 BGB zum Gemeinwohlvorbehalt des § 80 Abs. 2 BGB soll detailliert dargestellt werden. Schließlich gilt es, die Rechtsfolgen einer etwaigen Unwirksamkeit aufzudecken (D.). Hier werden zunächst die Auswirkungen der öffentlich-rechtlichen Anerkennung (D.I.) ermittelt. Als staatliche Bestätigung der Rechtsfigur Stiftung könnte sie auch auf das unwirksame Stiftungsgeschäft heilende Wirkung haben. Im Anschluss werden Ansprüche des Stifters (D.II.) erforscht. In der Privatrechtsordnung ist allgemein anerkannt, dass nichtige Rechtsgeschäfte die ursprünglich gewollten Folgen von Anfang an nicht eintreten lassen, sodass die intendierten Verpflichtungen niemals bestanden haben.[22] Wie sich das im Fall der Anerkennung trotz unwirksamem, sogar nichtigem, Stiftungsgeschäft umsetzen lässt, wird überprüft. Danach werden die Auswirkungen der Unwirksamkeit auf die Stiftung selbst geklärt (D.III.). Diese werden nach verschiedenen Konstellationen getrennt geprüft, wobei die Arbeit danach unterscheidet, ob es der Stiftung gelungen ist, zusätzlich zum ursprünglichen Stiftungskapital Vermögen zur Zweckverfolgung zu erlangen. Abschließend wird darauf eingegangen, ob und gegebenenfalls wie es sich auf die Stiftung auswirkt, wenn der Stifter sein Vermögen trotz Unwirksamkeit des Stiftungsgeschäfts nicht zurückfordert (D.IV.).

Die eingefügten Beispiele dienen der Verdeutlichung der diskutierten Thesen.

---

21 Dies gilt zumindest für neuere Stiftungen, vgl. *Backert*, in: Bamberger/Roth, § 80 Rn. 21; so wohl auch: *Reuter*, in: MünchKomm, Vor § 80 Rn. 65.

22 BGH, Urt. v. 18.05.1989, BGHZ 107, 268, 270; *Flume*, BGB AT II, § 30 Abschn. 1, S. 547 f.; *Wolf/Neuner*, BGB AT, § 55 Rn. 8.

B. Das Stiftungsgeschäft

Zu Beginn steht ein Überblick über das zu untersuchende Rechtsgeschäft. Er verdeutlicht, welche Fehler zur Unwirksamkeit oder Nichtigkeit des Stiftungsgeschäfts führen und damit für die weitere Existenz der Stiftung von Bedeutung sein können. Dazu werden die Komponenten des Stiftungsgeschäftes dargestellt (I.) und seine rechtliche Einordnung hinterfragt (II.). Im Anschluss wird erläutert, wie sich die Einordnung auf die weitere Untersuchung auswirkt (III.).

I. Grundlagen

Das Stiftungsgeschäft ist gemäß § 80 Abs. 1 BGB eine von zwei Voraussetzungen für die Stiftungsgründung. Der Stifter formuliert darin, welchen Zweck die Stiftung verfolgen und wie sie aufgebaut werden soll. Das Stiftungsgeschäft schafft somit die Grundlage für die Existenz der juristischen Person Stiftung und schreibt insbesondere deren Organisation fest.[23] Es ist dem Privatrecht zuzuordnen.[24]

Nach allgemeiner Ansicht[25] besteht das Stiftungsgeschäft aus zwei Komponenten: der Vermögenswidmung und der organisationsrechtlichen Regelung.

In der Vermögenswidmung überlässt der Stifter der Stiftung ein bestimmtes Kapital zur Erfüllung ihres Zwecks.[26] Einzig diese Vermögenswidmung kann die Durchführung des Stiftungszwecks garantieren. Der Stifter kann entweder versprechen, eigenes Vermögen zu übertragen oder aber das Vermögen eines

---

23 Vgl. *Reuter*, in: MünchKomm, §§ 80, 81 Rn. 1.

24 So schon klarstellend *Eichinger*, S. 9 ff.; *Stintzing*, AcP 88 (1898), 392, 404; *Hüttemann/Rawert*, in: Staudinger, § 80 Rn. 1.

25 *Reuter*, in: MünchKomm, §§ 80, 81 Rn. 3; *Hüttemann/Rawert*, in: Staudinger, § 81 Rn. 16 f.; *Backert*, in: Bamberger/Roth, § 80 Rn. 36, 39; *Hof*, in: v. Campenhausen/Richter, § 6 Rn. 2; *Meyn*, in: Meyn/Richter/Koss, Rn. 126; *Jakob*, S. 135 f.; so auch schon *Eichinger*, S. 26 ff.; für das Stiftungsgeschäft von Todes wegen noch einmal klarstellend: *Schewe*, ZSt 2004, 270, 271; a.A. wohl nur *Muscheler*, ZEV 2003, 41, 43 ff., 49, der von einem einaktigen Rechtsgeschäft ausgeht, durch welches Vermögen verselbstständigt wird und auf das das Schenkungsrecht analog angewendet werden muss – einen Einfluss auf die zugrunde liegende Untersuchung hat auch diese Ansicht wohl nur bei der Frage der Anwendung von § 518 BGB, vgl. unten B.III., im Übrigen ergeben sich hinsichtlich der Rechtsfolgen keine Besonderheiten, da die Nichtigkeit bei einaktigen Rechtsgeschäften automatisch zur Gesamtnichtigkeit führen muss.

26 Vgl. *Schwake*, in: MünchHdbGesR Bd. V, § 79 Rn. 119; *Burgard*, S. 79.

Dritten mit der Zweckerfüllung verknüpfen.[27] Im zweiten Fall muss der Stifter vor allem eine entsprechende Zusage des Dritten vorweisen.[28]

Die organisationsrechtliche Regelung bestimmt, dass die Stiftung als Rechtspersönlichkeit in Erscheinung treten soll und stellt ihre innere Ordnung – ihre Verfassung – auf.[29] Sie schafft die Voraussetzung für die Anerkennung einer eigenständigen juristischen Person. Zum organisationsrechtlichen Teil zählt auch die Satzung, deren Mindestinhalt § 81 Abs. 1 S. 3 BGB festlegt. Insbesondere ist ein Vorstand zu bilden, durch den die Stiftung handlungsfähig wird.[30]

Zentrales Element der Stiftung ist ihr Zweck.[31] Er bestimmt das Ziel, welches die juristische Person verfolgen soll. Seine besondere Bedeutung zeigt sich an verschiedenen Stellen. So muss der Zweck gemeinwohlkonform im Sinne des § 80 Abs. 2 BGB sein, er ist für die Frage der steuerrechtlichen Einordnung entscheidend[32] und macht insgesamt das Wesen der Stiftung aus.[33] Auch er hat organisationsrechtliche Aspekte.[34] Jedoch spielt er primär für die Frage des Vermögens und dessen Höhe eine Rolle und verklammert so die beiden zuerst genannten Komponenten des Stiftungsgeschäfts zu einer Einheit.[35]

Das Stiftungsgeschäft ist Grundlage der Stiftung, verdeutlicht den Willen des Stifters und bestimmt den Rahmen, in dem die Organe der Stiftung tätig werden dürfen.

---

27 Ein eigenes Schenkungsversprechen des Stifters ist nach hier vertretener Ansicht nicht erforderlich, dazu näher unten C.I.1.b)bb); vgl. zum Streit *Hüttemann/Rawert*, in: Staudinger, § 81 Rn. 19.

28 Zu den genauen Voraussetzungen siehe C. I.1.b)bb) und C.II.2.a)aa)(2).

29 Vgl. *Backert*, in: Bamberger/Roth, § 80 Rn. 36; *Schwake*, in: MünchHdbGesR Bd. V, § 79 Rn. 119; *Burgard*, S. 80; *Koos*, S. 287.

30 Siehe dazu näher unten C.II.2.a)aa)(5).

31 *Liermann*, in: Deutsches Stiftungswesen 1948–1966, 153, 154 („Seele"); auf ihn verweisend: *Hüttemann/Rawert*, in: Staudinger, Vorbem zu §§ 80 ff. Rn. 5; *Backert*, in: Bamberger/Roth, § 80 Rn. 4; *v. Campenhausen/Stumpf*, in: v. Campenhausen/Richter, § 1 Rn. 9; *Beuthien*, in: MünchHdbGesR Bd. V, § 77 Rn. 17; *Rawert*, in: Hopt/Reuter, 109, 112, 115 ff.; *Mirbach*, S. 27 („Herzstück"); so auch: *Hof*, in: v. Campenhausen/Richter, § 7 Rn. 1; *Ebersbach*, S. 16 („das wichtigste Element"); *Schlüter*, S. 324 („Zentralfunktion").

32 § 5 Abs. 1 Nr. 9 KStG bestimmt, dass nur Stiftungen, die einen ausschließlich und unmittelbar gemeinnützigen, mildtätigen oder kirchlichen Zweck verfolgen von der Körperschaftssteuer befreit sind und verweist darüber hinaus auf die §§ 51 – 68 AO, welche die steuerbegünstigten Zwecke weiter ausführen; siehe dazu auch: *Maier*, BB 2001, 494, 495.

33 Vgl. *Reuter*, in: MünchKomm, §§ 80, 81 Rn. 30.

34 So etwa *Neuhoff*, in: GS Walz, S. 465, 467; *Burgard*, S. 80; *Koos*, S. 287.

35 *Hof*, in: v. Campenhausen/Richter, § 6 Rn. 27.

II. Rechtliche Einordnung

Für die Frage, welche Fehler auf welche Art und Weise auf die Existenz und Organisation der Stiftung einwirken, ist die rechtliche Einordnung des Stiftungsgeschäfts essentiell. Nach ihr richtet sich insbesondere die Anwendbarkeit der gesetzlich ausdrücklich vorgegebenen Nichtigkeitsgründe. Das Stiftungsgeschäft unterliegt dem Privatrecht.[36] Ob es darüber hinaus stets ein einseitiges Rechtsgeschäft ist oder auch im Wege eines Vertrages zwischen mehreren Stiftern geschlossen werden kann, ist umstritten.

1. Grundsatz: Einseitiges Rechtsgeschäft

Die herrschende Meinung geht zutreffend davon aus, dass das Stiftungsgeschäft durch einseitige, nicht empfangsbedürftige Willenserklärung des Stifters vorgenommen wird.[37] Es ist ein einseitiges Rechtsgeschäft.

Ausgehend von der Rechtsauffassung des Reichsgerichts wurde vertreten, dass das Einbringen des Stiftungsvermögens bei Errichtung einer Stiftung eine Schenkung im Sinne der §§ 516 ff. BGB darstelle und damit als gegenseitiger Vertrag einzuordnen sei.[38] Gegen diese Einordnung sprechen jedoch entscheidende Gründe. Zum einen fehlt es bereits an einem Vertragspartner für den Abschluss des Rechtsgeschäfts. Die Stiftung als einzig mögliche zweite Vertragspartei neben dem Stifter ist im Zeitpunkt des Stiftungsgeschäfts noch nicht errichtet. Sie besteht noch nicht und kann daher weder Willenserklärungen empfangen noch selbst ein Vertragsangebot wirksam annehmen. Deshalb kann sie nicht Partei eines Schenkungsvertrages werden.[39] Zum anderen sprechen die schwachen Haftungsregeln der §§ 521 ff. BGB gegen die Einordnung der Einbringung des Stiftungskapitals als Schenkung. Voraussetzung der Errichtung einer Stiftung ist die Sicherstellung der dauerhaften Zweckerfüllung. Diese hängt ganz wesentlich von den finanziellen Mitteln ab, die der Zweckerfüllung dienen. Müsste der Stifter nur nach den schwachen Haftungsregeln der §§ 521 ff. BGB für dieses Vermögen eintreten,

---

36 Vgl. oben B.I.

37 Statt Vieler: *Hüttemann/Rawert*, in: Staudinger, § 81 Rn. 2; *Ebersbach*, S. 48; *Stintzing*, AcP 88 (1898), 392, 404.

38 So wohl erstmals: RG, Urt. v. 29.03.1881, RGZ 5, 138, 144, dabei eine Vorstiftung annehmend, allerdings noch zum bremischen und gemeinen Recht vor Inkrafttreten des BGB; ähnlich *Flume*, AT I 2, S. 141; eine ausführliche Darstellung der Diskussion bieten *Jakob*, S. 118 ff. sowie *Muscheler*, AcP 203 (2003), 469, 471 ff.

39 So auch: *Jakob*, S. 119.

wäre die Zweckerfüllung erheblich gefährdet.[40] Dies gilt vor allem dann, wenn der Stifter nur Sachvermögen einbringt. Nach den §§ 521 ff. BGB hätte der Stifter bei Sach- und Rechtsmängeln nur für Arglist einzustehen, was bei entsprechenden Mängeln dazu führen kann, dass das übertragene Sachvermögen praktisch wertlos wäre. Die Stiftung könnte dadurch ihren Zweck nicht mehr verfolgen. Die Einbringung des Vermögensteils in die Stiftung ist daher aus Gründen des fehlenden Schenkungsvertragspartners sowie erheblicher Risiken in Bezug auf das Sicherstellen der Zweckerfüllung der Stiftung nicht als Schenkung zu qualifizieren. Das Stiftungsgeschäft ist vielmehr mit der herrschenden Meinung als einseitige, nicht empfangsbedürftige Willenserklärung einzuordnen.

2. Vertragliche Ausgestaltung

Inwieweit das Stiftungsgeschäft trotz seines grundsätzlich einseitigen Charakters auch im Rahmen eines Vertrages vorgenommen werden kann, ist noch nicht abschließend entschieden. Dabei ist an verschiedene Konstruktionen zu denken: Zum einen könnte sich ein Stifter in einem Vertrag dazu verpflichten, gemeinsam mit einem Dritten eine Stiftung zu gründen (Mehrpersonengründung). Zum anderen könnte er sich gegenüber einem Dritten dazu verpflichten, alleine eine Stiftung zu gründen. Schließlich ist möglich, sich vertraglich zu verpflichten, Vermögen auf eine erst noch von einem Dritten zu errichtende Stiftung zu übertragen.

In der ersten Konstellation würde ein unwiderruflicher Vertrag zwischen mehreren Parteien das Stiftungsgeschäft ersetzen.[41] Für die allgemeine Zulässigkeit eines solchen Konstrukts spricht zwar, dass das Stiftungsgeschäft von Todes wegen ebenfalls in Form eines gegenseitigen Vertrages mit Bindungswirkung – dem Erbvertrag nach §§ 2274 ff. BGB – geschlossen werden kann. Eine Übertragung des Gedankens auf das Stiftungsgeschäft unter Lebenden[42] muss jedoch scheitern. Die Bindungsmöglichkeit beim Stiftungsgeschäft von Todes wegen ergeben sich gerade aus erbrechtlichen Besonderheiten, nicht aus dem Stiftungsrecht.[43] Der Gesetzgeber hat durch die Wahl des Begriffes „Verfügungen von Todes wegen“ ausdrücklich auf die Möglichkeit des Erbvertrages verwiesen. Beim Stiftungsgeschäft unter Lebenden hat er dagegen dessen freie

40 *Reuter*, in: MünchKomm, §§ 80, 81 Rn. 23.
41 Vgl. *Muscheler*, ZEV 2003, 41, 44 ff.
42 Diese schlägt *Burgard*, S. 97 f. vor.
43 Vgl. nur *Muscheler*, ZEV 2003, 41, 43 mit einer ausführlichen Darlegung der Gesetzesentstehung.

Widerruflichkeit in § 81 Abs. 2 BGB normiert.[44] Erst der Anerkennungsakt der Behörde bindet den Stifter an sein Versprechen und nimmt ihm die Möglichkeit, sich doch noch gegen die Gründung der Stiftung und damit die Entstehung seiner Übertragungspflicht zu stellen. Dieses Schutzes bedarf der Stifter von Todes wegen denklogisch nicht. Darüber hinaus gewinnt die fehlende Bindung des Stiftungsgeschäfts unter Lebenden gerade im Zusammenspiel mit dem geringen Formerfordernis besondere Bedeutung: Der Stifter soll die Zeit zwischen Vornahme des Stiftungsgeschäfts und Anerkennung dazu nutzen, sich der schwerwiegenden Folgen der Stiftungsgründung bewusst zu werden. Beim Stiftungsgeschäft von Todes wegen dienen die Formvorschriften dem Schutz vor übereilten Handlungen.[45] Daher darf das Stiftungsgeschäft unter Lebenden nicht vor Anerkennung unwiderruflich wirksam werden.

Um diesem Ergebnis zu entgehen fordern Teile der Literatur, die Formvorschrift des § 518 BGB auf die Vornahme des Stiftungsgeschäfts analog anzuwenden.[46] Der Stifter könnte von einem Notar auf die Folgen seines Handelns hingewiesen werden. Für eine solche Analogie fehlt es aber an einer Regelungslücke: Der Gesetzgeber hat in § 81 Abs. 1 S. 1 BGB ausdrücklich die schriftliche Form bestimmt. Auch das Argument, dass das Widerrufsrecht gerade nur aufgrund des einseitigen Charakters des Stiftungsgeschäfts bestehe und daher bei vertraglicher Bindung entfallen müsse,[47] überzeugt nicht. Es ersetzt entgegen dem ausdrücklichen gesetzgeberischen Willen das Widerrufsrecht in § 81 Abs. 2 BGB durch die analoge Anwendung des Formerfordernisses aus § 518 BGB. Im Ergebnis unterliegen die Vertreter dieser Ansicht einem Zirkelschluss: eine vertragliche Bindung ist nur möglich, wenn der Widerruf ausgeschlossen und durch die Form des § 518 BGB ersetzt werden kann. § 518 BGB findet aber nur auf Schenkungs*verträge* Anwendung.

Mehrere Stifter können das einseitige Stiftungsgeschäft nicht durch einen bindenden Vertrag ersetzen.[48]

Dieser Gedanke lässt sich – entgegen gewichtiger Stimmen in der Literatur[49] – auch auf den zweiten Fall übertragen, bei welchem sich der Stifter gegenüber

---

44 *Hüttemann/Rawert*, in: Staudinger, § 81 Rn. 2; a.A. *Muscheler*, AcP 203 (2003), 469, 470 f.

45 Zu Sinn und Zweck der Formvorschriften im Erbrecht vgl. *Hagena*, in: MünchKomm, § 2231 Rn. 1; *Litzenburger*, in: Bamberger/Roth, § 2231 Rn. 1.

46 *Hof*, in: v. Campenhausen/Richter, § 6 Rn. 10.

47 So aber *Burgard*, S. 97.

48 *Hüttemann/Rawert*, in: Staudinger, § 81 Rn. 2; a.A. *Muscheler*, ZEV 2003, 41, 44 ff.

49 Vgl. *Reuter*, in: MünchKomm, §§ 80, 81 Rn. 11, ohne dass er den Unterschied zu der ersten Konstellation ausreichend verdeutlicht.

einem Dritten in einem Vertrag zur Errichtung einer Stiftung verpflichtet.[50] Eine solche Verpflichtung lässt sich nicht wirksam durchsetzen. Wie in der ersten Fallgestaltung muss das Widerrufsrecht des Stifters aus § 81 Abs. 2 BGB erhalten bleiben, bis die Stiftung tatsächlich anerkannt wurde. Dies gilt umso mehr, als sich der Vertragspartner in dieser Konstellation im Gegensatz zum Stifter gerade nicht zur Vornahme des Stiftungsgeschäfts verpflichtet.

Der Stifter kann daher zwar einen Vertrag mit einem Dritten schließen, in welchem er sich zur Stiftungserrichtung verpflichtet, verstößt er aber gegen diese Pflicht, so kann der Vertragspartner die Vornahme des Stiftungsgeschäfts nicht einklagen.[51] Ihm steht lediglich ein Schadensersatz statt der Leistung zu, soweit er seinen Schaden tatsächlich beweist.[52] Auch diese drohende Schadensersatzforderung beschränkt den Stifter nicht in der Ausübung seines Widerrufsrechts, weil der Vertragspartner die Hürde, einen möglichen Schaden darzulegen und zu beweisen, kaum wird übersteigen können.[53]

Lediglich beim dritten und letzten Fall weicht das Ergebnis ab: Eine Person kann sich wirksam vertraglich verpflichten, einer noch nicht bestehenden Stiftung ein Vermögen zu übertragen. Es handelt sich hierbei um einen echten Vertrag zugunsten Dritter im Sinne des § 328 BGB. Die Person verpflichtet sich gegenüber einem Dritten (dem Stifter) zur Schenkung an die Stiftung, sobald diese wirksam entstanden ist, nicht aber zu deren Gründung. Das Schenkungsversprechen muss den Formbestimmungen des § 518 BGB entsprechen.[54] Diese Verpflichtung ist für den Stifter von wesentlicher Bedeutung, wenn die Stiftung ihren Zweck nur mit dem zusätzlichen Vermögen verfolgen kann. Gesetzliche Wertungen stehen dem nicht entgegen, da eine Vermögensübertragung an die Stiftung immer möglich ist.

Ein Stiftungsgeschäft unter Lebenden kann nur als einseitige, nicht empfangsbedürftige Willenserklärung vorgenommen werden. Eine vertragliche Bindung ist unwirksam, wenn sich der Stifter tatsächlich zur Stiftungsgründung verpflichtet. Verträge, die sich auf die Vermögensausstattung einer unabhängig davon zu gründenden Stiftung beziehen, sind jedoch wirksam. Für sie gilt die besondere Form des § 518 BGB.

---

50 So neuerdings auch *Hüttemann/Rawert*, in: Staudinger, § 81 Rn. 3; anders noch in der Vorauflage: *Rawert*, in: Staudinger [1995], § 81 Rn. 6; für die Möglichkeit einer vertragliche Bindung auch *Sontheimer*, S. 37.

51 Vgl. *Muscheler*, ZEV 2003, 41, 45; *Stintzing*, AcP 88 (1898), 392, 435 f.

52 Vgl. dazu *Hüttemann/Rawert*, in: Staudinger, § 81 Rn. 3; vgl. zur Beweislastverteilung *Ernst*, in: MünchKomm, § 280 Rn. 30 ff.

53 Ebenso: *Hüttemann/Rawert*, in: Staudinger, § 81 Rn. 3.

54 *Hüttemann/Rawert*, in: Staudinger, § 81 Rn. 4.

III. Bedeutung für die weitere Untersuchung

Die Einordnung des Stiftungsgeschäfts als Willenserklärung im Sinne eines einseitigen Rechtsgeschäfts hat weitreichende Folgen:

Die allgemeinen Vorschriften des BGB, die die Nichtigkeit eines Rechtsgeschäfts bewirken können, finden Anwendung.[55] Dies gilt sowohl für die Stiftung unter Lebenden als auch für die Stiftung von Todes wegen.

Dagegen gelten die §§ 518 ff. BGB nicht, auch nicht analog.[56] Die sich aus diesen Paragraphen ergebenden Nichtigkeitsgründe können aus der Untersuchung ausgeschlossen werden. Allein die §§ 80 ff. BGB erhalten als spezielle stiftungsrechtliche Regelungen entscheidende Bedeutung und benennen zusätzliche Anforderungen an das Stiftungsgeschäft, deren Missachtung zu einer Unwirksamkeit führen könnte.[57]

---

55 *Schlüter*, in: Henssler/Strohn, § 81 Rn. 1; *Ebersbach*, S. 47.

56 Entgegen *Muscheler*, ZEV 2003, 42, 43 ff.

57 Zu den genauen Rechtsfolgen der Missachtung siehe unten C.II.

C. Gründe für die Unwirksamkeit des Stiftungsgeschäfts

Wie dargestellt, sind zur Errichtung einer Stiftung nach § 80 Abs. 1 BGB ein privatrechtliches Stiftungsgeschäft sowie ein öffentlich-rechtlicher Anerkennungsakt notwendig. Da Ziel der Arbeit ist, das Schicksal der Stiftung bei Unwirksamkeit des Stiftungsgeschäfts zu untersuchen, sind zunächst die Gründe zu erläutern, die zu einer solchen Unwirksamkeit des Stiftungsgeschäfts führen können. Dieser Teil betrachtet als erstes die Relevanz der allgemeinen Unwirksamkeitsgründe aus dem BGB (I.).[58] Im Anschluss werden die speziellen Anforderungen aus den §§ 80 ff. BGB erläutert. Dabei soll vor allem auch geprüft werden, ob ihr Fehlen ebenfalls zur Unwirksamkeit des Stiftungsgeschäfts führt (II.).

I. Allgemeine Unwirksamkeitsgründe

1. Geschäftsfähigkeit, §§ 104 ff. BGB

Wer ein Rechtsgeschäft vornehmen will, muss geschäftsfähig sein. Geschäftsfähig ist nach allgemeiner Auffassung, wer allgemein zulässige Rechtsgeschäfte selbstständig wirksam vornehmen kann.[59] Diese wenig aussagekräftige Definition füllt auch das Gesetz nicht weiter aus, es geht von dem Grundsatz aus, dass alle natürlichen Personen geschäftsfähig sind.[60] Explizit regelt es lediglich die Ausnahmen: Nicht voll geschäftsfähig sind danach die Geschäftsunfähigen nach § 104 BGB und die beschränkt Geschäftsfähigen nach § 106 BGB. Willenserklärungen der Geschäftsunfähigen sind stets nichtig, § 105 BGB, Willenserklärungen der beschränkt Geschäftsfähigen bedürfen im Grundsatz der Einwilligung ihrer gesetzlichen Vertreter, § 107 BGB. Diese Gruppen sollen durch die §§ 104 ff. BGB vor den Nachteilen, die Willenserklärungen mit sich bringen können, geschützt

58 Diese sind auch bei dem Stiftungsgeschäft in jedem Fall zu beachten, vgl. *Mecking*, in: MünchHdbGesR Bd. V, § 85 Rn. 15.

59 So schon in *Mugdan*, I. Band, S. 423; vgl. *Knothe*, in: Staudinger, Vorbem zu §§ 104–115 Rn. 1; *Schmitt*, in: MünchKomm, § 104 Rn. 1; *Wendtland*, in: Bamberger/Roth, § 104 Rn. 1; *Hefermehl*, in: Soergel, Vor § 104 Rn. 1; *Wolf/Neuner*, § 12 Rn. 4.

60 *Knothe*, in: Staudinger, Vorbem zu §§ 104–115 Rn. 6; *Schmitt*, in: MünchKomm, § 104 Rn. 2; *Wendtland*, in: Bamberger/Roth, § 104 Rn. 1; *Hefermehl*, in: Soergel, Vor § 104 Rn. 8.

werden.[61] Beschränkt Geschäftsfähigen gesteht das Gesetz dabei mehr Verantwortung zu als den Geschäftsunfähigen. Sie sind nicht vollkommen von Rechtsgeschäften ausgeschlossen und könnten das Stiftungsgeschäft selbst vornehmen, soweit ihnen daraus keine rechtlichen Nachteile entstehen oder ihre gesetzlichen Vertreter eingewilligt haben, § 107 BGB. Im Übrigen handeln die gesetzlichen Vertreter für die ihnen anvertrauten Personen. Ob von ihrer Vermögenssorge auch die Möglichkeit der Stiftungsgründung erfasst ist, wird im Folgenden näher erläutert.

Für das Stiftungsgeschäft von Todes wegen gelten spezielle Regelungen der Geschäftsfähigkeit: Der Stifter muss testierfähig sein, § 2229 Abs. 1 BGB. Die Anforderungen und Auswirkungen dieser Norm werden unter c) genauer ausgeführt.

a) Geschäftsunfähigkeit, § 104 BGB

Ist eine Person geschäftsunfähig, so löst ihre Willenserklärung keine rechtlich verbindlichen Folgen aus, § 105 Abs. 1 BGB.[62] Geschäftsunfähige können daher kein Stiftungsgeschäft vornehmen.

Nach § 104 Nr. 1 BGB sind alle natürlichen Personen, die das siebte Lebensjahr noch nicht vollendet haben, geschäftsunfähig. Nach § 104 Nr. 2 BGB ist auch die Person geschäftsunfähig, welche „sich in einem die freie Willensbestimmung ausschließenden Zustand krankhafter Störung der Geistestätigkeit befindet, sofern nicht der Zustand seiner Natur nach ein vorübergehender ist".[63]

> Dazu folgendes Beispiel 1: *Der 90-jährige S beschließt die Gründung einer Stiftung, in welcher er mit sofortiger Wirkung einen Großteil seines Vermögens einbringt. Ein Jahr nach der Anerkennung der Stiftung wird bei S eine fortgeschrittene Demenz diagnostiziert, die bereits zum Zeitpunkt der Vornahme des Stiftungsgeschäfts zu einer dauerhaften Geschäftsunfähigkeit geführt hatte.*

aa) Keine eigene Stiftungsgründung durch Geschäftsunfähige

Von der in § 105 Abs. 1 BGB genannten Folge der Nichtigkeit der Rechtsgeschäfte formuliert § 105a BGB für die volljährigen Geschäftsunfähigen die einzige Ausnahme: Geschäfte des täglichen Lebens werden im Nachhinein wirksam,

---

61 Vgl. nur: *Schmitt*, in: MünchKomm, Vor § 104 Rn. 2; *Knothe*, in: Staudinger, Vorbem zu §§ 104–115 Rn. 20.

62 Vgl. auch *Wolf/Neuner*, § 34 Rn. 9.

63 Zur Frage, wann Geschäftsunfähigkeit vorliegt, vgl. ausführlich: *Schmitt*, in: MünchKomm, § 104 Rn. 8 ff.; *Wendtland*, in: Bamberger/Roth, § 104 Rn. 5 ff.

wenn Leistung und Gegenleistung bewirkt wurden und sie nur geringwertiger Mittel bedurften.[64] Diese Norm greift im Falle der Stiftungsgründung allerdings nicht. „Geschäfte des täglichen Lebens", welche mit geringen Mitteln erbracht werden, umfassen lediglich jene, die tatsächlich täglich vorkommen und Gegenstände betreffen, die zum alsbaldigen Genuss oder Verbrauch bestimmt sind.[65] Eine Stiftung wird aber nicht täglich oder auch nur regelmäßig gegründet. § 105a BGB kann für die Stiftung keine Ausnahme von der erforderlichen Geschäftsfähigkeit bieten.

bb) Keine Stiftungsgründung durch gesetzliche Vertreter

Greift die Ausnahme des § 105a BGB nicht ein, so kann nur der gesetzliche Vertreter die Willenserklärungen für den Geschäftsunfähigen wirksam abgeben.[66] Kinder werden in der Regel von ihren Eltern, § 1629 Abs. 1 BGB, möglicherweise auch durch einen Vormund vertreten, § 1793 Abs. 1 S. 1 BGB, geistig behinderte Volljährige von Betreuern, § 1902 BGB.[67] Da es sich beim Stiftungsgeschäft nicht um ein höchstpersönliches Geschäft handelt, könnte der gesetzliche Vertreter eigentlich im Namen des Geschäftsunfähigen stiften.[68] Allerdings ist ihm dies analog §§ 1641, 1804 (i.V.m. § 1908i Abs. 2) BGB untersagt.[69] Danach können Eltern oder Vormund im Namen ihres Kindes beziehungsweise Mündels sowie Betreuer im Namen des Betreuten keine Schenkungen vornehmen. Sinn und Zweck ist es – ebenso wie generell bei den §§ 104 ff. BGB – das Vermögen der

---

64 Zu den genauen Voraussetzungen siehe *Wendtland*, in: Bamberger/Roth, § 105a Rn. 3 ff.

65 Vgl. mit einzelnen Beispielen: Beschlussempfehlung und Bericht des Rechtsausschusses (6. Ausschuss) zum Entwurf eines Gesetzes zur Änderung des Rechts der Vertretung durch Rechtsanwälte vor dem Oberlandesgericht, BT-Drucks. 14/9266, S. 43 (etwa: Kauf von Lebensmitteln oder Hygieneartikeln, Inanspruchnahme von Friseurleistungen).

66 Siehe nur *Schmitt*, in: MünchKomm, § 105 Rn. 32.

67 Betreuer vertreten den Betreuten, auch wenn die Bestellung der Betreuung die Geschäftsfähigkeit des Betreuten eigentlich unberührt lässt: *Schwab*, in: MünchKomm, Vor § 1896 Rn. 12.

68 Vgl. BayOblG, Bes. v. 27.11.1990, NJW-RR 1991, 523 verweist auf die Ansicht der Vorinstanz; *Hüttemann/Rawert*, in: Staudinger, § 81 Rn. 9; *Werner*, in: Erman, § 80 Rn. 3; *Ellenberger*, in: Palandt, § 81 Rn. 2; *Steffen*, in: RGRK, § 81 Rn. 1; *Hof*, in: v. Campenhausen/Richter, § 6 Rn. 9; *Ebersbach*, S. 49 f.

69 So auch *Hüttemann/Rawert*, in: Staudinger, § 81 Rn. 6; *Reuter*, in: MünchKomm, §§ 80, 81 Rn. 9; *Jakob*, S. 149; *Hof*, in: v. Campenhausen/Richter, § 6 Rn. 7; *Ebersbach*, S. 49; *Sontheimer*, S. 38.

geschäftsunfähigen Person zu schützen.[70] Bei Schenkungen ist dieses aufgrund der fehlenden Gegenleistung besonders gefährdet. Im Falle des Stiftens liegt eine vergleichbare Gefährdungslage vor. Zwar wird das Stiftungsgeschäft herrschend als einseitiges Rechtsgeschäft und gerade nicht als Schenkung angesehen,[71] doch beinhaltet es ebenso wie die Schenkung eine unentgeltliche Übertragung von Vermögen. Durch das Stiftungsgeschäft ist das Vermögen des Geschäftsunfähigen daher ebenso gefährdet wie durch ein Schenkungsversprechen. Da eine entsprechende Regelung im Stiftungsrecht nicht besteht und die §§ 1641, 1804 BGB das Stiftungsgeschäft nicht explizit erwähnen, liegt eine planwidrige Regelungslücke vor. Somit kann ein Analogieschluss gezogen werden, der die Vertretung eines Geschäftsunfähigen im Stiftungsgeschäft ausschließt.

Ein Verstoß gegen §§ 1641, 1804 (i.V.m. § 1908i) BGB kann nicht durch eine Genehmigung des Vormundschafts- beziehungsweise Familiengerichts geheilt werden.[72] Insoweit besteht ein eindeutiger gesetzgeberischer Wille, der die Vertretungsmacht der Eltern oder Betreuer einschränkt.[73]

Eine Ausnahme vom Schenkungsverbot gilt gemäß §§ 1641 S. 2, 1804 S. 2 allerdings für sogenannte Anstandsschenkungen. Es handelt sich dabei um Zuwendungen, die nicht unterbleiben können, ohne dass der Schenkende sein Ansehen verliert.[74] Eine Stiftungserrichtung aus Anstand ist in der Praxis freilich kaum vorstellbar. Allenfalls aufgrund eines konstruierten Sachverhaltes lässt sie sich denken:

> Dazu folgendes <u>Beispiel 2:</u> *Der 6-jährige S erbt 150 Millionen Euro von einem entfernten Onkel. Die Cousine C des S ist schwerbehindert und ihren Eltern ist es – weil sie mittellos sind – kaum möglich, dem erhöhten Pflegeaufwand gerecht zu werden. S möchte im Einvernehmen mit seinen Eltern zu Gunsten der C eine Stiftung mit einem Kapital von 5 Millionen Euro gründen, die die Kosten der Pflege übernehmen soll.*

---

70 Vgl. *Huber*, in: MünchKomm, § 1641 Rn. 2.

71 Vgl. statt Vieler *Volkholz*, S. 308; siehe zur Diskussion *Jakob*, S. 118 ff. sowie *Muscheler*, AcP 203 (2003), 469, 471 ff.; dazu schon oben B.II.1.

72 Zu § 1641 BGB: *Huber*, in: MünchKomm, § 1641 Rn. 8; *Engler*, in: Staudinger, § 1641 Rn. 15; zu § 1804 BGB: BayObLG, Bes. v. 09.10.1914, OLGE 32, 19; BayObLG, Bes. v. 24.05.1996, FamRZ 1996, 1359, 1360; *Wagenitz*, in: MünchKomm, § 1804 Rn. 11; *Veit*, in: Staudinger, § 1804 Rn. 13.

73 Vgl. zu den Beschränkungen des Vormundes im heutigen § 1641 BGB, § 1661 BGB a.F.: *Mugdan*, IV. Band, S. 587, 1107.

74 BGH, Urt. v. 19.09.1980, NJW 1981, 111, 111; OLG Köln, Bes. v. 22.11.1996, FamRZ 1997, 1113, 1114; *Wagenitz*, in: MünchKomm, § 1804 Rn. 13.

Geschäftsunfähigen ist es generell – auch mit Hilfe ihrer gesetzlichen Vertreter – unmöglich zu stiften.[75] Etwas anderes kann nur bei volljährigen Geschäftsunfähigen in „lichten Momenten" gelten.[76] Es wird jedoch in der Praxis schwierig sein, einen derartigen Moment zu identifizieren. Auch eine nach den gerade erfolgten Ausführungen zulässige „Anstandsstiftung" wird in der Praxis kaum eine Rolle spielen.

b) Beschränkte Geschäftsfähigkeit

Nach § 106 BGB sind alle natürlichen Personen beschränkt geschäftsfähig, die zwar das siebte, nicht aber das achtzehnte Lebensjahr vollendet haben. Willenserklärungen – also auch Stiftungsgeschäfte – eines beschränkt Geschäftsfähigen sind im Falle eines rechtlichen Nachteils nur dann wirksam, wenn der gesetzliche Vertreter ihnen zugestimmt hat, § 107 BGB.[77]

> Dazu folgendes Beispiel 3: *Nach dem Krebstod seines Vaters möchte der 16-jährige S eine Stiftung ins Leben rufen, die die Krebsforschung finanziell und ideell unterstützen soll. Er überzeugt seine Mutter von dem Vorhaben, welche sich ihm gegenüber verpflichtet, der Stiftung 50.000 € zukommen zu lassen, soweit der S die Anerkennung der Stiftung erreicht. S selbst will als Initiator der Stiftung auch deren Stifter sein, aber weder eigenes Vermögen einbringen noch sonst Aufgaben in der Organisation der Stiftung wahrnehmen.*

aa) Zustimmung des gesetzlichen Vertreters

Die Zustimmung des gesetzlichen Vertreters kann im Falle des Stiftungsgeschäfts nur vor dessen Vornahme durch den Minderjährigen, demnach als Einwilligung, erfolgen. Eine nachträgliche Genehmigung ist für das einseitige Stiftungsgeschäft bereits durch § 111 S. 1 BGB ausgeschlossen.[78] Kommt es nur auf die Äußerungen einer Person alleine an, so soll keine Unsicherheit über ihre Wirksamkeit bestehen.

Bei der Einwilligung nach § 107 BGB handelt es sich um eine vorherige Zustimmung im Sinne des § 183 BGB.[79] Bei beschränkt Geschäftsfähigen ist jedoch

---

75 So auch: *Hüttemann/Rawert*, in: Staudinger, § 81 Rn. 6.

76 Für die Frage, wann lichte Momente gegeben sind siehe *Wendtland*, in: Bamberger/Roth, § 104 Rn. 8.

77 Zum Umfang einer vorhergehenden Einwilligung des gesetzlichen Vertreters siehe schon *Pawlowski*, JuS 1967, 302, 303 f.

78 Vgl. *Mecking*, in: MünchHdbGesR Bd. V, § 85 Rn. 16.

79 Vgl. *Schmitt*, in: MünchKomm, § 107 Rn. 9; *Müller*, in: Erman, § 107 Rn. 11.

ebenfalls die Einschränkung der §§ 1641, 1804 (i.V.m. § 1908i) BGB zu beachten – auch sie sollen vor Verfügungen, denen keine Gegenleistung gegenübersteht, geschützt werden.[80] Die analoge Anwendung der Regelungen auf das Stiftungsgeschäft wurde in Bezug auf die Vertretung Geschäftsunfähiger bereits besprochen.[81] Gesetzliche Vertreter von beschränkt Geschäftsfähigen sollen keinen weiteren Handlungsspielraum haben, als wenn sie Geschäftsunfähige vertreten. Die unterschiedlichen Regelungen der §§ 104 ff. BGB schaffen zwar dem Minderjährigen mehr Freiheiten, nicht aber ihren gesetzlichen Vertretern. Gesetzliche Vertreter von beschränkt Geschäftsfähiger können daher Stiftungsgeschäfte im Namen ihrer Schützlinge nicht selbst vornehmen, wenn es sich nicht um Anstandsstiftungen handelt.[82] Der gesetzliche Vertreter darf aber auch keinem Geschäft des Minderjährigen zustimmen, das er nicht auch im Rahmen seiner Vertretungsmacht selbst bewirken könnte.

bb) Rechtlicher Vorteil

Der beschränkt Geschäftsfähige kann selbstständig handeln, wenn das abzuschließende Geschäft für ihn rechtlich lediglich vorteilhaft ist. Das bedeutet, es darf kein rechtlicher Nachteil entstehen, insbesondere neutrale Geschäfte sind möglich.[83] In diesem Fall ist der Minderjährige nicht schutzbedürftig und kann die Geschäfte selbst wirksam abschließen.[84] So kann der Minderjährige etwa nach § 164 Abs. 1 BGB als Vertreter für einen Dritten Geschäfte abschließen.[85]

Eine Stiftung könnte der beschränkt Geschäftsfähige also gründen, wenn er mit Vornahme des Stiftungsgeschäfts keine Verpflichtungen eingeht. Die Einordnung des Stiftungsgeschäfts in die Kategorie der neutralen Geschäfte ist möglich. In seiner Grundform birgt es zwar einen rechtlichen Nachteil für den Minderjährigen, da er zur Vermögensübertragung verpflichtet wird.[86] Dem lässt sich auch nicht entgegenhalten, dass die Verpflichtung zur Zahlung erst mit der

---

80 *Döll*, in: Erman, § 1641 Rn. 1; *Saar*, in: Erman, § 1804 Rn. 1.

81 Siehe oben C.I.1.a)bb).

82 OLG Stuttgart, Urt. v. 30.08.1968, FamRZ 1969, 39, 40; *Veit*, in: Bamberger/Roth, § 1641 Rn. 2; *Backert*, in: Bamberger/Roth, § 80 Rn. 37; *Schlüter/Stolte*, Kap. 2 Rn. 33, dort Fn. 58; *Hof*, in: v. Campenhausen/Richter, § 6 Rn. 7.

83 Vgl. statt Vieler *Knothe*, in: Staudinger, § 107 Rn. 3; *Wolf/Neuner*, § 34 Rn. 33; *Schmitt*, in: MünchKomm, § 107 Rn. 33 ff.

84 Vgl. nur *Schmitt*, in: MünchKomm, § 107 Rn. 27.

85 Vgl. insbesondere *Wolf/Neuner*, § 34 Rn. 33; *Knothe*, in: Staudinger, § 107 Rn. 20 zieht aus dieser Norm den allgemeinen Rechtsgedanken, dass neutrale Geschäfte ebenfalls von Minderjährigen getroffen werden können.

86 Vgl. statt Vieler *Hüttemann/Rawert*, in: Staudinger, § 82 Rn. 1.

Anerkennung der Stiftung entsteht, § 82 BGB, weil bereits das Stiftungsgeschäft die rechtliche Grundlage der Verpflichtung[87] bildet.[88]

Allerdings entfällt dieser Nachteil, wenn nur ein Dritter sich dazu verpflichtet, die Stiftung mit Mitteln auszustatten.[89] Der beschränkt Geschäftsfähige als Stifter garantiert im Stiftungsgeschäft dann keine eigene Vermögensübertragung, sondern stellt lediglich die Vermögen-Zweck-Beziehung her. Dies genügt, um die Anforderungen des § 81 Abs. 1 S. 2 BGB zu erfüllen. Der Minderjährige macht dazu im Stiftungsgeschäft deutlich, woher das Vermögen stammt, das die dauerhafte und nachhaltige Erfüllung des Stiftungszwecks sichern soll.[90]

Die Ansicht, dass eine solche Stiftungserrichtung ohne Verwendung eigenen Vermögens möglich ist, wurde schon vor der Modernisierung des Stiftungsrechts 2002 vertreten[91] und entgegen anderslautender Auffassungen im Schrifttum[92] besteht kein Grund, nach Einfügung des § 81 Abs. 1 S. 2 BGB von ihr abzurücken. Das zeigt insbesondere die Gesetzesbegründung, nach welcher zu berücksichtigen ist, „ob weitere ausreichende Zustiftungen bzw. Zuwendungen mit einer gewissen Sicherheit zu erwarten sind".[93] Dem widerspricht auch nicht der Wortlaut des § 81 Abs. 1 S. 2 BGB. Er enthält keine eindeutige, nicht auslegungsfähige Regelung dahingehend, dass der Stifter selbst Vermögen übertragen muss.[94] Der Stifter kann auch fremdes Vermögen zu einer bestimmten Zwecksetzung widmen. Bei der Prognose muss die Behörde entscheiden, ob diese Widmung genügt, die Zweckerfüllung zu sichern. Dazu ist es sinnvoll, ein

---

87 Vgl. *Sontheimer*, S. 36.

88 Vgl. zum rechtlichen Nachteil einer Verpflichtung: *Knothe*, in: Staudinger, § 107 Rn. 23.

89 Vgl. *Hüttemann/Rawert*, in: Staudinger, § 81 Rn. 18 ff.; *Hüttemann*, in: FS Werner, S. 85, 90; *ders.*, ZHR 167 (2003), 35, 49; *Kronke*, S. 26 f., der bei den genauen Anforderungen an solche Verpflichtungen nach der zu erwartenden Unterstützung für den konkreten Zweck unterscheidet; a.A. wohl *Reuter*, in: MünchKomm, §§ 80, 81 Rn. 15; *Jakob*, S. 149 f.; *Muscheler*, JR 2003, 441, 442; *Sontheimer*, S. 36; *Burgard*, S. 79, der zumindest einen symbolischen Euro verlangt.

90 So insbesondere *Hüttemann/Rawert*, in: Staudinger, § 81 Rn. 18 ff.; *Hüttemann*, in: FS Werner, S. 85 ff.; a.A. *Koos*, S. 288 f.

91 *Rawert*, in: Staudinger [1995], Vorbem zu §§ 80 ff. Rn. 15, § 80 Rn. 17; *Flume*, AT I 2, S. 140 f.; *Wochner*, BB 1999, 1441, 1443; auch schon *Eichinger*, S. 14 f., der sogar das Abstellen auf spätere Zustiftungen gestattet.

92 *Reuter*, in: MünchKomm, §§ 80, 81 Rn. 15; *Jakob*, S. 149 f.; *Muscheler*, JR 2003, 441, 442; *Burgard*, S. 79; *Backert*, ZSt 2003, 129, 130.

93 Gesetzesentwurf der Bundesregierung, BT-Drucks. 14/8765, S. 8.

94 So aber insbesondere *Backert*, ZSt 2003, 129, 129.

schriftliches Schenkungsversprechen des Vermögensgebers einzureichen. Dieses ist aber nicht Teil des Stiftungsgeschäfts.

Es fand bei der Modernisierung des Stiftungsrechts kein „Paradigmenwechsel“[95] statt. Der Stifter verspricht der Stiftung ein Vermögen, dieses muss aber nicht von ihm selbst stammen. Ein rechtlicher Nachteil ergibt sich damit nicht schon automatisch aus der Verpflichtung der Vermögenswidmung in § 81 Abs. 1 S. 2 BGB.[96]

Auch eine Haftung des Minderjährigen für den Fall, dass der Vermögensgeber ausfällt, ist abzulehnen. Zwar spricht für eine solche Haftung, dass der Stifter die gescheiterte Verbindung hergestellt hat und die durch seinen Willen errichtete Stiftung nun ihren Zweck nicht verfolgen kann. Auch entsteht nach dem Wortlaut des § 82 S. 1 BGB ein Anspruch der Stiftung gerade gegen den Stifter. Allerdings umfasst dieser nur das „in dem Stiftungsgeschäft zugesicherte Vermögen“. Darf der Minderjährige aber ein Stiftungsgeschäft gerade nur mit einer Zweck-Mittel-Relation vornehmen, so hat er selbst kein Vermögen zugesichert und § 82 S. 1 BGB läuft faktisch ins Leere. Die Stiftung muss sich direkt an den Vermögensgeber wenden und dazu auf das Rechtsgebilde zurückgreifen, welches diesen zur Übertragung des Vermögens verpflichtet.[97]

Auch sonstige Verpflichtungen, die einen rechtlichen Nachteil darstellen und daher eine selbstständige Vornahme des Stiftungsgeschäfts ausschließen könnten, kann der beschränkt Geschäftsfähige abwenden. Dazu gestaltet er vor allem die Organisation so, dass er keinerlei Rolle in der täglicher Arbeit der Stiftung spielt.

Ein Nachteil ergibt sich auch nicht daraus, dass für die Errichtung der Stiftung eine Gebühr der Stiftungsbehörde verlangt wird. Einige Bundesländer verzichten ohnehin bei gemeinnützigen Stiftungen darauf (etwa Hamburg[98] und Niedersachsen[99]). Bei der Gründung privatnütziger Stiftungen fällt jedoch immer

95 *Backert*, ZSt 2003, 129, 129.

96 Mit diesem Gedanken schon *Ebersbach*, S. 49.

97 Hierbei kann es sich insbesondere um einen echten Vertrag zu Gunsten Dritter zwischen dem minderjährigen Stifter und dem Dritten im Sinne des § 328 BGB handeln, aus welchem ein eigenes Forderungsrecht der Stiftung entsteht.

98 § 10 der Fünfundzwanzigsten Verordnung zur Änderung gebühren- und kostenrechtlicher Vorschriften vom 05.12.2006 (HmbGVBl. Nr. 51 vom 15.12.2006) verweist auf Nr. 2 der Anlage der Gebührenordnung für Amtshandlungen auf dem Gebiet des Vereins und Stiftungsrechts – danach ist die Errichtung öffentlicher Stiftungen gebührenfrei (Nr. 2.1), bei privaten Stiftungen richtet sich die Gebühr nach dem Grundstockvermögen (Nr. 2.2).

99 Anmerkung zu Nr. 83 der Anlage Kostentarif der Allgemeinen Gebührenordnung des Landes Niedersachsen (Nds. GVBl. 1998 S. 171; 1998 S. 501).

eine Gebühr an.[100] Diese muss auch vom Antragsteller – also dem beschränkt geschäftsfähigen Stifter – entrichtet werden und begründet damit grundsätzlich einen Nachteil. Sie kann auch nicht als lediglich mittelbare Folge des Rechtsgeschäfts – ähnlich der Grundsteuer und Grunderwerbssteuer bei den Fällen der Grundstücksschenkungen an Minderjährige – aus der Beurteilung des rechtlichen Nachteils ausgeschlossen werden.[101] Anders als die Grundsteuer entsteht die Gebühr bei der Gründung der Stiftung unmittelbar mit dem Antrag auf Anerkennung. Auch reicht diese gesetzlich begründete Verpflichtung für die Annahme des rechtlichen Nachteils aus.[102] Allerdings hat der BGH auch festgestellt, dass bestimmte Rechtsnachteile aus dem Anwendungsbereich des § 107 BGB ausgenommen werden können, wenn sie typischerweise ein nur „ganz unerhebliches Gefährdungspotential" inne haben.[103] Dazu müssen die Verpflichtungen „ihrem Umfang nach begrenzt und wirtschaftlich unbedeutend sein, sodass sie unabhängig von den Umständen des Einzelfalls eine Verweigerung der Genehmigung nicht rechtfertigen würden".[104] Dies ist bei der einmalig zu zahlenden, geringen Gebühr anzunehmen. Dagegen könnte sprechen, dass der BGH die gerade genannten Grundsätze anhand der Schenkung eines Grundstückes an einen Minderjährigen entwickelt hat. Der beschränkt geschäftsfähige Stifter erlangt bei der Stiftungsgründung aber gerade keinen wirtschaftlichen Vorteil, die Gebühr kann also keine wirtschaftlich untergeordnete Rolle spielen. Jedoch ist auf das ideelle Interesse des Stifters an der Gründung der Stiftung abzustellen. Wägt man die Gefahren, die dem beschränkt Geschäftsfähigen bei entsprechender Konstruktion durch die Gebührenpflichtigkeit entstehen, mit den positiven Effekten einer autonomen Stiftungsgründung ab, so überwiegen letztere. Durch Vornahme des Stiftungsgeschäfts kann der beschränkt Geschäftsfähige eine selbstständige juristische Person errichten, die seinem Willen folgt und unabhängig von den Einflüssen Dritter den von ihm bestimmten Zweck verfolgt. Ist ein beschränkt geschäftsfähiger Stifter in der Lage einen solchen Willen zu formulieren und einen Dritten derart von der Stiftung zu überzeugen, dass dieser sein Vermögen verspricht, so kann die Gründung der Stiftung nicht an einer Verwaltungsgebühr scheitern, die lediglich einen geringen Betrag ausmacht.

100 Siehe dazu dann auch die Kostenordnungen von Hamburg und Niedersachsen a.a.O.; mit einer Übersicht aus dem Jahr 2003: *Sontheimer*, S. 51 f.

101 Mit der Abgrenzung mittelbare / unmittelbare Folgen eines Rechtsgeschäfts: *Knothe*, in: Staudinger, § 107 Rn. 12.

102 BGH, Urt. v. 25.11.2004, BGHZ 161, 170, 178.

103 BGH, Urt. v. 25.11.2004, BGHZ 161, 170, 179.

104 BGH, Urt. v. 25.11.2004, BGHZ 161, 170, 179.

Einen rechtlichen Nachteil stellt es allerdings dar, dass der beschränkt Geschäftsfähige als Stifter immer mit seiner Kreation verbunden bleibt. Er soll durch die Regelungen der §§ 104 ff. BGB grundsätzlich vor Entscheidungen geschützt werden, die er aufgrund mangelnder Erfahrung noch nicht überblicken kann.[105] Auch aus der reinen Stellung als Stifter kann sich eine solche Belastung, vor der ein beschränkt Geschäftsfähiger geschützt werden muss, ergeben. Die Stiftung wird zwar eine autonome Person. Sie bleibt daher unabhängig von dem möglicherweise veränderten Willen des Stifters auf Dauer bestehen.[106] Dies kann insbesondere dann einen rechtlichen Nachteil für den beschränkt Geschäftsfähigen bilden, wenn die Stiftung den Namen des Stifters trägt. Zwar treffen den beschränkt Geschäftsfähigen keine Verpflichtungen, sich in die tägliche Arbeit der Stiftung einzubringen, auch anderweitige Einschränkungen seiner Lebensführung sind für den Minderjährigen nicht erkennbar. Doch kann sein Allgemeines Persönlichkeitsrecht nach Art. 1 Abs. 1 i.V.m. Art. 2 Abs. 1 GG[107] beeinträchtigt werden – eine freie Entfaltung der Persönlichkeit des beschränkt Geschäftsfähigen kann durch die Existenz der Stiftung eingeschränkt sein. Der Stifter wird immer mit den Handlungen der Stiftung in Verbindung gebracht werden. Auch wenn er inzwischen andere Standpunkte vertritt, so wird ihn die Öffentlichkeit stets mit denen aus der Zeit der Stiftungsgründung in Verbindung bringen.

Das Stiftungsgeschäft ist also nicht deshalb rechtlich nachteilig, weil der beschränkt Geschäftsfähige das Stiftungsvermögen stellen oder sonst Verpflichtungen übernehmen muss. Jedoch entsteht durch die persönliche Bindung von Stifter und Stiftung und der damit verbundenen Gefährdung des Allgemeinen Persönlichkeitsrechts ein rechtlicher Nachteil, aufgrund dessen beschränkt Geschäftsfähige auch nach § 107 Alt. 1 BGB keine Stiftungen gründen können.[108]

---

105 *Schmitt*, in: MünchKomm, Vor § 104 Rn. 2 f.

106 Der Stifterwille ist vielmehr nur in der ursprünglichen Form zu berücksichtigen: *Schwake*, in: MünchHdbGesR Bd. V, § 79 Rn. 13.

107 Zum Schutzbereich des Allgemeinen Persönlichkeitsrechts, insbesondere dem Recht des Kindes auf freie Entwicklung der Persönlichkeit: *Di Fabio*, in: Maunz/Dürig, Art. 2 Abs. 1 Rn. 208 ff.

108 So auch die weit überwiegende Meinung: *Hüttemann/Rawert*, in: Staudinger, § 81 Rn. 6; *Reuter*, in: MünchKomm, §§ 80, 81 Rn. 9; *Backert*, in: Bamberger/Roth, § 80 Rn. 37; so im Ergebnis auch *Hof*, in: v. Campenhausen/Richter, § 6 Rn. 7; *Schlüter/Stolte*, Kap. 2 Rn. 33; *Ebersbach*, S. 49, der wie hier auch nur die Relevanz der Fälle, nicht aber die grundsätzliche Möglichkeit der rechtlichen Vorteilhaftigkeit anzweifelt.

cc) **Keine weitere gesetzliche Möglichkeiten der Stiftungsgründung**

Auch aus anderen, besonderen Vorschriften ergibt sich keine Möglichkeit des beschränkt Geschäftsfähigen, wirksame Stiftungsgeschäfte vorzunehmen. Insbesondere hilft der sogenannte „Taschengeldparagraph", § 110 BGB, nicht weiter. Danach werden Geschäfte, die der Minderjährige mit dem Geld, das ihm der gesetzliche Vertreter zur freien Verfügung gegeben hat, mit ihrer Erfüllung wirksam.[109] § 110 BGB stellt keine Ausnahme zu § 107 BGB dar, sondern enthält eine Vermutung der Einwilligung. Die Eltern erklären sich mit den Geschäften des Minderjährigen einverstanden, welches dieser mit dem ihm überlassenen Geld tätigt.[110] Das bedeutet aber, dass diese Einwilligung auch der Einschränkung des § 1641 BGB unterfällt.[111] Würde der Minderjährige also mit dem ihm überlassenen Geld eine Stiftung gründen, so hätten die gesetzlichen Vertreter einer Schenkung im Vorhinein zugestimmt. Dies ist ihnen analog § 1641 BGB jedoch untersagt.[112]

c) Besonderheit bei der Stiftung von Todes wegen

Die Stiftung von Todes wegen wird durch Testament oder Erbvertrag errichtet.[113] Minderjährige können eine Stiftung von Todes wegen nur durch Testament errichten, weil sie sich in einem Vertrag nicht zu einer Leistung verpflichten dürfen.[114] § 2275 Abs. 1 BGB verlangt so auch ausdrücklich, dass der Testator für den Abschluss eines Erbvertrages unbeschränkt geschäftsfähig ist. Er muss also das 18. Lebensjahr vollendet haben und darf sich nicht in einem die freie Willensbestimmung ausschließenden Zustand befinden.[115] Wird der Minderjährige im Erbvertrag dagegen nur begünstigt und die Stiftung durch den anderen Teil

---

109 Vgl. *Schmitt*, in: MünchKomm, § 110 Rn. 1; *Müller*, in: Erman, § 110 Rn. 1.

110 Vgl. RG, Urt. v. 29.09.1910, RGZ 74, 234, 235; OLG Stuttgart, Urt. v. 30.08.1968, Akt.-Zn. 2 U /1968 (unv.); *Müller*, in: Erman, § 110 Rn. 1.

111 Siehe: *Veit*, in: Bamberger/Roth, § 1641 Rn. 2; *Backert*, in: Bamberger/Roth, § 80 Rn. 37; *Huber*, in: MünchKomm, § 1641 Rn. 4; so wohl auch schon OLG Stuttgart, Urt. v. 30.08.1968, FamRZ 1969, 39, 40.

112 Siehe oben C.I.1.a)bb) sowie C.I.1.b)aa).

113 Siehe nur *Reuter*, in: MünchKomm, § 83 Rn. 1.

114 Siehe oben C.I.1.b)bb).

115 Auch die Zustimmung des gesetzlichen Vertreters oder die später eintretende Volljährigkeit kann an diesem Grundsatz nichts ändern: *Musielak*, in: MünchKomm, § 2275 Rn. 3.

gegründet, so ist dies wirksam.[116] § 2275 Abs. 1 BGB gilt in diesem Falle schon nach seinem Wortlaut („kann als Erblasser schließen") nicht.

§ 2229 Abs. 1 BGB regelt die besondere Form der Geschäftsfähigkeit für die Errichtung des Testaments.[117] Danach muss der Erblasser testierfähig sein, was in der Regel mit Vollendung des 16. Lebensjahres anzunehmen ist.[118] Vorher kann kein Minderjähriger – auch nicht mit Zustimmung seines gesetzlichen Vertreters – ein Testament errichten; eine „beschränkte Testierfähigkeit" existiert nicht.[119] Vor Erreichen der Volljährigkeit kann ein Minderjähriger gemäß § 2233 Abs. 1 BGB jedoch nur ein öffentliches Testament errichten, das privatschriftliche ist ihm nach § 2247 Abs. 4 BGB verwehrt.

Nach § 2229 Abs. 4 BGB verhindert ein die freie Willensbildung ausschließender Zustand die Testamentserrichtung.[120] Diese Regelung entspricht nicht in allen Details dem § 104 Nr. 2 BGB, doch ist der voll Geschäftsfähige immer auch testierfähig.[121] Umgekehrt lässt sich aus der fehlenden Geschäftsfähigkeit aber nicht stets auch auf die fehlende Testierfähigkeit schließen. Diese ist als Abweichung von dem Grundsatz der Testierfähigkeit stets gesondert festzustellen.[122] So kann etwa auch ein Betreuter testierfähig sein, obwohl eine Betreuungsanordnung besteht und er generell nach § 1902 BGB von einem Betreuer vertreten wird.[123] Auch ein Betreuter kann also ein Stiftungsgeschäft von Todes wegen wirksam vornehmen, soweit die Ausschlussgründe nach § 2229 Abs. 4 BGB nicht gegeben sind.[124]

---

116 *Musielak*, in: MünchKomm, § 2275 Rn. 6 m.w.N.; zudem: *Kanzleiter*, in: Staudinger, § 2275 Rn. 11; *Wolf*, in: Soergel, § 2275 Rn. 4; *Kappler*, in: Erman, § 2275 Rn. 4.

117 *Faust*, § 18 Rn. 12.

118 *Hagena*, in: MünchKomm, § 2229 Rn. 2; *Litzenburger*, in: Bamberger/Roth, § 2229 Rn. 1 f.; *Kappler*, in: Erman, § 2229 Rn. 3.

119 *Hagena*, in: MünchKomm, § 2229 Rn. 7; differenzierend: *Litzenburger*, in: Bamberger/Roth, § 2229 Rn. 4 f.

120 Zu den Voraussetzungen des § 2229 Abs. 4 BGB: *Hagena*, in: MünchKomm, § 2229 Rn. 13 ff.; *Litzenburger*, in: Bamberger/Roth, § 2229 Rn. 8 ff.; *Kappler*, in: Erman, § 2229 Rn. 6.

121 Vgl. *Hagena*, in: MünchKomm, § 2229 Rn. 2.

122 *Hagena*, in: MünchKomm, § 2229 Rn. 2; *Litzenburger*, in: Bamberger/Roth, § 2229 Rn. 2.

123 Vgl. *Hagena*, in: MünchKomm, § 2229 Rn. 11; *Baumann*, in: Staudinger, § 2229 Rn. 50; BayObLG, Bes. v. 09.03.2005, NJW-RR 2005, 1025 ff.; OLG München, Bes. v. 14.08.2007, NJW-RR 2008, 164 ff.; *Huber/Schmieder/Dengler*, BWNotZ 2012, 150, 158.

124 So auch: *Hüttemann/Rawert*, in: Staudinger, § 81 Rn. 6.

Eine Stellvertretung ist aufgrund des höchstpersönlichen Charakters der letztwilligen Verfügungen ausgeschlossen (§§ 2064, 2274 BGB).[125]

d) Exkurs: Die Feststellung der Geschäfts- und Testierunfähigkeit

Die rechtliche Würdigung eines im Zustand der beschränkten Geschäftsfähigkeit, Geschäftsunfähigkeit oder Testierunfähigkeit vorgenommenen Stiftungsgeschäfts ist damit eindeutig: Es ist nichtig. Praktisch relevant ist aber insbesondere die Frage, wann eine solche Geschäfts- oder Testierunfähigkeit vorliegt und wie sie sich auch rückwirkend feststellen lässt. Insbesondere im Falle der Stiftungserrichtung von Todes wegen werden sich die gesetzlichen, nun von der Rechtsnachfolge (zumindest teilweise) ausgeschlossenen, Erben darum bemühen, die geistigen Fähigkeiten des Erblassers zum Zeitpunkt der Errichtung der letztwilligen Verfügung anzuzweifeln.

Da das Gesetz sowohl bei §§ 104 ff. BGB als auch bei § 2229 BGB von einer Geschäfts- und Testierfähigkeit ausgeht, müssen diejenigen, die sich auf ihr Fehlen berufen, dieses Fehlen beweisen.[126] Dazu dient insbesondere ein gerichtlich angeordnetes, ärztliches Gutachten.

Aufgrund der Schwierigkeit, die es bedeutet, rückwirkend Feststellungen über die geistigen Fähigkeiten einer Person zu machen, sind an den Gutachter selbst und an sein Vorgehen besondere Anforderungen zu stellen: Der Gutachter sollte nur ein Mediziner mit der Spezialisierung „Facharzt für Psychiatrie und Psychotherapie", möglichst mit weiterer Fortbildung im Bereich der forensischen Psychiatrie, sein.[127] Soweit es sich um eine posthume Beurteilung handelt, muss der Gutachter auf jegliche schriftliche Dokumentation des Krankheitsverlaufs, mögliche private Aufzeichnungen, Pflegedokumente und sonstige Materialien, aus denen sich Aufschluss über die tatsächlichen Verhaltensweisen des Erblassers ergeben, zurückgreifen.[128] Insbesondere können bei der Beurteilung auch Aufzeichnungen eines Notars helfen, die dieser während einer Beurkundung der letztwilligen Verfügung nach §§ 11, 17 Abs. 2

---

125 Vgl. *Leipold*, in: MünchKomm, § 2064 Rn. 3; *Litzenburger*, in: Bamberger/Roth, § 2064 Rn. 2; *Musielak*, in: MünchKomm, § 2274 Rn. 2 f.; *Litzenburger*, in: Bamberger/Roth, § 2274 Rn. 6.

126 *Lichtenwimmer*, MittBayNot 2002, 240, 241 f.

127 *Cording*, ZEV 2010, 23, 28; *Huber/Schmieder/Dengler*, BWNotZ 2012, 150, 154.

128 Vgl. mit einer ausführlichen Darstellung aller möglichen Beweismittel zur Klärung der Testierfähigkeit: *Cording*, ZEV 2010, 23 ff.

S. 2, 28 BeurkG anzulegen verpflichtet ist.[129] Hat der Notar bei einer solchen Gelegenheit keine Zweifel an der Geschäfts- und Testierfähigkeit des Betroffenen gehabt,[130] so lässt sich daraus aber nicht automatisch schließen, dass die Geschäfts- oder Testierfähigkeit tatsächlich bestand.[131] Es ist einem gut vorbereiteten Erblasser nämlich häufig möglich, Defizite vor einem medizinischen Laien, teilweise sogar gegenüber Psychiatern, zu verbergen.[132] Soweit die Beurteilung noch zu Lebzeiten des Stifters erfolgt, ist eine persönliche Untersuchung durch den Gutachter unerlässlich.[133]

Idealerweise stehen dem Gutachter Dokumente zur Verfügung, die vor und nach dem relevanten Zeitpunkt (der Vornahme des Stiftungsgeschäfts)[134] das Verhalten des Stifters in ausreichendem Maße beschreiben, sodass daraus auf den Verlauf der Krankheit und deren Einfluss auf die Willensfreiheit geschlossen werden kann (Interpolation).[135] Möglich, aber deutlich schwieriger, ist eine Beurteilung, wenn nur Unterlagen nach dem relevanten Zeitpunkt zur Verfügung stehen (retrograde Exploration). In diesem Fall kann nur in begrenzten und eindeutigen Ausnahmefällen eine Feststellung zur Beeinträchtigung der Willensfreiheit erfolgen.[136] Bei irreversiblen oder chronischen Krankheiten kann dagegen recht eindeutig mit vor dem relevanten Zeitpunkt verfassten Unterlagen gearbeitet werden (anterograde Exploration).[137]

Auf Grundlage der oben genannten Unterlagen geht der Gutachter bei seiner Arbeit grob in zwei Schritten vor: Zunächst erfolgt die Krankheitsdiagnose, bei welcher der Arzt feststellt, ob überhaupt eine Krankheit besteht, durch welche

---

129 Vgl. *Lichtenwimmer*, MittBayNot 2002, 240, 240.

130 Andernfalls hätte er weitere Erkundigungen einziehen müssen, vgl. *Huber/Schmieder/Dengler*, BWNotZ 2012, 150, 153; gegebenenfalls muss er die Beurkundung verweigern, § 11 Abs. 1 BeurkG; *Stoppe/Lichtenwimmer*, DNotZ 2005, 806 ff. wollen dem Notar gar die Durchführung einiger medizinischer Screenings-Tests abverlangen; kritisch: *Huber/Schmieder/Dengler*, BWNotZ 2012, 150, 153; *Cording/Foerster*, DNotZ 2006, 329 ff.

131 BayOblG, Urt. v. 17.08.2004, FamRZ 2005, 658, 660; *Huber/Schmieder/Dengler*, BWNotZ 2012, 150, 151.

132 Vgl. *Cording*, ZEV 2010, 23, 24.

133 Zu den genauen Untersuchungen und relevanten Verhaltensweisen: *Huber/Schmieder/Dengler*, BWNotZ 2012, 150, 154.

134 Zu den genauen Zeitpunkten bei notariellem und privatschriftlichem Testament siehe *Lichtenwimmer*, MittBayNot 2002, 240, 240.

135 Näher *Cording*, ZEV 2010, 115, 120.

136 *Cording*, ZEV 2010, 115, 120.

137 *Cording*, ZEV 2010, 115, 120.

die Testier- oder Geschäftsfähigkeit beeinträchtigt werden kann. Erst danach untersucht er, inwieweit der Stifter gerade durch diese Krankheit in seiner freien Willensbetätigung beeinträchtigt war.[138]

Die abschließende Beurteilung, ob sich aus der Krankheit und der festgestellten Beeinträchtigung der Geistestätigkeit tatsächlich die Geschäfts- oder Testierunfähigkeit ergibt, obliegt dann dem jeweiligen Richter. Es handelt sich hierbei um eine juristische Fragestellung, welche ein Mediziner nicht abschließend beantworten kann.[139]

e) Zusammenfassung zur Geschäftsfähigkeit

Nur natürliche, unbeschränkt geschäftsfähige Personen können ein Stiftungsgeschäft unter Lebenden abschließen. Eine Zustimmung der gesetzlichen Vertreter zu einem Stiftungsgeschäft des Minderjährigen beziehungsweise Betreuten ist analog §§ 1641, 1804 (i.V.m. § 1908i) BGB ebenso verboten wie die eigene Handlung des Vertreters im Namen des Minderjährigen oder Betreuten.

Beim Stiftungsgeschäft von Todes wegen kann eine Stiftung bereits von einer testierfähigen Person ab der Vollendung des 16. Lebensjahres durch öffentliches Testament errichtet werden. Soll das Stiftungsgeschäft durch Erbvertrag oder privatschriftliches Testament vorgenommen werden, so muss der Testator / Stifter dagegen stets unbeschränkt geschäftsfähig sein.

2. Rechtsfähigkeit der verschiedenen Gesellschaftsformen

Gesellschaften können Stifter sein, soweit sie rechtsfähig sind. Nur dann sind sie dazu im Stande, Vermögen übertragen und einen Willen bilden.

Juristische Personen sind grundsätzlich rechts- und damit auch geschäftsfähig.[140] Sie können Ansprüche und Verbindlichkeiten begründen und müssen dazu nur durch ihre Organe vertreten werden.[141] Folglich können sie auch Stiftungsgeschäfte vornehmen.[142]

---

138 Zu den beiden Stufen der Beurteilung ausführlich: *Cording*, ZEV 2010, 115 ff.; *Huber/Schmieder/Dengler*, BWNotZ 2012, 150, 154 f.

139 So auch: *Cording*, ZEV 2010, 115, 121.

140 *Reuter*, in: MünchKomm, Vor § 21 Rn. 14; *Schöpflin*, in: Bamberger/Roth, § 21 Rn. 9; *Westermann*, in: Erman, Vor § 21 Rn. 10.

141 Vgl. *Reuter*, in: MünchKomm, Vor § 21 Rn. 50; *Schöpflin*, in: Bamberger/Roth, § 21 Rn. 14 ff.

142 Vgl. *Hüttemann/Rawert*, in: Staudinger, § 81 Rn. 7; *Reuter*, in: MünchKomm, §§ 80, 81 Rn. 4; *Hof*, in: v. Campenhausen/Richter, § 6 Rn. 5; *Werner*, in: FS Reuter, S. 431,

Für die OHG und die KG regelt § 124 HGB, dass sie wie rechtsfähige Personen zu behandeln sind. Sie können daher auch Stifter sein. Aber auch anderen Gesellschaftsformen, wie der GbR, wurde die Rechtsträgerfähigkeit durch die Rechtsprechung zugesprochen.[143] Sie können somit ebenfalls Stiftungsgeschäfte vornehmen.

Allerdings gilt dies nicht für Stiftungsgeschäfte von Todes wegen. Zwar scheitert die Stifterfähigkeit hier nicht an der fehlenden Rechtsfähigkeit, doch kann eine juristische Person nicht im natürlichen Sinne sterben. Es ist ihr daher auch nicht möglich, eine Verfügung von Todes wegen vorzunehmen. Die Möglichkeit der Auflösung ist mit dem Tod einer natürlichen Person nicht gleichzusetzen[144] und die Regelungen zum Erbrecht sind entsprechend nur auf natürliche Personen zugeschnitten.[145]

Juristische Personen und sonstige Gesellschaften können damit Stiftungsgeschäfte unter Lebenden vornehmen; von der Errichtung einer Stiftung von Todes wegen sind sie jedoch ausgeschlossen.

3. Form, § 125 BGB

Ein Stiftungsgeschäft, das die vorgeschriebene Form nicht einhält, ist nach § 125 BGB nichtig.[146] Welche Form vorgeschrieben ist, unterscheidet sich für das Stiftungsgeschäft unter Lebenden und das Stiftungsgeschäft von Todes wegen. Die beiden Rechtsgeschäfte werden daher nachfolgend getrennt untersucht.

---

436 f. nennt die Möglichkeit des Vereins Stifter zu sein; a.A. wohl nur *Muscheler*, ZSt 2003, 67, 69: Eine juristische Person bedürfe zur Pepertuierung ihres Willens keiner Stiftung, da sie nicht sterben müsse und zudem gebe es im Stiftungsrecht keine den erbrechtlichen Normen (etwa §§ 1942 II, 2044 II 3, 2101 II, 2106 II 2 BGB) entsprechenden Regelungen, die eine Stiftungsfähigkeit juristischer Personen voraussetze.

143 Eine völlige Gleichbehandlung mit juristischen Personen erfolgt jedoch nicht; grundlegend: BGH, Urt. v. 29.01.2001, BGHZ 146, 341; *K. Schmidt*, Gesellschaftsrecht, S. 203 ff.; *Habermeier*, in: Staudinger, Vorbem. § 705 Rn. 8 f.; *Ulmer/Schäfer*, in: MünchKomm, Vorbem. § 705 Rn. 11.

144 *Jakob*, S. 148; vgl. zu den Anforderungen des Stiftungsgeschäfts von Todes wegen oben C.I.1.c).

145 So im Ergebnis: *Hüttemann/Rawert*, in: Staudinger, § 83 Rn. 2; *Reuter*, in: MünchKomm, § 83 Rn. 1; hier nun zustimmend: *Muscheler*, ZSt 2003, 67, 69.

146 *Faust*, § 8 Rn. 10; *Hefermehl*, in: Soergel, § 125 Rn. 25; *Ahrens*, in: PWW, § 125 Rn. 25.

a) *Stiftungsgeschäft unter Lebenden*

Das Gesetz schreibt für das Stiftungsgeschäft unter Lebenden nach § 81 Abs. 1 S. 2 BGB die Schriftform vor. Gemäß § 126 BGB ist die Urkunde vom Aussteller - dem Stifter - eigenhändig zu unterschreiben.[147] Nach § 126a BGB kann die Schriftform durch die elektronische Form ersetzt werden.

> Dazu folgendes Beispiel 4: S *möchte eine Stiftung errichten. Dazu formuliert er das Stiftungsgeschäft, welches er nicht eigenhändig unterschreibt. Er schickt es aber mit einem unterschriebenen Begleitschreiben, in dem er die Anerkennung beantragt, an die Stiftungsbehörde. Diese lehnt den Antrag mangels Unterschrift unter dem Stiftungsgeschäft ab.*

Umstritten ist, ob es wegen § 311b BGB der Form der notariellen Beurkundung bedarf, wenn der Stifter ein Grundstück übertragen möchte.[148] Dafür wird vorgebracht, dass die Interessenlage bei der Übertragung durch Vertrag und bei der Übertragung durch einseitiges Stiftungsgeschäft gleich sei.[149] Zudem könne man davon ausgehen, dass die Vorschrift mit den höheren Anforderungen grundsätzlich vorrangig sei.[150] Die strengere Form biete zudem höheren Schutz. Die notarielle Beurkundung diene insbesondere der Warnung und dem Übereilungsschutz.[151] Durch die Erklärung vor dem Notar werde den Beteiligten noch einmal deutlich, dass ein solches Rechtsgeschäft weitreichende Folgen nach sich ziehen kann. Dies solle auch dem Stifter zu Gute kommen, da er bei Erfüllung der Verpflichtungen aus dem Stiftungsgeschäft ebenfalls Eigentum an und damit jede Verfügungsmacht über das Grundstück verliert.[152]

Gegen eine Geltung des § 311b BGB spricht, dass die Stiftung zu ihrer Entstehung der Anerkennung durch die Behörde bedarf. Das Anerkennungsverfahren kann die Funktionen erfüllen, die sonst durch die Beurkundung bezweckt

---

147 Vgl. dazu näher: *Wolf/Neuner*, § 44 Rn. 24 ff.; *Nissel*, Rn. 93.

148 Mit einem Überblick über den Streit: *Hüttemann/Rawert*, in: Staudinger, § 81 Rn. 15.

149 Vgl. *Gehrlein*, in: Bamberger/Roth, § 311b Rn. 9; noch zum Vorrang des § 313 BGB: *Wochner*, DNotZ 1996, 773, 775 f.

150 So insbesondere *Kanzleiter*, in: MünchKomm, § 311b Rn. 24; aber auch: *Backert*, in: Bamberger/Roth, § 81 Rn. 2; *Schwarz*, DStR 2002, 1718, 1721; *Wochner*, in: Jahreshefte zum Stiftungswesen 2008, 79, 81.

151 Vgl. *Wolf/Neuner*, § 44 Rn. 9 f.; *Faust*, § 8 Rn. 1 zu den verschiedenen Funktionen der Form.

152 Vgl. *Kanzleiter*, in: MünchKomm, § 311b Rn. 37.

werden.[153] Mit Antragstellung wird von dem Stifter ein nach außen wirksamer Akt verlangt, durch den jedenfalls einer übereilten Handlung des Stifters vorgebeugt wird. Die Behörde kann dem Stifter faktisch Ratschläge geben, auch wenn eine rechtlich begründete Beratungsfunktion der Aufsichtsbehörde überwiegend kritisch gesehen wird.[154] Gegen eine Geltung des § 311b BGB spricht zudem sein Wortlaut, wonach er lediglich auf Verträge, nicht aber auf einseitige Rechtsgeschäfte wie das Stiftungsgeschäft Anwendung findet.[155] Schließlich muss beachtet werden, dass der Gesetzgeber trotz der bereits bestehenden Diskussion in Bezug auf die Einbringung von Grundstücken die Formanforderungen im Rahmen der Stiftungsrechtsreform 2002[156] nicht angehoben hat. Diese bewusste Entscheidung muss – auch wenn hinsichtlich der Warn- und Belehrungsfunktion einer erhöhten Formanforderung eine notarielle Form sinnvoll wäre – Beachtung finden.[157] Aus diesen Gründen genügt die Schriftform nach § 126 BGB auch dann, wenn das Stiftungsgeschäft die Übertragung eines Grundstücks vorsieht.[158] Unabhängig von diesem Ergebnis besteht jedoch weiterhin die Verpflichtung, die Auflassung zu Gunsten der Stiftung nach § 925 Abs. 1 BGB notariell zu beurkunden.[159]

Entsprechend der Diskussion um § 311b BGB wird der Streit hinsichtlich der Formvorschrift des § 15 Abs. 4 GmbHG geführt. Diese bestimmt, dass jegliche Vereinbarung, durch die sich ein Gesellschafter zur Abtretung seiner Anteile

---

153 Vgl. etwa *Hof*, in: v. Campenhausen/Richter, § 6 Rn. 17 m.w.N.; zumindest die Warnfunktion ist nach Ansicht von *Reuter*, npoR 2009, 55, 59 erfüllt.

154 Vgl. *Hüttemann/Rawert*, in: Staudinger, Vorbem zu §§ 80 ff. Rn. 85 m.w.N.

155 So: FG Schleswig-Holstein, Urt. v. 08.03.2012, EFG 2012, 1184, 1185; *Hof*, DStR 1992, 1587, 1588; und später noch einmal: *ders.*, in: v. Campenhausen/Richter, § 6 Rn. 17; auch schon *Ebersbach*, S. 50; für eine Anwendbarkeit über den Wortlaut hinaus *Grüneberg*, in: Palandt, § 311b Rn. 16; *Kanzleiter*, in: MünchKomm, § 311b Rn. 24; *Schuhmacher*, in: Staudinger, § 311b Rn. 59 m.w.N.

156 Gesetz zur Modernisierung des Stiftungsrechts vom 15.07.2002, BGBl. 2002 I, S. 2634.

157 So insbesondere in ausdrücklicher Abweichung von der Vorauflage *Hüttemann/Rawert*, in: Staudinger, § 81 Rn. 15.

158 So auch: *Ebersbach*, S. 50 noch zu § 313 BGB a.F.; *Schlüter*, in: Henssler/Strohn, § 81 Rn. 1; *Mercker*, in: Strachwitz/Mercker, S. 210, 211; a.A. die h.M. zu § 311b BGB: *Kanzleiter*, in: MünchKomm, § 311b Rn. 24; *Schuhmacher*, in: Staudinger, § 311b Rn. 59 m.w.N.

159 Vgl. allgemein zur Form der Auflassung: *Artz*, in: Erman, § 925 Rn. 17; *Pfeifer*, in: Staudinger, § 925 Rn. 75 ff.; *Kanzleiter*, in: MünchKomm, § 925 Rn. 14 ff.

an einer GmbH verpflichtet, der notariellen Form entsprechen muss.[160] Nach der allgemeinen Ansicht im Stiftungsrecht bedarf es aber auch hier bei der Verpflichtung zur Übertragung im Stiftungsgeschäft keiner zusätzlichen Form.[161] Auch das Schrifttum zum GmbHG verfolgt diese Ansicht. Die Autoren stellen dabei entscheidend auf den Wortlaut des § 15 Abs. 4 GmbHG ab, welcher die notarielle Beurkundung nur für „Vereinbarungen" fordert.[162] Das Stiftungsgeschäft enthält als einseitige Erklärung jedoch gerade keine Einigung.[163]

Das Stiftungsgeschäft unter Lebenden muss daher immer nur der Schriftform des § 81 BGB genügen. Andere Regelungen entfalten keine darüber hinausgehenden Anforderungen.

b) *Stiftung von Todes wegen*

Für das Stiftungsgeschäft von Todes wegen sind die Formvorschriften des Erbrechts zu beachten.[164] Wird es durch Testament vorgenommen, muss es daher eigenhändig geschrieben oder notariell beurkundet werden, § 2247 BGB. Ist es in einem Erbvertrag enthalten, so bedarf es immer der notariellen Beurkundung, § 2276 BGB. Eine Konkurrenz zu § 81 Abs. 1 S. 1 BGB besteht nach dessen Wortlaut, der sich eindeutig nur auf das Stiftungsgeschäft unter Lebenden bezieht, nicht.

> Dazu folgendes <u>Beispiel 5:</u> *Der Neffe N des S entdeckt in dessen Nachlass ein getipptes und unterschriebenes Testament, in welchem N und eine noch anzuerkennende Stiftung zu Erben eingesetzt werden. Die gesetzlichen Erben des S berufen sich bei Stellung des Antrags auf Anerkennung auf die Nichtigkeit des Stiftungsgeschäfts wegen fehlender Einhaltung des Formerfordernisses nach § 2247 BGB.*

---

160 Vgl. ausführlich zu den Anforderungen des § 15 Abs. 4 GmbHG: Verse, in: Henssler/Strohn, § 15 GmbHG Rn. 62 ff.; Ebbing, in: Michalski, § 15 Rn. 54 ff.; *Flume*, AT I 2, S. 140; *Milatz/Kemcke/Schütz*, S. 36, 50 m.w.N.

161 Vgl. *Hof*, in: v. Campenhausen/Richter, § 6 Rn. 18; *Mercker*, in: Strachwitz/Mercker, S. 210, 211; vgl. auch die ursprüngliche Gesetzesbegründung, abgedruckt bei *Mugdan*, I. Band, S. 962, nach welcher gerade die Genehmigung die Sicherheit und Unzweifelhaftigkeit der Stiftungsgeschäfte garantiere; a.A. *Wochner*, in: Jahreshefte zum Stiftungswesen 2008, 79, 81; *Hüttemann/Rawert*, in: Staudinger, § 82 Rn. 3.

162 *Reichert/Weller*, in: MünchKomm GmbHG, § 15 GmbHG Rn. 83; *Fastrich*, in: Baumbach/Hueck, § 15 GmbHG Rn. 31; *Ebbing*, in: Michalski, § 15 GmbHG Rn. 57.

163 So *Sontheimer*, S. 39; *Wachter*, S. 9 f.

164 *Hüttemann/Rawert*, in: Staudinger, § 83 Rn. 2; *Hof*, in: v. Campenhausen/Richter, § 6 Rn. 106 ff.; *Schewe*, ZSt 2004, 270, 276; *Nissel*, Rn. 94.

Inhaltlich gelten auch für das Stiftungsgeschäft von Todes wegen die Anforderungen des § 81 Abs. 1 S. 2, 3 BGB.[165] Sie spielen eine besondere Rolle, da eine nachträgliche Klärung des Stifterwillens mit erheblichen Schwierigkeiten verbunden ist.[166] Die Mindestangaben im Stiftungsgeschäft, also Stiftungszweck, Regelungen zur Bildung des Vorstandes und zum Stiftungsvermögen sowie Name und Sitz der Stiftung müssen in der letztwilligen Verfügung geregelt sein. Es genügt aber, die Angaben in die Satzung aufzunehmen, wenn sie ebenfalls den erbrechtlichen Formvorschriften entspricht.[167] Fehlt eine der Voraussetzungen des § 81 Abs. 1 S. 3 BGB, so steht der Stiftungsbehörde nach § 83 S. 2 BGB ein Ergänzungsrecht zu.[168]

c) Heilungsmöglichkeiten

Allerdings stellt sich die Frage, ob es für das Stiftungsgeschäft bei Mängeln der Schriftform ähnlich der Regelungen im Immobiliarsachen- und Schenkungsrecht Heilungsmöglichkeiten gibt. Nach § 311b Abs. 1 S. 2 BGB wird etwa die mangelnde Form bei der Einigung über die Grundstücksübertragung durch die Auflassung und Eintragung im Grundbuch geheilt. Eine entsprechende, ausdrückliche Vorschrift, nach der die Übertragung des zugesagten Stiftungsvermögens auf die inzwischen als rechtsfähig anerkannte Stiftung den Formmangel heilt, sieht § 81 Abs. 1 BGB nicht vor.

Allerdings könnte sich eine Heilung aus der analogen Anwendung des § 518 Abs. 2 BGB ergeben.[169] Nach dieser Norm wird die Formunwirksamkeit eines Schenkungsversprechens geheilt, sobald die versprochene Leistung erbracht wurde.[170] *Gantenbrink* möchte diese Norm auf den Fall des unwirksamen Stiftungsgeschäfts anwenden, wobei die mangelnde Form mit Übertragung des Vermögens auf die Stiftung geheilt werden soll.[171] Als Grund für den Analogieschluss nennt er den andernfalls bestehenden Wertungswiderspruch zwischen

---

165 Vgl. *Hüttemann/Rawert*, in: Staudinger, § 83 Rn. 24; *Reuter*, in: MünchKomm, § 83 Rn. 4.

166 Vgl. *Hof*, in: v. Campenhausen/Richter, § 6 Rn. 107.

167 *Meyn*, in: Meyn/Richter/Koss, Rn. 197; daran fehlte es gerade in der Entscheidung des LG Berlin, Bes. v. 26.05.2000, FamRZ 2001, 450–452.

168 Zu den Möglichkeiten der Behörde siehe nur: *Hüttemann/Rawert*, in: Staudinger, § 83 Rn. 25.

169 Dazu sehr ausführlich: *Gantenbrink*, S. 132 ff.

170 Siehe zu den Voraussetzungen ausführlich: *Koch*, in: MünchKomm, § 518 Rn. 8 ff.; *Gehrlein*, in: Bamberger/Roth, § 518 Rn. 5 ff.

171 *Gantenbrink*, S. 132 f.

der selbstständigen und der unselbstständigen Stiftung.[172] Bei letzterer handele es sich um eine Schenkung unter Auflage, auf welche § 518 BGB ohne weiteres Anwendung finde. Gleiches gelte für die Zustiftung. Die selbstständige Stiftung unterscheide sich aber nicht in einem solchen Maße von diesen beiden Instituten, als dass sich eine unterschiedliche Behandlung rechtfertigen lasse. Vielmehr würde auch der Schutz des Rechtsverkehrs für eine Heilung sprechen, weil mehr Rechtssicherheit geschaffen werde. Auch stehe der grundsätzliche Ausnahmecharakter von Heilungsvorschriften einer Analogie im konkreten Falle nicht entgegen. Sinn und Zweck einer Heilung bei Schenkung seien mit dem bei Heilung des Stiftungsgeschäftes identisch. Zudem wende die Rechtsprechung auch andere Heilungsvorschriften analog an.[173]

Die analoge Anwendung des § 518 Abs. 2 BGB kann jedoch nicht überzeugen. Es fehlt an den Voraussetzungen für einen Analogieschluss, insbesondere der planwidrigen Regelungslücke. Zwar verweist *Gantenbrink* zu recht auf Rechtsprechung, in der § 313 S. 2 BGB a.F. analog angewandt wird, doch sind entsprechende Urteile sehr vereinzelt geblieben. Der allgemeine Grundsatz, dass eine heilende Wirkung der Erfüllung nur in den gesetzlich normierten Fällen eintritt,[174] muss bestehen bleiben. Dafür spricht die jeweils einzelne Normierung bei den Formvorschriften in §§ 518, 2301 Abs. 2 BGB, § 766 S. 3 BGB, § 494 Abs. 2, 3 BGB, § 15 Abs. 4 GmbHG, § 1031 Abs. 6 ZPO. Gäbe es einen allgemeinen Grundsatz der Heilung durch Erfüllung, so hätte der Gesetzgeber diesen in § 125 BGB einfügen können. Zudem stand es dem Gesetzgeber in den zahlreichen Reformen seit 2002[175] frei, eine entsprechende Heilungsmöglichkeit auch im Stiftungsrecht zu begründen. Dass dies gerade unterblieben ist, kann nicht mit *Gantenbrink* als Hinweis auf die Planwidrigkeit der Lücke verstanden werden[176] – im Gegenteil, angesichts der weitreichenden Veränderungen im Text muss von einer bewussten Entscheidung gegen eine Heilungsvorschrift

---

172 *Gantenbrink*, S. 134 ff.

173 *Gantenbrink*, S. 137 unter Verweis auf BGH, Urt. v. 13.01.1960, BGHZ 32, 11 f.; BGH, Urt. v. 17.05.1967, WM 1967, 935, 936 (beide zu § 313 S. 2 BGB a.F.).

174 Vgl. BGH, Urt. v. 02.02.1967, NJW 1967, 1128, 1131; BGH, Urt. v. 26./29.06.1970, WM 1970, 1319, 1320; *Flume*, AT II, S. 269; vgl. auch *Mugdan*, I. Band, S. 453.

175 Gesetz zur Modernisierung des Stiftungsrechts vom 15.07.2002, BGBl. 2002 I, S. 2634 sowie Gesetz zur weiteren steuerlichen Förderung von Stiftungen vom 14.07.2000, BGBl. 2000 I, S. 1034, Gesetz zur weiteren Stärkung bürgerschaftlichen Engagements vom 10.10.2007, BGBl. 2007 I, S. 2332 und Gesetz zur Stärkung des Ehrenamtes vom 21.03.2013, BGBl. 2013 I, S. 556.

176 *Gantenbrink*, S. 137.

ausgegangen werden. § 518 Abs. 2 BGB lässt sich daher nicht analog auf die Formwidrigkeit des Stiftungsgeschäftes anwenden.

Auch eine Analogie zu anderen Heilungsmöglichkeiten, insbesondere § 311b Abs. 1 S. 2 BGB, muss an der fehlenden planwidrigen Regelungslücke scheitern. Es gilt das oben bereits zu § 518 Abs. 2 BGB Gesagte.

Das Stiftungsgeschäft muss daher der Form des § 81 BGB beziehungsweise der erbrechtlichen Regelungen in jedem Fall entsprechen, eine Heilung des Formmangels scheitert an einer für das Stiftungsgeschäft geltenden Norm.

4. Gesetzliches Verbot, § 134 BGB

a) Allgemeines

Nach § 134 BGB ist ein Rechtsgeschäft nichtig, wenn es gegen ein gesetzliches Verbot verstößt. Die Regelung findet auf alle, insbesondere auch einseitige, Rechtsgeschäfte Anwendung.[177] Damit gilt sie grundsätzlich auch für Stiftungsgeschäfte.[178]

> Dazu folgendes Beispiel 6: *S möchte eine Stiftung gründen, welche Menschen mit schlechten Universitätsabschlüssen durch Fälschung der Zeugnisse zu besser bezahlten Jobs verhelfen soll.*

Verbotsgesetz im Sinne des § 134 BGB ist jedes Gesetz im formellen Sinne.[179] Strafgesetze – im obigen Beispiel 6 wohl § 267 StGB (Urkundenfälschung) – bieten die meisten Anwendungsfälle.[180] Teilweise wird Art. 2 EGBGB entnommen, dass jede Rechtsnorm, also auch jede Rechtsverordnung und Satzung, wirksames Verbotsgesetz sein kann.[181] Für Rechtsverordnungen ist dem zuzustimmen, da sie allgemeine Geltung haben.[182] Auch ein Verstoß gegen Satzungen von öffentlich-rechtlichen Selbstverwaltungskörperschaften kann zu einer Nichtigkeit

---

177 *Wolf/Neuner*, § 45 Rn. 1.

178 *Muscheler*, NJW 2003, 3161, 3162.

179 *Armbrüster*, in: MünchKomm, § 134 Rn. 30; *Ahrens*, in: PWW, § 134 Rn. 5; für Landesgesetze bejahen dies BGH, Urt. v. 25.01.1961, BGHZ 34, 200, 205; BGH, Urt. v. 22.01.1986, NJW 1986, 2360, 2361; BGH, Urt. v. 17.01.2003, WM 2003, 788, 791.

180 Vgl. *Armbrüster*, in: MünchKomm, § 134 Rn. 50; mit ausführlichen Beispielen: *Arnold*, in: Erman, § 134 Rn. 67.

181 *Enneccerus/Nipperdey* I/2, S. 1153; eingehend *Beater*, AcP 197 (1997), 505, 512 ff.

182 Vgl. nur *Maunz*, in: Maunz/Dürig, Art. 80 Rn. 15.

nach § 134 BGB führen.[183] Nach der Rechtsprechung des Bayrischen Obersten Landgerichtes genügt die öffentlich-rechtliche Rechtsetzungskompetenz der Körperschaften, um ein Verbotsgesetz zu erlassen.[184] Dagegen binden Vereinssatzungen nur ihre Mitglieder und sind daher keine Rechtsnormen, die als Verbotsgesetze in Frage kommen.[185]

Darüber hinaus wird zu Recht verlangt, dass das Verbotsgesetz schon zum Zeitpunkt der Vornahme des Rechtsgeschäfts besteht.[186] Der Rechtsverkehr muss darauf vertrauen können, dass kein ursprünglich wirksames Rechtsgeschäft ex tunc wegen Gesetzesverstoß entfällt. Für die Richtigkeit dieser Annahme spricht, dass zur Sicherung der Rechtsordnung eine nachträgliche Aufhebung der Stiftung nach § 87 BGB möglich ist, wenn das Verbotsgesetz zum Zeitpunkt der Vornahme des Stiftungsgeschäfts noch nicht bestand. Eine gesetzlich ausdrücklich normierte Ausnahme bildet insofern § 2171 Abs. 1 BGB, wonach bei Vermächtnissen die Verbotsgesetze zum Zeitpunkt des Erbfalles relevant sind.[187] Dies kann für das Stiftungsgeschäft von Todes wegen von Bedeutung sein.

Zu unterscheiden ist zudem, ob nur eine bestimmte Art und Weise der Zweckverfolgung oder aber der Zweck selbst nach § 134 BGB nichtig ist. Das Verbotsgesetz muss insoweit ausgelegt werden.[188] Ist eine von mehreren Arten der Zweckverfolgung weiterhin möglich, kann nicht das gesamte Stiftungsgeschäft nichtig sein.[189]

Schließlich ist § 134 BGB nicht anwendbar, wenn das Verbotsgesetz eine eigene Rechtsfolge bestimmt, die möglicherweise von einer Nichtigkeit abweicht.[190] § 134 BGB legt die Rechtsfolge nämlich nur dann fest, wenn die andere Norm

183 Siehe dazu ausführlich *Armbrüster*, in: MünchKomm, § 134 Rn. 30; eingehend zu § 134 BGB und Art. 2 EGBGB: *Beater*, AcP 197 (1997), 505, 512 ff.

184 BayObLG, Urt. v. 06.11.2000; BayOblGZ 2000, 301, 308 (betr. Berufsordnung für die Ärzte Bayerns 1989); so auch: *Sprau*, in: Palandt, Einl. zum BGB Rn. 17, 21.

185 Vgl. *Merten*, in: Staudinger, Art. 2 EGBGB Rn. 92; *Sprau*, in: Palandt, Einl. zum BGB Rn. 23, 25.

186 Offen gelassen von BGH, Urt. v. 12.11.1979, BGHZ 45, 322, 326; zustimmend aber: OLG Düsseldorf, Urt. v. 30.04.1992, NJW-RR 1993, 249, 250; *Canaris*, DB 2002, 930, 930; *Medicus*, NJW 1995, 2577, 2578.

187 *Rudy*, in: MünchKomm, § 2171 Rn. 4; *Müller-Christmann*, in: Bamberger/Roth, § 2171 Rn. 3 f.

188 BGH, Urt. v. 30.11.1955, JZ 1956, 119, 120; *Armbrüster*, in: MünchKomm, § 134 Rn. 17.

189 § 139 BGB findet auf das Stiftungsgeschäft keine Anwendung, siehe unten C.III.3.

190 So etwa bei § 451 Abs. 1 S. 1 BGB; dazu näher: *Armbrüster*, in: MünchKomm, § 134 Rn. 3; *Hefermehl*, in: Soergel, § 134 Rn. 1.

nur das Verbot selbst benennt. Ein Verstoß gegen eine Verbotsnorm führt in der Regel zur Nichtigkeit.

Einen Fall des § 134 BGB könnte es darstellen, wenn der von der Stiftung verfolgte Zweck zwar nicht gegen ein Verbotsgesetz verstößt, das eingebrachte, dem Zweck dienende Vermögen aber aus illegalen Geschäften stammt.

Dazu folgendes Beispiel 7:[191] *Der Vorstand einer Bank lässt sich für die Entscheidung, an wen bestimmte Rechte verkauft werden, bestechen und nutzt das daraus erlangte Vermögen dazu, eine im Übrigen zulässige Stiftung zu gründen.*

Das Verbotsgesetz, welches den ursprünglichen Geldfluss untersagt hat, könnte sich auch auf die Wirksamkeit des nun vorgenommenen Stiftungsgeschäfts auswirken. Dem steht jedoch entscheidend die Eigenständigkeit des neuen Rechtsgeschäfts entgegen.[192] Dieses ist nicht mit dem vorhergehenden, nichtigen Übertragungstatbestand verbunden und die Nichtigkeit des einen führt nicht zwangsläufig zur Unwirksamkeit des anderen. Selbst bei Verpflichtungs- und Verfügungsgeschäft wird verlangt, dass der Nichtigkeitsgrund auf beide Geschäfte anwendbar ist – auch hier reicht für die Nichtigkeit des einen nicht allein aus, dass das andere unwirksam ist.[193] Wenn ein Durchgriff aber schon nicht bei derart eng zusammenhängenden Geschäften angenommen werden kann, so ist dies erst recht nicht im Fall der Stiftungsgründung mit inkriminiertem Vermögen denkbar.

Gegen diese Einschätzung kann auch nicht vorgebracht werden, dass das Verbotsgesetz umgangen würde. Der Rückzahlungsanspruch aus dem vorherigen, nichtigen Rechtsgeschäft bleibt auch nach der Stiftungsgründung bestehen. Dieser trifft aber nicht die Stiftung, sondern denjenigen, der das Vermögen ursprünglich aus dem rechtswidrigen Geschäft erlangt hat – meist also den Stifter persönlich.

Da die Unwirksamkeit des ursprünglichen Geldflusses nicht auf das Stiftungsgeschäft durchschlägt, müsste dieses selbst gemäß § 134 BGB nichtig sein, um

---

191 Angelehnt an den Fall Gribkowsky und der Sonnenschein-Privatstiftung, die nach dem rechtskräftigen Urteil des LG München aus Bestechungsgeldern gebildet wurde, vgl. Urteil des LG München vom 27.06.2012, Akt.-Zn. 5 KLs 406 100098/11, n.v.

192 Zu den Grundlagen des Stiftungsgeschäfts siehe oben B.

193 Vgl. zur Frage der Nichtigkeit von Verpflichtungs- und Verfügungsgeschäften: *Ellenberger*, in: Palandt, § 134 Rn. 13; *Armbrüster*, in: MünchKomm, § 134 Rn. 8 ff.; *Wendtland*, in: Bamberger/Roth, § 134 Rn. 22; *Jauernig*, § 134 Rn. 16.

die Stiftungsgründung mit inkriminierten Vermögen zu verhindern. So kommt etwa die Geldwäsche nach § 261 StGB als Verbotsgesetz in Betracht. Danach ist strafbar, wer die Herkunft von Vermögen, das aus einer Untreue oder einen anderen gesetzlich genannten Vortat „herrührt", verschleiert, § 261 Abs. 1 S. 2 Nr. 4a StGB.[194] Das Stiftungsgeschäft muss dazu eine irreführende Machenschaft darstellen, die darauf abzielt, die illegale Herkunft des Vermögens zu verdecken.[195] Die Voraussetzungen sind im Einzelfall zu prüfen.[196]

b) Verhältnis von § 134 BGB und § 80 Abs. 2 BGB

Alle vorhergehenden Überlegungen wären hinfällig, wenn § 134 BGB im Stiftungsrecht durch den Gemeinwohlvorbehalt des § 80 Abs. 2 BGB verdrängt würde. § 80 Abs. 2 BGB verbietet der Behörde, die Stiftung bei Gemeinwohlgefährdung anzuerkennen, und könnte gegenüber § 134 BGB spezieller sein.[197] Dazu müsste der Gemeinwohlvorbehalt als Gesetzesverstoß *plus Gemeinwohlgefährdung* zu verstehen sein.[198] Dann würde er höhere Anforderungen stellen als § 134 BGB, jedoch eine schwächere Rechtsfolge, nämlich nur die fehlende Anerkennungsfähigkeit der Stiftung statt der Nichtigkeit des Stiftungsgeschäfts, anordnen. Ob § 80 Abs. 2 BGB § 134 BGB tatsächlich verdrängt, hängt zunächst von der genauen Bedeutung des Gemeinwohlvorbehalts ab.

---

194 Zu den genauen Voraussetzungen siehe *Stree/Hecker*, in: Schönke/Schröder, § 261 StGB Rn. 3 ff.

195 *Stree/Hecker*, in: Schönke/Schröder, § 261 StGB Rn. 14.

196 Im Zusammenhang mit der aktuell viel diskutierten Sonnenschein-Stiftung wurde der Stifter Gerhard Gribkowsky wegen Bestechlichkeit, § 332 StGB, in Tateinheit mit Untreue, § 266 StGB, in Tatmehrheit mit Steuerhinterziehung, § 370 AO, zu 8,5 Jahren Haft verurteilt – die Verurteilung stützt sich überwiegend auf ein entsprechendes Geständnis Gribkowskys, LG München, Urt. v. 27.06.2012, Akt.-Zn. 5 KLs 406 100098/11, n.v. – Damit steht fest, dass das Stiftungsvermögen aus einer Straftat – nämlich der Bestechung – stammt. Eine Nichtigkeit aus § 134 BGB i.V.m. § 261 StGB käme daher nach deutschem Recht grundsätzlich in Betracht, bedürfte aber vor dem Hintergrund, dass Gribkowsky gerade nicht nach § 261 StGB verurteilt wurde, weitergehender Untersuchung. Die Darstellung zeigt, dass Fälle denkbar sind, in denen auch das Stiftungsgeschäft selbst gegen ein Verbotsgesetz verstößt; siehe mit einer genaueren Darstellung des Sachverhalts und zur Nichtigkeit dieses Stiftungsgeschäfts aus § 138 BGB auch unten: C.I.5.c).

197 Zur Frage der Normenkonkurrenz vgl. *Larenz*, Methodenlehre, S. 266 ff.

198 Eine von *Muscheler*, NJW 2003, 3161, 3162 diskutierte Möglichkeit.

aa) Der Begriff der Gemeinwohlgefährdung vor seiner Normierung

Über den Begriff der Gemeinwohlgefährdung hat das BVerwG erstmals 1998 – demnach vor der Normierung in § 80 Abs. 2 BGB – geurteilt. Es bestätigte die Weigerung der Behörde, die „Franz-Schönhuber-Stiftung" zu genehmigen.[199] Der Entscheidung lag folgender Sachverhalt zu Grunde: Die Partei „Die Republikaner" wollte eine Stiftung gründen, welche den Zweck verfolgen sollte „politisches Wissen zu vermitteln, die staatsbürgerliche Bildung des deutschen Volkes auf demokratischer und republikanischer Grundlage zu fördern und das Bewusstsein von der Einheit der Nation in allen ihren Teilen wachzuhalten".[200] Die zuständige Behörde in Köln entschied nicht über den Antrag auf Anerkennung (damals: Genehmigung), woraufhin die Partei Untätigkeitsklage erhob. Nachdem das Verwaltungsgericht Düsseldorf die Behörde zur Erteilung der Genehmigung verpflichtet hatte,[201] entschieden das Oberverwaltungsgericht NRW als Berufungsgericht sowie das Bundesverwaltungsgericht, dass die Stiftung nicht anerkennungsfähig sei.[202] Der geplante Stiftungszweck verstoße gegen das Gemeinwohl, da er Verfassungsgüter gefährde. Das Berufungsgericht sah vor allem das Gebot der Achtung der Menschenwürde, das Verbot der Diskriminierung wegen der Rasse, der Sprache, der Abstammung und des Glaubens sowie das Demokratieprinzip gefährdet.[203] Gegen diese Feststellungen konnte sich die Revision nicht durchsetzen.[204]

Nach Ansicht des BVerwG liegt eine Gemeinwohlgefährdung vor, „wenn es hinreichend wahrscheinlich ist, dass die Genehmigung der Stiftung und damit die Verfolgung des Stiftungszwecks zu einer Beeinträchtigung von Rechten oder Rechtsgütern führen würde, die unter dem Schutz der Verfassung stehen."[205] Die Gemeinwohlgefährdung wurde damit unterhalb der Schwelle des Verstoßes gegen ein Verbotsgesetz bejaht: Auch wenn Verfassungsgüter bloß gefährdet sind, könne die Behörde, so das BVerwG, bereits die Anerkennung verweigern.

---

199 BVerwG, Urt. v. 12.02.1998, BVerwGE 106, 177; zu Sachverhalt und den Instanzenurteilen siehe auch *Gantenbrink*, S. 150 f.

200 Aus dem Stiftungszweck der geplanten Stiftung, abgedruckt in BVerwG, Urt. v. 12.02.1998, BVerwGE 106, 177.

201 VG Düsseldorf, Urt. v. 25.03.1994, NVwZ 1994, 811 ff.

202 BVerwG, Urt. v. 12.02.1998, BVerwGE 106, 177 ff.; OVerwG NRW, Urt. v. 08.12.1995, NVwZ 1995, 913 ff.

203 OVerwG NRW, Urt. v. 08.12.1995, NVwZ 1995, 913, 915.

204 BVerwG, Urt. v. 12.02.1998, BVerwGE 106, 177, 182.

205 BVerwG, Urt. v. 12.02.1998, BVerwGE 106, 177, 179 f. noch zu § 87 BGB.

Ein Verstoß gegen das Gemeinwohl liegt nach dieser Feststellung folglich nicht nur bei Gesetzesverstoß *plus* Gemeinwohlgefährdung vor, sondern schon bei Gesetzesverstoß *oder* Gemeinwohlgefährdung. Folgte man dieser Einschätzung, so würde § 134 BGB von § 80 Abs. 2 BGB verdrängt. Letzterer sähe für einen Gesetzesverstoß eine eigene Rechtsfolge vor und es bedürfte keines Rückgriffs auf § 134 BGB.

bb) Der neue gesetzliche Gemeinwohlbegriff

Durch die Reform des Stiftungsrechts 2002[206] wurde der Begriff des Gemeinwohls erstmals in § 80 Abs. 2 BGB eingeführt. Davor war er nur als Beendigungsgrund in dem durch die Reform unveränderten § 87 Abs. 1 BGB genannt. Die Gesetzesbegründung zur Änderung des § 80 BGB hat die Definition des BVerwG übernommen. Neben dem Gesetzesverstoß soll schon die Wahrscheinlichkeit, dass Verfassungsgüter beeinträchtigt würden, einen Verstoß gegen den Gemeinwohlvorbehalt begründen.[207]

Zur Erläuterung führt die Gesetzesbegründung verschiedene Aspekte aus: So sollte die Aufnahme des Gemeinwohlvorbehalts in § 80 Abs. 2 BGB die bislang herrschende Meinung im Schrifttum gesetzlich festschreiben.[208] Der Gesetzgeber wollte sicherstellen, dass auch solche Stiftungen nicht anerkannt werden, die sich an der „Grenze zur Rechtswidrigkeit bewegen und diese jederzeit überschreiten können"[209], demnach einen *noch* als rechtmäßig anzusehenden Zweck auf *noch* rechtmäßige Weise verfolgen wollen. Seiner Ansicht nach wäre die Behörde andernfalls durch die Anerkennung für eventuell später verübte Gemeinwohlgefährdungen mitverantwortlich.[210] Zudem sollte durch die Formulierung der „Klang der Wohltat sowie von Gefahren"[211] wiedergegeben werden, welche traditionell mit dem Begriff der Stiftung verknüpft seien. Schließlich wurde angestrebt, den einheitlichen Maßstab, der für die Beendigung aller

---

206 Gesetz zur Modernisierung des Stiftungsrechts vom 15.07.2002, BGBl. 2002 I, S. 2634.

207 Mit ausdrücklichem Verweis auf das Urteil des BVerwG vom 12.02.1998: Gesetzesentwurf von SPD und Grünen, BT-Drucks, 14/8277, S. 6 sowie Beschlussempfehlung des Rechtsausschusses, BT-Drucks. 14/8894, S. 10.

208 Gesetzesentwurf von SPD und Grünen, BT-Drucks, 14/8277, S. 6.

209 So Beschlussempfehlung des Rechtsausschusses, BT-Drucks. 14/8894, S. 10.

210 So Beschlussempfehlung des Rechtsausschusses, BT-Drucks. 14/8894, S. 10.

211 So wörtlich der Entwurf von SPD und Grünen, BT-Drucks. 14/8277, S. 6.

juristischen Personen gilt, auch auf die Anerkennung der Stiftung zu übertragen. In den §§ 43 Abs. 1, 87 Abs. 1 BGB, 396 Abs. 1 AktG, 62 GmbHG und 81 Abs. 1 GenG ist die Gemeinwohlgefährdung als Grund der Beendigung der jeweiligen juristischen Person genannt. In § 51 S. 1 GewO wird die Nutzung einer gewerblichen Anlage untersagt, wenn überwiegende Nachteile und Gefahren für das Gemeinwohl bestehen. Nach Meinung des Gesetzgebers bestand kein Grund, die Entstehung der Stiftung an andere Voraussetzungen zu knüpfen.[212] Ansonsten müssten Stiftungen, die gegen das Gemeinwohl verstoßen, nach der Gründung sofort wieder aufgehoben werden.[213]

Auch aus der Entstehungsgeschichte des § 80 BGB lässt sich ablesen, dass der Gesetzgeber in dem festgeschriebenen Gemeinwohlvorbehalt mehr sehen wollte als das reine Verlangen nach Gesetzestreue. Frühe Entwürfe kannten den Begriff des Gemeinwohls nicht, vielmehr forderten sie nur, dass der Zweck rechtmäßig beziehungsweise erlaubt sein soll.[214] Es hätte keiner Änderung dieser Entwürfe bedurft, wenn von der nun geltenden Fassung nur ein Gesetzesverstoß hätte erfasst werden sollen.[215] Darüber hinaus sagt die Gesetzesbegründung selbst, dass „auch" der Verstoß gegen Gesetze eine Gemeinwohlgefährdung darstellen kann.[216] Andere Verstöße können die Anerkennungsfähigkeit also ebenfalls entfallen lassen.

cc) **Kritik**

Der Begriff der Gemeinwohlgefährdung hat eine Reihe von Unsicherheiten provoziert und damit dem eigentlichen Zweck der Stiftungsrechtsreform, der Vereinfachung und Verdeutlichung von Anforderungen an die Stiftungsgründung,[217] entgegengewirkt. Er steht daher seit seiner gesetzlichen Normierung in § 80 Abs. 2 BGB in der Kritik.

---

212 So Beschlussempfehlung des Rechtsausschusses, BT-Drucks. 14/8894, S. 10.

213 Und zwar nach § 87 BGB, der die Gemeinwohlgefährdung auch schon vor dem Gesetz zur Modernisierung des Stiftungsrechts vom 15.07.2002 als Auflösungsgrund kannte.

214 Jeweils § 81 des 1. Entwurfs von Bündnis 90/Die Grünen BT-Drucks. 13/9320, S. 3 und der FDP-Entwürfe BT-Drucks. 14/336, S. 3 und BT-Drucks. 14/5811, S. 3; der Begriff der Gemeinwohlgefährdung wurde erstmal genannt in § 80 Abs. 2 des Entwurfs von SPD und Grünen, BT-Drucks. 14/8277, S. 3.

215 Für eine weitergehende Bedeutung des Gemeinwohlvorbehalts aus diesem Grund auch *Volkholz*, S. 189.

216 So der Entwurf von SPD und Grünen, BT-Drucks. 14/8277, S. 6.

217 Entwurf der Bundesregierung, BT-Drucks. 14/8765, S. 1.

(1) Kritik an dem gesetzlich normierten Gemeinwohlbegriff

Dabei ist zunächst festzustellen, dass die Argumente der Gesetzesbegründung für die Auslegung des Gemeinwohlvorbehalts nicht überzeugen. So führte nach der herrschenden Meinung vor der gesetzlichen Normierung des Gemeinwohlvorbehalts nicht schon jede mutmaßliche Gefährdung eines Verfassungsguts automatisch zu einer Verweigerung der Genehmigung. Vielmehr wurde der Begriff der Gemeinwohlgefährdung mit einem Verstoß gegen die Rechtsordnung gleichgestellt.[218] Die Neufassung des Gesetzes stellt also keineswegs lediglich die Ansicht der damals herrschenden Meinung dar.

Zudem ist der Hinweis der Gesetzesbegründung auf die anderen Regelungen zu juristischen Personen fehlerhaft.[219] In den genannten Paragraphen (§§ 43 Abs. 1, 87 Abs. 1 BGB, 396 Abs. 1 AktG, 62 GmbHG und 81 Abs. 1 GenG) wird die Gemeinwohlgefährdung stets dem Verstoß gegen die Rechtsordnung gleichgestellt.[220] Eben diese Bedeutung wollte der Gesetzgeber aber der Gemeinwohlgefährdung in § 80 Abs. 2 BGB nicht geben.[221]

Darüber hinaus wird an dem Begriff der Gemeinwohlgefährdung allgemein kritisiert, dass er zu unbestimmt sei. Es bestehe die Gefahr, dass er als Einfallstor für allgemein politische Erwägungen missbraucht werde.[222] Jedenfalls könne die Behörde durch den ungenauen Gemeinwohlbegriff jeweils im Einzelfall bestimmen, was von ihm umfasst sein soll.[223] Dadurch wäre sie im Stande, die Stifter in ihren Rechten zu verletzen. Eine Konkretisierung sei durch die

---

218 *Hüttemann/Rawert*, in: Staudinger, § 80 Rn. 29; so auch jetzt noch: *Mercker*, in: Strachwitz/Mercker, S. 210, 212; a.A. *Neuhoff*, in: Soergel, § 87 Rn. 9; weitere Ausführungen: *Muscheler*, NJW 2003, 3161, 3162.

219 *Wochner*, in: Jahreshefte zum Stiftungswesen 2008, 79, 82; *Mirbach*, S. 150 ff.; die Gesetzesbegründung unterstützend: *Werner*, in: Werner/Saenger, Rn. 285.

220 *Muscheler*, NJW 2003, 3161, 3162; *Burgard*, S. 124 m.w.N.; Zu § 87 Abs. 1 BGB: *Reuter*, in: MünchKomm, § 87 Rn. 3; zu § 396 Abs. 1 AktG: *Schürnbrand*, in: MünchKomm AktG, § 396 Rn. 7 f.; zu § 62 GmbHG: *Haas*, in: Baumbach/Hueck, § 62 Rn. 9; zu § 81 Abs. 1 GenG: *Beuthien*, § 81 Rn. 2.

221 Vgl. Gesetzesentwurf von SPD und Grünen, BT-Drucks. 14/8277, S. 6; genauer oben C.I.4.b)bb).

222 *Burgard*, S. 125; siehe dazu auch VG Düsseldorf, Urt. v. 25.03.1994, NVwZ 1994, 811, 811, welches im Rahmen des Sachverhalts den Entstehungsweg der „Franz-Schönhuber-Stiftung“ nachzeichnete – dabei hatte der zuständige Regierungspräsident den Antrag der Stiftung unter dem ursprünglich geplanten Namen „Carl-Schurz-Stiftung“ u.a. wegen Verstoßes gegen den Gemeinwohlvorbehalt des § 4 Abs. 1 NRW-StiftG a.F. abgelehnt.

223 *Muscheler*, NJW 2003, 3161, 3164 spricht von „verwaltungspolitischem Belieben“.

Rechtsprechung bislang ebenfalls nicht erfolgt, wie sich an der Formulierung des Bundesverwaltungsgerichts zur „Franz-Schönhuber-Stiftung" zeige.[224] Es wurde moniert, dass durch den unbestimmten Rechtsbegriff der Gemeinwohlgefährdung der eigentlich angestrebte, klar formulierte Anspruch des Stifters auf Anerkennung verloren gehe. Die Entstehung der Stiftung werde vielmehr auch bei Erfüllung aller gesetzlichen Voraussetzungen noch dem Ermessen der Behörde unterworfen.[225]

Schließlich überzeugt auch das gesetzgeberische Argument nicht, wonach die Behörde mitverantwortlich sei, wenn eine bei Anerkennung „an der Grenze zur Rechtswidrigkeit" stehende Stiftung Gesetzesverstöße begehe.[226] Der Stiftungszweck selbst befindet sich nach der Definition des BVerwG ja „noch" im legalen Bereich, lediglich durch seine Verwirklichung könnte die Grenze zur Illegalität überschritten werden – an der Verwirklichung ist die Stiftungsbehörde aber nicht mehr beteiligt.[227] Sie führt vielmehr eine Rechtsaufsicht, mit deren Hilfe sie einzelne illegale Handlungen verhindern kann. Solange diese Rechtsaufsicht korrekt geführt wird, kann es demnach nicht zu einer Überschreitung der Legalitätsgrenze kommen.[228]

(2) Verfassungswidrigkeit des Gemeinwohlvorbehalts

Die dargestellte Kritik an dem gesetzlich vorgesehenen Gemeinwohlbegriff hat zu unterschiedlichen Ansichten in der Literatur in Bezug auf den Umgang mit § 80 Abs. 2 BGB geführt: Zeitweise wurde ein Anwendungsbereich dann gesehen, wenn die Zweckverfolgung von Anfang an unmöglich war.[229] Andere Autoren kennzeichnen den Anwendungsbereich ohne weitere Erläuterung als sehr gering[230] oder bringen vor, dass das Gemeinwohl „an sich nicht bestimmbar,

---

224 *Burgard*, S. 125; a.A. wohl *Werner*, in: Werner/Saenger, Rn. 285 ff., der Beispiele für eine Gemeinwohlgefährdung bei Verfassungsverstoß nennt.

225 Vgl. nur *Reuter*, in: FS Kraft, S. 493, 499 f.; *ders.* NPLY 2001, 27, 30 f.; dagegen für eine ausreichende Bestimmtheit des Begriffs: *Mirbach*, S. 177 ff.

226 Gesetzesentwurf der Regierung, BT-Drucks. 14/8765, S. 9; Beschlussempfehlung des Rechtsausschusses, BT-Drucks. 14/8894, S. 10.

227 Vgl. *Gantenbrink*, S. 158.

228 *Muscheler*, NJW 2003, 3161, 3163 f.; *Burgard*, S. 127; *Reuter*, in: MünchKomm, Vor § 80 Rn. 73 f.; *Gantenbrink*, S. 159.

229 So noch: *Reuter*, in: MünchKomm [5], Vor § 80 Rn. 47.

230 *Andrick*, ZSt 2003, 3, 11.

jedoch […] im Einzelnen durch punktuelle Bestimmung als sogenannter Gemeinwohlbelang greifbar" sei.[231] Schließlich stellen einige Autoren die Gemeinwohlgefährdung dem Gesetzesverstoß gleich.[232]

All diese Alternativen können nicht überzeugen. War die Zweckverfolgung von Anfang an unmöglich, so bedarf es eines Rückgriffs auf den Gemeinwohlvorbehalt nicht. Die Stiftung kann dann bereits mit dem Hinweis auf die Unmöglichkeit der dauerhaften Zweckverfolgung abgelehnt werden.[233]

Auch die Einschränkung des Anwendungsbereichs, bei der irgendeine – häufig nicht näher erläuterte – Fallgestaltung des Gemeinwohlvorbehalts erhalten bleibt, lässt sich nicht ausreichend begründen. Dies zeigt sich daran, dass die Autoren, die eine Einschränkung befürworten, nicht deutlich machen, in welchen Fällen der Gemeinwohlvorbehalt tatsächlich zur Anwendung kommen soll.[234]

Schließlich kann auch die Ansicht der Abwägung im Einzelfall zur Bestimmung des Gemeinwohlvorbehalts[235] nicht überzeugen. Diese Interpretation widerspricht ebenfalls der Gesetzesbegründung, welche gerade eine Vereinfachung und Verdeutlichung der an das Stiftungsgeschäft zu stellenden Anforderungen anstrebte.[236] Eine Abwägung im Einzelfall trägt aber weder zu einer einfacheren Handhabung der Stiftungsgründung noch zu einer klareren Darstellung der einzelnen Erfordernisse bei.

Vielmehr ist der vom Gesetzgeber vorgesehene Gemeinwohlvorbehalt verfassungswidrig.[237] Es greift ohne ausreichende Rechtfertigung in das durch die allgemeine Handlungsfreiheit nach Art. 2 Abs. 1 GG geschützte Recht des Stifters ein, eine Stiftung zu errichten.[238] Nach der in Art. 2 Abs. 1 GG enthaltenen

---

231 *Mirbach*, S. 200.

232 *Burgard*, S. 127, der aber trotzdem einen nur sehr geringen Anwendungsbereich für § 80 Abs. 2 BGB sieht; *ders.*, NZG 2002, 697, 699 f.; *Sontheimer*, S. 49 f.; *Otto*, S. 103, 383.

233 *Hüttemann/Rawert*, in: Staudinger, § 80 Rn. 33; *Volkholz*, S. 189 f.

234 *Andrick*, ZSt 2003, 3, 11, der nur auf die Definition des BVerwG, Urt. v. 12.02.1998, BVerwGE 106, 177 ff. verweist, ohne einen Anwendungsbereich zu umreißen.

235 *Mirbach*, S. 203 ff.

236 Entwurf der Bundesregierung, BT-Drucks. 14/8765, S. 1.

237 So auch: *Hüttemann/Rawert*, in: Staudinger, § 80 Rn. 33 ff.; vgl. *Muscheler*, NJW 2003, 3161, 3164 f.; insbesondere auch: *Volkholz*, S. 184 ff.

238 Für eine Stifterfreiheit nach Art. 14 Abs. 1 GG i.V.m. Art. 2 Abs. 1 GG ausführlich: *Gantenbrink*, S. 74 ff.; zu Grundrecht auf Stiftung außerdem ausführlich: *Hüttemann/Rawert*, in: Staudinger, Vorbem. zu §§ 80 ff. Rn. 20 ff.; *Rawert*, in: FS Reuter, 1323 ff.; den grundrechtlichen Anspruch des Stifters auf Errichtung einer Stiftung auch ausdrücklich anerkennend: Gesetzesentwurf der Bundes-

Schrankentrias steht der Ausübung des Grundrechts insbesondere die verfassungsmäßige Ordnung entgegen.[239] Das Bundesverfassungsgericht definiert die verfassungsmäßige Ordnung als „verfassungsmäßige Rechtsordnung“, das heißt die Summe aller Rechtsnormen, die ihrerseits sowohl formell als auch materiell verfassungsgemäß sind.[240] § 80 BGB kann daher nur dann einen Eingriff in die Allgemeine Handlungsfreiheit rechtfertigen, wenn er selbst mit der Verfassung in Einklang steht.

Der Gemeinwohlvorbehalt verstößt aber gegen verschiedene verfassungsrechtliche Grundsätze. Zum einen widerspricht er dem Vorbehalt des Gesetzes nach Art. 20 Abs. 3 GG.[241] Danach darf die Verwaltung bei Grundrechtseingriffen nur aufgrund einer parlamentsgesetzlichen Grundlage handeln.[242] Das Parlament muss in dem Gesetz die inhaltlichen Vorgaben für das Handeln der Exekutive geben. Dabei muss die parlamentarische Regel umso genauer ausgestaltet sein, je weitgehender der Grundrechtseingriff ist.[243] Für einen intensiven Grundrechtseingriff und damit das Erfordernis einer spezifischen Regelung spricht hier, dass es sich bei der Stiftungsanerkennung um ein präventives Verbot mit Erlaubnisvorbehalt handelt.[244] Demnach ist dem Stifter sein Handeln generell verboten, es muss erst von der Behörde erlaubt werden. Zur Rechtfertigung eines derartigen Eingriffs bedarf es daher eines detaillierten Gesetzes, das die genauen Voraussetzungen eines Eingriffs deutlich macht. Im Fall des § 80 Abs. 2 BGB ist jedoch aufgrund des Gemeinwohlvorbehalts nicht klar, wann die Behörde die für die Grundrechtsausübung erforderliche Anerkennung

regierung, BT-Drucks. 14/8765 S. 8; Gesetzesentwurf von SPD und Grünen, BT-Drucks. 14/8277, S. 5 f.

239 Vgl. zum Umfang der Schranke der verfassungsmäßigen Ordnung nur *Di Fabio*, in: Maunz/Dürig, Art. 2 Abs. 1 Rn. 39 m.w.N.

240 Ständige Rechtsprechung des BVerfG, siehe nur: BVerfG, Urt. v. 03.04.2001, NJW 2001, 1709, 1709; BVerfG, Bes. v. 12.11.1997, BVerfGE 96, 375, 397 f.; BVerfG, Urt. v. 08.04.1997, BverfGE 95, 267, 306; siehe insbesondere auch: *Di Fabio*, in: Maunz/Dürig, Art. 2 Abs. 1 Rn. 39 m.w.N.; *Kunig*, in: von Münch/Kunig, Art. 2 Rn. 22; *Murswiek*, in: Sachs, Art. 2 Rn. 89.

241 So auch: *Muscheler*, NJW 2003, 3161, 3164.

242 *Grzeszick*, in: Maunz/Dürig, Art. 20 VI. Abschnitt Rn. 75; *Sachs*, in: Sachs, Art. 20 Rn. 113.

243 Vgl. *Grzeszick*, in: Maunz/Dürig, Art. 20 VI. Abschnitt Rn. 111 unter Verweis auf BVerfG, Bes. v. 12.11.1958, BVerfGE 8, 274, 325.

244 *Volkholz*, S. 206; *Hüttemann/Rawert*, in: Staudinger, § 80 Rn. 34.

verweigern kann.[245] Dies zeigt sich gerade an den oben genannten unterschiedlichen Ansichten darüber, was genau unter dem Gemeinwohlvorbehalt im Sinne des § 80 Abs. 2 S. 1 BGB zu verstehen ist.[246] Die Norm entspricht daher nicht den Anforderungen des verfassungsrechtlich geforderten Vorbehalts des Gesetzes.

Zum anderen ist auch ein Verstoß gegen das aus Art. 20 GG in Verbindung mit dem Rechtsstaatsprinzip entnommene Bestimmtheitsgebot gegeben.[247] Dieses Prinzip soll insbesondere dafür Sorge tragen, dass der Bürger sein Verhalten auf die Rechtsnormen einstellen kann und Rechtsverstöße vermieden werden.[248] Dem Stifter ist es aber nicht möglich, sich auf § 80 Abs. 2 BGB einzustellen: Er kann nicht wissen, wie die Behörde im Fall seiner Stiftung entscheiden wird, wenn unklar bleibt, was genau von einer der Voraussetzungen erfasst ist. Auch hier gilt: Die Regelung muss umso bestimmter formuliert sein, je intensiver sie in die Rechte des Adressaten eingreift.[249] Wieder kann daher auf den präventiven Charakter des Verbots gemeinwohlgefährdender Stiftungen abgestellt werden. Der Eingriff ist für den Stifter intensiv, weil er nur mit Anerkennung der Behörde eine Stiftung gründen kann. Der Gemeinwohlvorbehalt ist auch nicht deshalb bestimmt genug, weil sowohl unbestimmte Rechtsbegriffe[250] als auch Ermessensentscheidungen der Behörde[251] generell mit dem Bestimmtheitsgebot

245 *Hüttemann/Rawert*, in: Staudinger, § 80 Rn. 34; *Volkholz*, S. 206 f.; *Muscheler*, NJW 2003, 3161, 3164.

246 Selbst das NS-Regime und auch die DDR-Regierung haben immer wieder auf den Gemeinwohlbegriff in § 87 BGB zurückgegriffen, Nachweise bei: *Pennitz*, in: HKK, §§ 80–89 Rn. 32.

247 *Gantenbrink*, S. 163 ff. mit ausführlicher und ausgewogener Begründung; ablehnend: *Mirbach*, S. 177 ff. mit ausführlicher Stellungnahme; zu den Anforderungen des Bestimmtheitsgebotes siehe ausführlich: *Grzeszick*, in: Maunz/Dürig, Art. 20 VII. Abschnitt Rn. 58 ff.; kritisch zu den Grundlagen des Rechtsstaatsprinzips: *Schnapp*, in: von Münch/Kunig, Art. 20 Rn. 32 ff.; mit einer Verteidigung des Begriffs der Gemeinwohlgefährdung: *Andrick/Suerbaum*, NJW 2002, 2905, 2908.

248 *Grzeszick*, in: Maunz/Dürig, Art. 20 VII. Abschnitt Rn. 58; dies meint wohl auch: *Schnapp*, in: von Münch/Kunig, Art. 20 Rn. 39.

249 Siehe nur BVerfG, Bes. v. 03.03.2004, BVerfGE 110, 33, 55; BVerfG, Urt. v. 05.04.2004, BVerfGE 109, 133, 188; BVerfG, Urt. v. 22.11.2000, BVerfGE 102, 254, 337; BVerfG, Bes. v. 09.08.1995, BVerfGE 93, 213, 238.

250 BVerfG, Bes. v. 14.12.2000, BVerfGE 103, 21, 33; BVerfG, Urt. v. 22.11.2000, BVerfGE 102, 254, 337; BVerfG, Urt. v. 17.11.1992, BVerfGE 87, 234, 263 f.; *Grzeszick*, in: Maunz/Dürig, Art. 20 VII. Abschnitt Rn. 62; *Schnapp*, in: von Münch/Kunig, Art. 20 Rn. 39.

251 *Grzeszick*, in: Maunz/Dürig, Art. 20 VII. Abschnitt Rn. 63.

vereinbar sind. Ein Ermessen wollte der Gesetzgeber der Behörde mit der Reform der §§ 80 ff. BGB im Jahre 2002 gerade nicht einräumen.[252] Und auch ein unbestimmter Rechtsbegriff muss der Auslegung fähig sein, damit die Bürger ihr Handeln nach diesem ausrichten können.[253] Eine solche Auslegung ist jedoch aufgrund des eindeutigen gesetzgeberischen Willens[254] nicht gewollt.

Schließlich liegt auch ein Verstoß gegen das Verhältnismäßigkeitsprinzip vor. Danach muss staatliches Handeln einem legitimen Zweck dienen und zu dessen Verfolgung geeignet, erforderlich und angemessen sein.[255] Dem entspricht der Gemeinwohlvorbehalt nicht. Zum einen muss bereits die Notwendigkeit des Eingriffs abgelehnt werden.[256] Nach § 87 BGB ist ja gerade die Aufhebung der Stiftung in Fällen möglich, in welchen sich die Stiftung mit ihrer Tätigkeit jenseits von der Rechtsordnung erlaubter Zwecke bewegt. Sie stellt jedenfalls ein milderes Mittel zur Sicherung der Rechtsordnung dar.[257] Darüber hinaus scheint eine Verweigerung der Anerkennung aufgrund der Unbestimmtheit aus willkürlichen Motiven heraus möglich. Dies ist nicht mehr als angemessen und damit als Verstoß gegen das Übermaßverbot zu werten.[258]

Der Verfassungswidrigkeit des Gemeinwohlvorbehalts kann auch nicht mit einer verfassungskonformen Auslegung begegnet werden, welche den Begriff auf eine reine Gesetzesverletzung einschränken würde.[259] Auch wenn insbesondere im Hinblick auf die Systematik und die Auslegung des Begriffs Gemeinwohlgefährdung in §§ 43 Abs. 1, 87 Abs. 1 BGB, 396 Abs. 1 AktG, 62 GmbHG und 81 Abs. 1 GenG eine solche nahe läge, so scheitert sie doch an dem eindeutigen

---

252 Gesetzesentwurf von SPD und Grünen, BT-Drucks. 14/8277, S. 5 f.

253 *Grzeszick*, in: Maunz/Dürig, Art. 20 VII. Abschnitt Rn. 62.

254 Der Gesetzgeber möchte dem Gemeinwohlvorbehalt eine über den einfachen Gesetzesverstoß hinausgehende Bedeutung geben: Gesetzesentwurf von SPD und Grünen, BT-Drucks, 14/8277, S. 6; Beschlussempfehlung des Rechtsausschusses, BT-Drucks. 14/8894, S. 10.

255 Ausführlich: *Grzeszick*, in: Maunz/Dürig, Art. 20 VII. Abschnitt Rn. 107 ff.; *Sachs*, in: Sachs, Art. 20 Rn. 145 ff.

256 *Gantenbrink*, S. 167.

257 *Hüttemann/Rawert*, in: Staudinger, § 80 Rn. 34; *Gantenbrink*, S. 167 lehnt bereits die Notwendigkeit der vorbeugenden Anerkennungsversagung ab und geht darüber hinaus von einem Verstoß des § 80 Abs. 2 GG gegen den Gleichheitsgrundsatz nach Art. 3 Abs. 1 GG aus, S. 168 ff.

258 *Hüttemann/Rawert*, in: Staudinger, § 80 Rn. 34 f.; *Gantenbrink*, S. 165 ff.; *Volkholz*, S. 206 f.

259 So aber: *Burgard*, S. 126.

Willen des Gesetzgebers.[260] Für eine Auslegung ist nämlich stets erforderlich, dass aufgrund Wortlaut, Entstehungsgeschichte und Gesamtzusammenhang eine Unsicherheit hinsichtlich der Bedeutung eines Begriffes besteht.[261] Durch die Aussage des Gesetzgebers in den Gesetzes- und Entwurfsbegründungen wird allerdings deutlich, dass der Gemeinwohlvorbehalt über den Begriff des Gesetzesverstoßes gerade hinausgehen soll.[262] Eine Unsicherheit dahingehend, ob statt Gemeinwohlvorbehalt also nicht doch bloß Gesetzesverstoß gemeint war, besteht nicht.[263] Für eine solche verfassungskonforme Auslegung besteht kein Raum.

Es bleibt damit bei der Verfassungswidrigkeit des Gemeinwohlvorbehalts nach § 80 Abs. 2 BGB.

dd) Genaue Abgrenzung § 134 BGB und § 80 Abs. 2 BGB

Aufgrund dieser Verfassungswidrigkeit stellt sich die Frage der genauen Abgrenzung von § 134 BGB und § 80 Abs. 2 BGB grundsätzlich nicht mehr. Die Stiftungsbehörden dürfen eine Stiftung nicht wegen Verstoßes gegen den Gemeinwohlvorbehalt ablehnen. Einzig ein Gesetzesverstoß, welcher nach § 134 BGB zur Nichtigkeit des Stiftungsgeschäfts führt, kann eine Ablehnung des Antrags rechtfertigen.

Doch auch wenn man mit einem Teil der Literatur davon ausgeht, dass der Gemeinwohlvorbehalt als Gesetzesverstoß zu verstehen ist, kommt man zu keinem anderen Ergebnis. Zwar wurde der Gemeinwohlvorbehalt speziell für das Stiftungsgeschäft entwickelt, was dafür spräche, ihn als vorrangig anzusehen. Allerdings setzt § 80 Abs. 2 BGB grundsätzlich ein wirksames Stiftungsgeschäft voraus.[264] Dies ergibt sich daraus, dass § 80 Abs. 2 BGB die Erfüllung der Voraussetzungen des § 81 Abs. 1 S. 3 BGB verlangt. Die Norm behandelt das Stiftungsgeschäft explizit. Wäre es nichtig, so könnte es die dort verlangten Elemente nicht enthalten. Zudem wird bei § 80 BGB die Anerkennungsfähigkeit der Stiftung geprüft, die ohne ein wirksames Stiftungsgeschäft nicht gegeben sein kann.[265] Die Anerkennung bezieht sich zwar nicht auf das Stiftungsgeschäft,

260 Dieser wurde soeben dargestellt: C.I.4.b)bb); vgl. zudem *Volkholz*, S. 188 f.

261 *Bettermann*, S. 47.

262 Gesetzesentwurf von SPD und Grünen, BT-Drucks, 14/8277, S. 6; Beschlussempfehlung des Rechtsausschusses, BT-Drucks. 14/8894, S. 10.

263 So auch: *Muscheler*, NJW 2003, 3161, 3165.

264 *Büch*, ZEV 2010, 440, 441; *Schewe*, S. 98; so wohl auch *Hof*, in: v. Campenhausen/Richter, § 4 Rn. 68; *Burgard*, S. 119; so auch schon *Eichinger*, S. 9.

265 *Büch*, ZEV 2010, 440, 443; so wohl auch *Ebersbach*, S. 57; *Wochner*, in: Jahreshefte zum Stiftungswesen 2008, 79, 79; *Sontheimer*, S. 47.

sondern auf die gesamte Stiftung. Dennoch wird in § 80 Abs. 1 BGB die Existenz des Stiftungsgeschäfts vorausgesetzt.[266] Das Stiftungsgeschäft muss also bereits wirksam vorliegen und § 134 BGB damit vor § 80 Abs. 2 geprüft werden.

Das Stiftungsgeschäft ist daher in jedem Fall vorrangig an § 134 BGB als allgemeinem Nichtigkeitsgrund zu messen. Ist wegen eines Gesetzesverstoßes das Stiftungsgeschäft unwirksam, so kommt es gar nicht erst zu einer Prüfung des § 80 Abs. 2 BGB.[267] Liegt dagegen kein Gesetzesverstoß vor, so kann der Gemeinwohlvorbehalt nach richtiger Ansicht aufgrund seiner Verfassungswidrigkeit auch nicht zu einer Ablehnung der Anerkennungsfähigkeit führen.

c) Ergebnis

Das Erfordernis der Gemeinwohlkonformität verdrängt § 134 BGB nicht. Der in § 80 Abs. 2 BGB normierte Gemeinwohlvorbehalt ist wegen Verstoßes gegen den Vorbehalt des Gesetzes, den Bestimmtheitsgrundsatz sowie das Verhältnismäßigkeitsprinzip nichtig und erfährt daher keine Anwendung. Eine verfassungskonforme Auslegung dahingehend, dass nur Gesetzesverstöße erfasst sind, scheitert an dem entgegenstehenden Willen des Gesetzgebers.

§ 134 BGB ist daher uneingeschränkt auch auf das Stiftungsgeschäft anzuwenden.[268] Ein Verstoß gegen ein gesetzliches Verbot führt zur Nichtigkeit des Stiftungsgeschäftes. Der Gemeinwohlvorbehalt hingegen kann eine Ablehnung der Stiftungsanerkennung aufgrund seiner Verfassungswidrigkeit nicht rechtfertigen.

5. Sittenwidrigkeit, § 138 BGB

a) Allgemeines

Ein Rechtsgeschäft darf nicht gegen das Anstandsgefühl aller billig und gerecht Denkenden verstoßen.[269] Auch für einseitige Rechtsgeschäfte wie das Stiftungsgesetz gilt dieser Grundsatz.[270]

---

266 *Schwarz*, DStR 2002, 1718, 1720; *Ebersbach*, S. 56.

267 So wohl auch: *Werner*, in: Werner/Saenger, Rn. 289.

268 Nichtig sind damit neben dem eingangs dargestellten Beispiel 6 (Verstoß gegen §§ 267 ff. StGB) etwa auch Stiftungsgeschäfte, die eine Stiftung vorsehen, welche unter häuslicher Gewalt leidenden Frauen Auftragsmörder bezahlt (Verstoß gegen §§ 211, 212 StGB) oder Modelle zur Steuerhinterziehung ausarbeitet (Verstoß gegen § 370 AO).

269 Zum Begriff der guten Sitten siehe genauer: *Hefermehl*, in: Soergel, § 138 Rn. 3 ff.

270 Vgl. *Bork*, Rn. 1179; zur Sittenwidrigkeit einer Kündigung, BGH, Urt. v. 26.2.1970, NJW 1970, 855 f.

Dazu folgendes Beispiel 8:[271] *S möchte eine Stiftung zur Förderung der Kreuzberger Straßenkinder gründen, wobei er jedoch aufgrund immer wieder geäußerter Vorurteile niemanden mit afrikanischen Wurzeln unterstützen möchte. Die Behörde verweigert die Anerkennung der Stiftung.*

Teile der Literatur lehnen die Anwendbarkeit des § 138 BGB auf das Stiftungsgeschäft mit dem Hinweis auf die besondere grundrechtliche Bedeutung der Stiftungserrichtung ab.[272] Die sehr weit gehaltene Definition der guten Sitten werde dem hohen Rang des allgemeinen Persönlichkeitsrechts nicht gerecht, welches im Falle der Stiftungsgründung Berücksichtigung finden müsse. Die Errichtung einer Stiftung sei zwar nicht durch ein eigenes Grundrecht gesichert, doch würden damit Grundrechte ausgeübt. Jeder Stifter habe das Recht eine Stiftung zu gründen und bei Anwendung der Sittenwidrigkeit als unbestimmten Rechtsbegriff könnte die Behörde dies beliebig verhindern.[273]

Für eine Anwendbarkeit des Verbots spricht aber entscheidend, dass die §§ 80 ff. BGB von einem in jeglicher Hinsicht wirksamen Stiftungsgeschäft ausgehen.[274] Das bedeutet, dass alle durch das BGB geforderten Wirksamkeitsvoraussetzungen erfüllt sein müssen, bevor es überhaupt zur Prüfung der §§ 80 ff. BGB kommen kann. Darüber hinaus ist das Anstandsgefühl aller billig und gerecht Denkenden als unbestimmter Rechtsbegriff anders als der soeben erläuterte Gemeinwohlvorbehalt im Laufe der Zeit von der Rechtsprechung ausreichend konkretisiert worden.[275] Auch die bestehenden Gesetze und allgemeinen rechtlichen Wertungen bieten eine Orientierung zur Bestimmung des § 138 BGB.[276] Der Begriff der Sittenwidrigkeit ist damit bestimmt genug, um gegebenenfalls die Nichtigkeit des Stiftungsgeschäfts zu bewirken.

---

271 Dies fällt aufgrund der nur mittelbaren Drittwirkung der Grundrechte unter Privaten gerade nicht wegen Verstoßes gegen Art. 3 Abs. 3 GG unter § 134 BGB, vielmehr müssen die Wertungen des Allgemeinen Gleichheitssatzes bei § 138 BGB Eingang finden, vgl. *Armbrüster*, in: MünchKomm, § 134 Rn. 33 ff. Die Unwirksamkeit des Stiftungsgeschäfts folgt daher aus § 138 BGB.

272 *Krause/Thiele*, NPLY 2007, 133, 141.

273 Vgl. *Krause/Thiele*, NPLY 2007, 133, 141.

274 So insbesondere *Veltmann*, ZSt 2006, 150, 152; *Muscheler*, NJW 2003, 3161, 3162; *Büch*, ZEV 2010, 440, 443; siehe auch schon oben: C.I.4.b)dd).

275 Siehe nur *Büch*, ZEV 2010, 440, 441; ausführlich zur Bedeutung des Maßstabes: *Armbrüster*, in: MünchKomm, § 138 Rn. 11 ff.; *Sack/Fischinger*, in: Staudinger, § 138 Rn. 14 ff.

276 Vgl. nur *Wolf/Neuner*, § 46 Rn. 12 ff.

Die Sittenwidrigkeit ist grundsätzlich bei Vornahme des Rechtsgeschäfts zu beurteilen.[277] Dies gilt auch bei der Stiftung, da der Stifterwille zu diesem Zeitpunkt entscheidend ist. Würde das Stiftungsgeschäft aufgrund einer sich nach dem Tode des Stifters wandelnden Moralvorstellung ex tunc unwirksam werden, so könnte dies schwerwiegende Folgen für die Stiftungsexistenz haben.[278] Zudem ist gerade die Veränderung eines der kennzeichnenden Elemente der Sittenwidrigkeit. Würde man auf die jeweils geltende Moral abstellen, so müssten viele Rechtsgeschäfte nachträglich entfallen. Dies kann nicht der Sinn der Regelung sein.[279] Wandelt sich eine Moralvorstellung tatsächlich im Laufe der Zeit grundsätzlich, so kann die Stiftung wegen Verstoßes gegen § 138 BGB unter Umständen nach § 87 Abs. 1 BGB aufgehoben werden.[280] Eine ex tunc wirkende Aufhebung ist nicht notwendig.

Nachfolgend wird die mögliche Sittenwidrigkeit von Stiftungsgeschäften anhand realer Beispiele näher beleuchtet.

b) Die Magnus-Gäfgen-Stiftung

aa) Sachverhalt

Der bekannteste und auch in der breiten Öffentlichkeit wohl meist diskutierte Fall einer womöglich sittenwidrigen Stiftung ist die „Magnus-Gäfgen-Stiftung".[281] Der wegen Mordes an einem 11-jährigen Bankierssohn verurteilte Magnus Gäfgen wollte eine Stiftung gründen, welche nach ihrem Zweck jugendliche Gewaltopfer durch juristischen oder monetären Beistand unterstützen sollte. Die zuständige Stiftungsbehörde in Trier (Aufsichts- und Dienstleistungsdirektion, ADD) lehnte einen Vorantrag der Stiftung auf Anerkennung im August 2006 mit der Begründung ab, dass die Stiftung gegen das Anstandsgefühl aller billig und gerecht Denkenden verstoße und damit sittenwidrig sei.[282] Gäfgens Anwalt legte gegen diese

277 BGH, Urt. v. 15.04.1987, BGHZ 100, 353, 359; *Arnold*, in: Erman, § 138 Rn. 24; *Wendtland*, in: Bamberger/Roth, § 138 Rn. 26; speziell zur Stiftung *Werner*, in: Werner/Saenger, Rn. 291; anders *Sonnenschein*, S. 133, 152, der zur Frage welcher Zeitpunkt für die Auslegung eines Rechtsgeschäfts nach Treu und Glauben entscheidend ist auf den der Geltendmachung der daraus folgenden Ansprüche abstellt.

278 Siehe zu den Folgen einer Nichtigkeit weiter unten D.

279 Zu allem insbesondere *Werner*, in: Werner/Saenger, Rn. 291.

280 Zur rechtlichen Unmöglichkeit siehe unten D.III.1.b)bb)(1)(a).

281 Vgl. die Berichte bei www.spiegel.de, www.taz.de, www.faz.de sowie anderen Medien.

282 Pressemitteilung Nr. 119 vom 23.08.2006, abrufbar unter: http://www.add.rlp.de/Presse/broker.jsp?uMen=84560f23-4693-aefb-e592-613e9246ca93&uCon=

Ablehnung Widerspruch ein und verhandelte zudem parallel mit der Behörde über Möglichkeiten, eine solche Stiftung doch noch zu errichten.[283] Ende 2006 schließlich stimmte die Behörde zu, bei entsprechendem Antrag eine Stiftung, die äußerlich keinen Bezug zu Magnus Gäfgen habe, anzuerkennen. Eine Mitarbeit Gäfgens in den Stiftungsorganen könne man aufgrund der Stiftungsfreiheit nicht verhindern. Dies teilte die Behörde Anfang Januar 2007 mit.[284] Die Stiftung sollte von nun an den Namen „Stiftung zugunsten jugendlicher Verbrechensopfer" tragen.[285] Laut Presseangaben wurde die Errichtung der Stiftung jedoch seit den Entscheidungen im Januar 2007 nicht mehr weiter verfolgt, um die Gerichtsverfahren, die Magnus Gäfgen gegen die Bundesrepublik Deutschland und das Land Hessen wegen einer ihm im Ermittlungsverfahren angedrohnten Folter im September 2002 führte, nicht mit negativen Berichten zu gefährden.[286]

bb) Rechtliche Beurteilung

In der Literatur ist der Fall Gäfgen mit großem Interesse verfolgt und ausgiebig diskutiert worden.[287] Im Folgenden soll die ursprünglich ablehnende Entscheidung

---

60750569-5920-3d01-c5ec-3f113e9246ca&uTem=aaaaaaaa-aaaa-aaaa-aaaa-000000000042 (abgerufen: 14.01.2015).

283 Archiv mit der Aktualisierung Januar 2007 auf der Homepage des Anwalts http://www.michael-heuchemer.de/Archiv2005-2009.html (abgerufen: 14.01.2015).

284 Pressemitteilung Nr. 1 vom 02.01.2007, abrufbar unter http://www.add.rlp.de/icc/ADD/nav/845/broker.jsp?uMen=84560f23-4693-aefb-e592-613e9246ca93&uCon=a7c5c052-fb85-f01b-e592-6a90fb0e2236&uTem=aaaaaaaa-aaaa-aaaa-aaaa-000000000042 (abgerufen: 14.01.2015).

285 Vgl. Berichte auf www.michael-heuchemer.de/Archiv2005-2009.html (abgerufen: 14.01.2015); sowie Bericht des Magazins Der Spiegel vom 02.01.2007 „Gäfgen, der Anwalt und die Stiftungs-Show", abrufbar unter: http://www.spiegel.de/panorama/justiz/frankfurter-kindermoerder-gaefgen-der-anwalt-und-die-stiftungs-show-a-457465.html (abgerufen: 14.01.2015).

286 Vgl. taz vom 30.06.2008, „Wie sich Magnus Gäfgen als Opfer stilisiert: Ein wehrhafter Mörder", abrufbar unter http://www.taz.de/!19502/ (abgerufen: 14.01.2015); weder die ADD Trier ist zu weiteren Auskünften bereit, noch äußert sich RA *Heuchemer* auf seiner Homepage (www.michael-heuchemer.de) weiter zu diesem Sachverhalt; das Stiftungsverzeichnis des Landes Rheinland-Pfalz enthält keine Stiftung mit dem Namen „Stiftung zugunsten jugendlicher Verbrechensopfer", abrufbar unter: addinter.service24.rlp.de/cgi-bin-inter/stiftung1.mbr/start (abgerufen: 14.01.2015).

287 Vgl. nur *Veltmann*, ZSt 2006, 150 ff.; *ders.* ZSt. 2007, 60 ff.; *Neuhoff*, ZSt 2007, 20 ff.; *Krause/Thiele*, NPLY 2007, 133, 145.

der Behörde, welche sich auf die Sittenwidrigkeit des Stiftungsgeschäfts stützte, untersucht und auf ihre Richtigkeit hin überprüft werden.

Aus der Presseerklärung der ADD Trier lässt sich nicht entnehmen, worauf genau die Behörde die Sittenwidrigkeit seinerzeit stützte. Anzunehmen ist wohl nur, dass der Stiftungszweck allein bei einer Stiftung zugunsten jugendlicher Verbrechensopfer nicht sittenwidrig ist. Es handelt sich hierbei vielmehr um einen unterstützenswerten Gedanken.[288] Naheliegend wäre eher, die Sittenwidrigkeit des Stiftungsgeschäfts auf seine Vornahme durch einen verurteilten Mörder zu stützen. Eine Anerkennung kann aber nicht allein aufgrund der Person des Stifters verweigert werden.[289] Der Stifter selbst kann nicht „sittenwidrig" sein. Wenn die Behörde allein auf die Beziehungen von Magnus Gäfgen zu der Stiftung abgestellt hätte, wäre die Entscheidung fehlerhaft.[290]

Es kommt vielmehr darauf an, ob das Stiftungsgeschäft, insbesondere der Stiftungszweck, eventuell im Zusammenhang mit den Umständen des Einzelfalls, sittenwidrig ist.[291] Insoweit sind verschiedene Aspekte zu berücksichtigen. Auf der einen Seite hat der Täter ein Recht auf Resozialisierung und darf nicht von jeder gesellschaftlichen Betätigung ausgeschlossen werden.[292] Diese Einsicht beruht auf dem Persönlichkeitsrecht des Täters, Art. 2 Abs. 1 GG i.V.m. Art. 1 Abs. 1 GG.[293] Es muss ihm, ebenso wie jedem anderen Rechtsträger, gestattet sein, eine Stiftung zu jedwedem rechtmäßigen Zweck zu gründen.[294] Durch die Verurteilung wegen einer Straftat kann einer Person nicht generell verboten werden, Stifter zu sein.[295] Auf der anderen Seite kann gerade die besondere Verbindung zwischen Straftäter und seiner Tat – hier wollte ein verurteilter Kindsmörder

288 Vgl. *Meyn*, in: Meyn/Richter/Koss, Rn. 137.

289 Hinsichtlich der Entscheidung der ADD Trier kritisch daher *Krause/Thiele*, NPLY 2007, 133, 146; *Werner*, in: Werner/Saenger, Rn. 286.

290 So etwa *Krause/Thiele*, NPLY 2007, 133, 146.

291 Vgl. *Büch*, ZEV 2010, 440, 442; zur Frage der Gemeinwohlgefährdung BVerwG, Urt. v. 12.02.1998, BVerwGE 106, 177, 181; *Veltmann*, ZSt 2006, 150, 152; BGH, Urt. v. 10.10.1997, NJW-RR 1998, 590, 591; Urt. v. 19.12.1989, NJW 1990, 703, 704; Urt. v. 28.02.1989, BGHZ 107, 92, 97; Urt. v. 08.12.1982, BGHZ 86, 82, 88; *Ellenberger*, in: Palandt, § 138 Rn. 8.

292 Vgl. *Büch*, ZEV 2010, 441, 443.

293 Vgl. *Di Fabio*, in: Maunz/Dürig, Art. 2 Abs. 1 Rn. 216.

294 Zur Stiftungsgründung als Ausdruck von Freiheit und Verantwortung und damit zum Regelungsbereich des Art. 2 Abs. 1 GG gehörend siehe auch: *Andrick*, in: Saenger/Bayer/Koch/Körber, 31, 40 ff.

295 Vgl. zur Acht und der daraus früher folgenden Geschäftsunfähigkeit: *Büch*, ZEV 2010, 440, 441 f.

eine Stiftung zugunsten jugendlicher Gewaltopfer gründen – mit der Stiftung gegen das Anstandsgefühl aller billig und gerecht Denkenden verstoßen. Durch diese Verknüpfung könnten die Rechte des ursprünglichen Opfers und seiner Familie erneut geschädigt werden.[296]

Hätte Magnus Gäfgen eine Stiftung zu jedwedem anderen Zweck gegründet, wäre eine Gefährdung von postmortalen Rechten des Opfers sowie Rechten seiner Familie und die Sittenwidrigkeit des Stiftungsgeschäfts jedenfalls abzulehnen.[297] Die Stiftung hätte anerkannt werden müssen. Besteht aber ein Zusammenhang zur Tat, so wird durch die unbegrenzte Verfolgung des Stiftungszwecks fortwährend auch das Opfer in den Fokus der Öffentlichkeit gerückt. Es handelt sich bei Gewaltopfern regelmäßig zwar um relative Personen der Zeitgeschichte,[298] wodurch ihr Persönlichkeitsrecht grundsätzlich für eine gewisse Dauer eingeschränkt wird. Die Bedeutung des Rechts nimmt aber nach und nach wieder zu. Liegt die Tat schon einige Jahre zurück, so erlangt das (postmortale) Persönlichkeitsrecht des Opfers sowie das der Angehörigen wieder volle Geltung.[299] Der Täter rückt diese Personen durch Gründung einer mit der Tat im Zusammenhang stehenden Stiftung und der dauerhaften Zweckverfolgung aber erneut und für unbegrenzte Zeit in den Mittelpunkt der öffentlichen Diskussion. Das Selbstbewahrungsrecht des Opfers sowie das Allgemeine Persönlichkeitsrecht seiner Angehörigen werden auf unbestimmte Zeit gefährdet. Wie die Berichte zur geplanten Magnus-Gäfgen-Stiftung gezeigt haben, wird durch die Stiftungsgründung immer wieder an die Tat und das Opfer erinnert.[300] So wird das postmortale Recht des getöteten Jungen auf Selbstbewahrung tatsächlich verletzt.[301] Im Fall der Magnus-Gäfgen-Stiftung geschah die Tat im September 2002, die strafrechtliche Verurteilung folgte 2003, die Stiftung sollte um den

296 So insbesondere auch *Büch*, ZEV 2010, 440, 444, der eine Sittenwidrigkeit in Form der Stiftung nur annimmt, wenn durch die Verbindung ein Grundrecht Dritter – etwa das postmortale Persönlichkeitsrecht nach Art. 1 GG – verletzt wurde.

297 *Veltmann*, ZSt 2006, 150, 153; a.A. wohl *Werner*, in: Werner/Saenger, Rn. 287, welcher die Anerkennung gerade deshalb verweigern will, weil der Täter ansonsten eine „Imagepflege" erlangen kann und sie dem Anwalt „zur Werbung dient".

298 Zu einer Berichterstattung über Straftaten vgl. *Rixecker*, in: MünchKomm, Allg. Persönlichkeitsrecht Rn. 71.

299 Eine Berichterstattung darf nur erfolgen, solange sie aktuell ist: *Rixecker*, in: MünchKomm, Allg. Persönlichkeitsrecht Rn. 51.

300 Siehe nur Berichte bei http://www.zeit.de/online/2007/02/gaefgen-stiftung (abgerufen: 14.01.2015) http://www.stern.de/panorama/magnus-gaefgen-von-metzler-moerder-gruendet-stiftung-579542.html (abgerufen: 14.01.2015).

301 Vgl. zum Schutzbereich *Pieroth/Schlink*, Rn. 394 ff.

Jahreswechsel 2006/2007 gegründet werden und von da an ihren Zweck auf unbestimmte Zeit verfolgen. Das Opfer und seine Familie standen bereits 2006/2007 weit weniger im Lichte der Öffentlichkeit als kurz nach der Tat. Wäre die Stiftung tatsächlich anerkannt worden, so wäre bei der Berichterstattung über Förderungen der Stiftung wieder auf die Umstände ihrer Gründung verwiesen worden. In der Berichterstattung wäre stets ein Hinweis auf die Tat von Magnus Gäfgen, den Tod seines Opfers und die Verhältnisse von dessen Familie zu erwarten gewesen. Mit Anerkennung der Stiftung hätte sich die Familie des Opfers immer wieder den Blicken der Öffentlichkeit ausgesetzt gesehen. Ein Rückzug aus dieser Öffentlichkeit wäre unmöglich und ihr Selbstbewahrungsrecht immer wieder beeinträchtigt worden. Es wäre auch nicht damit zu rechnen gewesen, dass die Stiftung aus dem Blicke der Öffentlichkeit verschwinden würde. Die besonderen Umstände der polizeilichen Ermittlung sowie die folgenden Prozesse wegen der Folterandrohung haben Magnus Gäfgen derart in das Bewusstsein der Öffentlichkeit gerückt, dass es mehr als wahrscheinlich war, dass er und seine Stiftung immer wieder Gegenstand der Berichterstattung gewesen waren.

Zuzugeben ist, dass aufgrund der Folterandrohungen, die Magnus Gäfgen kurz nach der Verhaftung erlitten hatte, weitere Prozesse folgten, bei denen auch immer wieder über die Tat berichtet wurde. Einer der von ihm angestrebten Prozesse wurde erst im Juni 2010 vor der großen Kammer des EGMR entschieden.[302] Ende 2010 hat Magnus Gäfgen dann die Wiederaufnahme seines Strafverfahrens wegen Verstoßes gegen das Folterverbot beantragt.[303] Im August 2011 wurde ihm ein Schadensersatz in Höhe von € 3000,- zugesprochen.[304] Die dagegen eingereichte Berufung des Landes Hessen hatte keinen Erfolg und die Revision wurde nicht zugelassen.[305] Der Rechtsweg ist damit erschöpft. Weitere Prozesse, die das Opfer wieder in den Blick der Öffentlichkeit rücken würden,

302 EGMR (Große Kammer), Urt. v. 01.06.2010, NJW 2010, 3145 ff.

303 Vgl. Berichterstattung der FAZ vom 16.12.2010: „Magnus Gäfgen beantragt neues Verfahren", abrufbar unter: http://www.faz.net/aktuell/gesellschaft/kriminalitaet/darmstadt-magnus-gaefgen-beantragt-neues-verfahren-1580461.html (abgerufen: 14.01.2015).

304 LG Frankfurt, Urt. v. 04.08.2011, Akt.-Zn. 2/4 O 521/05, unv.

305 OLG Frankfurt, Urt. v. 10.10.2012, NJW 2013, 75 ff., welches nach Medienberichten zunächst einen Vergleich in der Art vorgeschlagen hatte, dass das Land Hessen eine Summe an eine gemeinnützige Organisation anstatt an Magnus Gäfgen zahlt. Dieser hatte zugestimmt, das Land Hessen jedoch abgelehnt, vgl. Bericht der Frankfurter Rundschau vom 29.08.2012: „Einigung mit Gäfgen scheitert", abrufbar unter: http://www.fr-online.de/politik/kindsmoerder-einigung-mit-gaefgen-scheitert,1472596,16991980.html (abgerufen am 14.01.2015).

sind nicht mehr möglich. Das Argument, dass das Persönlichkeitsrecht des Opfers gerade wegen der Prozesse noch nicht wieder volle Geltung erlangt habe und daraus folge, dass eine Sittenwidrigkeit des Stiftungsgeschäfts nicht gegeben sei, überzeugt nicht. Denn selbst wenn dem so wäre, würde dieses Persönlichkeitsrecht doch spätestens mit Ende der Prozesse wieder volle Geltung beanspruchen können. Die Stiftung aber bestünde über diesen Zeitpunkt hinaus und würde weiter den mit der Tat verknüpften Zweck verfolgen. Damit hat die bis 2011 andauernde Untersuchung der Folterandrohung keinen Einfluss auf die Beurteilung der Sittenwidrigkeit des Stiftungsgeschäfts.

Da die Stiftungstätigkeit die Rechte des Opfers verletzen würde, verstieß das Stiftungsgeschäft des Magnus Gäfgen aufgrund der Gesamtumstände gegen die guten Sitten und war nach § 138 BGB nichtig.[306] Die Entscheidung der Behörde, eine solche Stiftung nicht anzuerkennen, war korrekt.[307]

Die Ankündigung, eine Stiftung ohne äußerlichen Bezug zu Magnus Gäfgen dagegen anerkennen zu wollen, wäre hingegen nicht zu beanstanden gewesen. Bei einer Stiftung, die keinen direkten Bezug zu Magnus Gäfgen aufweist, kann gerade nicht mit einer dauernden Berichterstattung der Medien zum Mordfall gerechnet werden. Damit wäre das Recht des Opfers und seiner Familie auf Selbstbewahrung nicht in gleichem Maße gefährdet und eine Gesamtabwägung der Umstände würde eine Sittenwidrigkeit des Stiftungsgeschäfts gerade nicht unterstützen.

c) Weitere mögliche Fälle des Verstoßes gegen die guten Sitten

Auch in anderen Konstellationen ist ein Verstoß gegen die guten Sitten denkbar.

> Dazu folgendes <u>Beispiel 9:</u> *S steht unter erheblichem finanziellen Druck. Seine Gläubiger werden immer mehr und S fürchtet, dass diese schon bald im Wege der Zwangsvollstreckung auf sein Vermögen zugreifen werden. Er gründet daher eine Stiftung zum Wohle seiner noch in der Ausbildung befindlichen Nachkommen. Auf diese Stiftung überträgt er alle seine verbleibenden Aktiva und meldet im Anschluss Privatinsolvenz an.*

306 So im Ergebnis auch: *Mirbach*, S. 212 f. der jedoch schlicht auf das „effektheischende Verhalten" Gäfgens, welches gegen das Anstandsgefühl aller billig und gerecht Denkenden verstoße, abstellt.

307 So auch: *Veltmann*, ZSt 2006, 150, 153; *Hüttemann/Rawert*, in: Staudinger, § 80 Rn. 35; *Ellenberger*, in: Palandt, § 80 Rn. 6; *Volkholz*, S. 191.

Die mögliche Sittenwidrigkeit eines Stiftungsgeschäfts aufgrund einer solchen vorsätzlichen Gläubigerschädigung bedarf genauer Untersuchung. Einziges Motiv zur Stiftungsgründung ist es, das Vermögen des Stifters gegen den Zugriff seitens seiner Gläubiger zu schützen. Insbesondere könnte der Stifter – wie im obigen Beispiel 9 – eine Familienstiftung gründen, um die Versorgung seiner Angehörigen sicherzustellen.[308] Bei dieser Konstruktion könnte es sich um einen Missbrauch der Stiftung als Rechtsform handeln, der gegen die guten Sitten verstößt.[309]

Jedoch benachteiligt jede Stiftung die Gläubiger des Stifters, indem der Stifter ihr Vermögen überträgt, das sonst seinen Gläubigern als Haftungsmasse dienen würde.[310] Nicht jede Stiftung kann aber aufgrund Rechtsformmissbrauchs unwirksam sein. Generell gegen die Annahme einer Sittenwidrigkeit im Fall der Gläubigerbenachteiligung könnte zudem ein systematisches Argument sprechen: § 133 Abs. 1 S. 1 InsO bietet einen besonderen Anfechtungsgrund, falls der Insolvenzschuldner vorsätzlich zum Nachteil der Gläubiger gehandelt hat und der andere Teil dies wusste.[311] Eine solche Anfechtungsmöglichkeit wäre nicht notwendig, wenn das Rechtsgeschäft bei Gläubigerbenachteiligung von Anfang an nach § 138 BGB nichtig wäre. Allerdings greift dieser Paragraph nur in dem Fall, in dem der Stifter tatsächlich nach Übertragung des Vermögens Insolvenz anmeldet und hat damit einen sehr engen Anwendungsbereich. Er spricht daher nicht zwingend gegen die Sittenwidrigkeit bei Gläubigerbenachteiligung.

Es lässt sich daher keine generelle Aussage darüber treffen, wann eine Gläubigerbenachteiligung zur Sittenwidrigkeit des Stiftungsgeschäfts führt. Grundsätzlich erscheint es möglich, doch müsste der Stifter tatsächlich allein deshalb eine Stiftung gegründet haben, um seinen Gläubigern zu schaden. Das ist rein faktisch schwer zu beweisen, müsste aber zur Annahme der Sittenwidrigkeit deutlich werden.[312]

---

308 Die Familienstiftung ist eine Stiftung, bei der der Stifter seine Angehörigen und deren Abkömmlinge zu mehr als der Hälfte bezugsberechtigt oder anfallsberechtigt sind, § 15 Abs. 2 ErbStG; sie wird von der herrschenden Meinung im Grundsatz als zulässig angesehen, zur Problematik vgl. *Reuter*, in: MünchKomm, §§ 80, 81 Rn. 95 ff., der jedoch zumindest eine voraussetzungslose Familienstiftung als äußerst problematisch ansieht.

309 Generell schon die Möglichkeit des Rechtsformmissbrauchs ablehnend: *Burgard*, S. 69; siehe zum Verbot der Stiftung für den Stifter unten C.II.3.a)bb).

310 Vgl. *Burgard*, S. 135.

311 Vgl. *Hirte*, in: FS Werner, 222, 236.

312 So auch *Burgard*, S. 135.

Eine Sittenwidrigkeit kann sich allerdings allgemein aus dem Zusammenspiel mit anderen nichtigen Rechtsgeschäften oder strafbaren Handlungen ergeben. Wie gesehen ist das Stiftungsgeschäft nicht nach § 134 BGB nichtig, wenn das Stiftungsvermögen aus einem anderen, unwirksamen Rechtsgeschäft stammt.[313] Es könnte allerdings das Anstandsgefühl aller billig und gerecht Denkenden berühren, wenn mit der Stiftung ein rechtswidriges Geschäft getarnt würde.

> Dazu wird erneut auf Beispiel 7[314] verwiesen: *Der Vorstand einer Bank lässt sich für die Entscheidung, an wen bestimmte Rechte verkauft werden, bestechen und nutzt das daraus erlangte Vermögen dazu, eine im Übrigen zulässige Stiftung zu gründen.*

Dieser Fall ist an die Sonnenschein-Privatstiftung angelehnt.[315] Sie wurde zwar nach österreichischem Recht gegründet, doch soll sie als Beispiel dienen, einen entsprechenden Fall in Deutschland zu konstruieren. Der Finanzvorstand der BayernLB Gerhard Gribkowsky hat für den Verkauf von Formel-Eins-Rechten Bestechungsgelder erhalten,[316] welche er im Anschluss für die Gründung der privatnützigen Sonnenschein-Stiftung genutzt haben soll. Den zweiten Halbsatz als zutreffend unterstellt, erreichte Gribkowsky durch die Gründung der Stiftung mehrere Ziele: Das Geld konnte nicht mehr direkt mit illegalen Handlungen in Verbindung gebracht werden, zudem gehörte es ihm nicht mehr und konnte daher auch nicht von seinen Gläubigern gepfändet oder eingezogen werden. Darüber hinaus konnte und kann er durch die Konstruktion der privatnützigen Stiftung (in Österreich, wo eine Stiftung für den Stifter zulässig ist[317]) in zulässiger Weise Erträge aus dem Vermögen ziehen. Erachtet man derartige Konstruktionen als sittenwidrig, so hätte Gribkowsky jedoch einen

---

313 Vgl. oben C.I.4.a).

314 Oben unter C.I.4.a).

315 Vgl. die Berichterstattung vom 03.01.2011 der Süddeutschen: „BayernLB, Schatten über „Sonnenschein"", abrufbar unter: http://www.sueddeutsche.de/geld/risikovorstand-gerhard-gribkowsky-bayernlb-schatten-ueber-sonnenschein-1.1042025 (abgerufen: 14.01.2015).

316 LG München, Urt. v. 27.06.2012, Az. 5 KLs 406 100098/11, n.v., rechtskräftig, das Gribkowsky aufgrund seines entsprechenden Geständnisses wegen Bestechlichkeit, § 332 StGB, in Tateinheit mit Untreue, § 266 StGB, in Tatmehrheit mit Steuerhinterziehung, § 370 AO, zu 8,5 Jahren Haft verurteilte.

317 Sog. Privatstiftung, durch das Privatstiftungsgesetz von 1993 gesetzlich eingeführt und nach *Reuter*, in: MünchKomm, Vor § 80 Rn. 59 ein „schwerer rechtspolitischer Fehler"; zur Stiftung für den Stifter in Deutschland siehe unten C.II.3.a)bb).

Herausgabeanspruch gegen die Stiftung,[318] welcher von seinen Gläubigern gepfändet werden könnte.

Eine Sittenwidrigkeit kann daraus folgen, dass für die Stiftungsgründung eine Straftat ausgenutzt und die Nachteile für die Geschädigten vergrößert wurden.[319] Gribkowsky wurde wegen Erfüllung der Tatbestände der Bestechlichkeit, § 332 Abs. 1 StGB, der Untreue, § 266 StGB, und der Steuerhinterziehung, § 370 AO, verurteilt.[320] Straftaten hat er damit begangen.

Es ist zu untersuchen, ob er diese Taten wirklich ausgenutzt und so die Nachteile der Geschädigten vergrößert hat. Beim Tatbestand der Bestechlichkeit muss dies ausscheiden, da das von ihm geschützte Rechtsgut das „Vertrauen der Allgemeinheit in die Sachlichkeit staatlicher Entscheidungen" ist.[321] Es gibt bei der Bestechlichkeit demnach keinen unmittelbar finanziell Geschädigten. Der Schaden der Allgemeinheit lässt sich nicht nominal werten und wird nicht durch den weiteren Entzug von Vermögen aus dem Rechtsverkehr vergrößert. Damit ergibt sich aus der Verwendung von Bestechungsgeldern keine Sittenwidrigkeit.

Im Fall der Untreue liegt dies anders: Schutzgut ist das Vermögen.[322] Die Formel-Eins-Rechte wurden aufgrund der Bestechung zu einem geringeren Preis verkauft als sie eigentlich hätten erzielen können. Die BayernLB, in deren Namen die Rechte verkauft wurden, hat so einen Vermögensverlust erlitten und entsprechend einen zivilrechtlichen Schadensersatzanspruch gegen Gribkowsky. Da dieser das Bestechungsgeld aber auf die Stiftung übertragen hat und somit nicht in der Lage ist, den von ihm verursachten Schaden zu ersetzen, verringert sich die Durchsetzungswahrscheinlichkeit des Schadensersatzanspruchs und die Nachteile der Bank verstärken sich. Auch hat die BayernLB keine Möglichkeit, den Schaden auf andere Weise auszugleichen. Insbesondere kann sie sich nicht direkt an die Stiftung wenden. Diese hat keine Rechte der Bank verletzt, wodurch zivilrechtliche Ansprüche scheitern. Auch mithilfe strafrechtlicher Zugriffsrechte kann die Bank ihren Schaden nicht ausgleichen. Der nach § 73 StGB

318 Zu den genauen Rechtsfolgen eines nichtigen Stiftungsgeschäfts noch unten D.

319 Vgl. *Armbrüster*, in: MünchKomm, § 138 Rn. 42.

320 LG München, Urt. v. 27.06.2012, Az. 5 KLs 406 100098/11, n.v.; zu den genauen Tatbestandsvoraussetzungen der Bestechlichkeit nach § 332 Abs. 1 StGB vgl. *Heine/Eisele*, in: Schönke/Schröder, § 332 StGB Rn. 2 ff.; zu den Anforderungen des § 266 StGB, insbesondere in der Form des „Kick-back" vgl. *Perron*, in: Schönke/Schröder, § 266 Rn. 3 ff., 46; zur Steuerhinterziehung beachte: *Dumke* in: Schwarz, § 370 AO Rn. 36 ff.

321 Vgl. *Heine/Eisele*, in: Schönke/Schröder, § 331 Rn. 9 m.w.N.

322 Vgl. *Perron*, in: Schönke/Schröder, § 266 Rn. 1.

mögliche Verfall ist nach § 73 Abs. 1 S. 2 StGB ausgeschlossen, soweit dem Verletzten (hier also der BayernLB) ein (zivilrechtlicher) Ausgleichsanspruch (hier gegen Gerhard Gribkowsky) zusteht.[323] Zudem fällt das Vermögen bei Anordnung des Verfalls immer der Staatskasse zu, nicht aber dem Geschädigten, da Sinn und Zweck lediglich die Beseitigung eines unrechtmäßigen Vermögensvorteils und nicht die Befriedigung eines Anspruchs ist.[324] Auch bei der Einziehung nach §§ 74 ff. StGB fällt das eingezogene Gut dem Staat zu – sie dient dazu, die Allgemeinheit vor weiteren Straftaten zu schützen, nicht dem Ausgleich mit dem Opfer.[325] Vor allem dann, wenn die einzuziehenden Gegenstände wie hier einem Dritten (der Stiftung) gehören, muss von ihnen eine Gefahr für die Allgemeinheit ausgehen, § 74 Abs. 2 Nr. 2 StGB.[326] Dies ist bei reinem Vermögen nicht denkbar. Schließlich ist auch eine Sicherstellung nach § 111b StPO zu Gunsten der Bank nicht möglich. Beschlagnahmt werden können nur Gegenstände, die dem Verfall oder der Einziehung unterliegen.[327] Nach den gerade ausgeführten Grundsätzen ist eine Beschlagnahme bei einem Dritten daher im Falle der Stiftungsgründung mit inkriminierten Vermögen nicht möglich. Der Schaden der BayernLB kann weder durch strafrechtliches noch durch zivilrechtliches Vorgehen tatsächlich ausgeglichen werden – ihr Schaden verstärkte sich.

Gleiches gilt für die Steuerhinterziehung: Das geschützte Rechtsgut ist hier nach herrschender Meinung das staatliche Interesse an vollständigem und rechtzeitigem Aufkommen der einzelnen Steuern.[328] Überträgt der Stifter das Vermögen, welches er nicht besteuert hat, komplett auf die Stiftung, so hat der Staat keinen Zugriff mehr und die Nachzahlung der Steuern wird unmöglich. Der Nachteil zu Lasten des geschädigten Staates verstärkte sich daher.

Sowohl das Ausnutzen der Untreue als auch der Steuerhinterziehung können somit dazu führen, dass das Stiftungsgeschäft sittenwidrig ist. Das Stiftungsgeschäft zur Gründung der Sonnenschein-Stiftung wäre nach deutschem Recht daher als sittenwidrig im Sinne des § 138 BGB anzusehen, weil der Schaden

323 BGH, Bes. v. 11.05.2006, NStZ 2006, 621; *Eser*, in: Schönke/Schröder, § 73 Rn. 23; *Joecks*, in: MünchKomm StGB, § 73 Rn. 44 ff.

324 Vgl. *Joecks*, in: MünchKomm StGB, § 73 Rn 89.

325 Vgl. *Lackner/Kühl*, § 74 StGB Rn. 1; *Joecks*, in: MünchKomm StGB, § 74 Rn 2 ff. sieht dagegen in den Fällen des § 74 Abs. 2 Nr. 1 StGB den Strafcharakter im Vordergrund – auch dieser spricht aber gegen einen zivilrechtlichen Ausgleich.

326 *Joecks*, in: MünchKomm StGB, § 74 Rn 38 ff.

327 *Huber*, in: Graf, § 111b StPO Rn. 3.

328 Siehe zum Streit um das geschützte Rechtsgut des § 370 AO: *Schmitz/Wulf*, in: MünchKomm StGB, § 370 AO Rn. 2 ff.

der Bank sowie des Staates sich wegen der Verringerung der Ausgleichswahrscheinlichkeit verstärkte. Es ist damit sowohl bei der Gründung der Stiftung mit inkriminierten Vermögen als auch bei einer Gläubigerbenachteiligung ein Sittenverstoß denkbar. Letzteres ist allerdings im konkreten Einzelfall stets genau anhand der Tatsachen zu untersuchen.

d) Verhältnis zum Gemeinwohlvorbehalt des § 80 Abs. 2 BGB

Da der Gemeinwohlvorbehalt des § 80 Abs. 2 BGB, wie gesehen, verfassungswidrig ist,[329] kann er auch § 138 BGB nicht verdrängen.

Lehnt man die Verfassungswidrigkeit ab, so gilt aber auch hier, dass die Frage der Sittenwidrigkeit der Frage der Gemeinwohlgefährdung vorgelagert ist. § 80 Abs. 2 BGB stellt eine reine Anerkennungskontrolle dar und setzt das wirksame Stiftungsgeschäft voraus.[330] Ist dieses nach § 138 BGB nichtig, so findet eine Anerkennungsprüfung nach § 80 Abs. 2 BGB in keinem Fall statt. Aus diesem Grund überzeugt auch die Ansicht nicht, wonach die Gemeinwohlkonformität und die Vereinbarkeit mit den guten Sitten gleichgesetzt werden.[331]

Die Anwendung von § 138 BGB wird nicht aufgrund der Existenz des § 80 Abs. 2 BGB eingeschränkt – die Norm gilt vielmehr vollumfänglich.

6. Anfechtung, § 142 BGB

Da es sich bei dem Stiftungsgeschäft um eine Willenserklärung handelt, können dem Erklärenden Irrtümer unterlaufen, welche ihn – oder im Falle des Stiftungsgeschäfts von Todes wegen auch seinen Erben – zu einer Anfechtung berechtigen.[332] Dabei ist irrelevant, ob es sich um eine empfangsbedürftige oder nicht empfangsbedürftige, ausdrückliche oder konkludente Willenserklärung handelt.[333]

Auf das Stiftungsgeschäft unter Lebenden und von Todes wegen sind verschiedene Anfechtungsgründe anwendbar, die im Folgenden dargestellt und auf

---

329 Siehe oben C.I.4.b)cc).

330 Vgl. *Büch*, ZEV 2010, 440, 442.

331 Vgl. *Flume*, AT I 2, S. 137.

332 *Reuter*, in: MünchKomm, §§ 80, 81 Rn. 8 ist dagegen mit Verweis auf das Urteil des BVerwG vom 26.04.1968, BVerwGE 29, 314, 317, der Ansicht, der Stifter könnte nur noch von dem Zuwendungsteil des Stiftungsgeschäft lösen – dabei beachtet er die Selbstständigkeit von Stiftungsgeschäft und der die Stiftung errichtende Anerkennung jedoch nicht in ausreichender Weise.

333 Siehe schon BGH, Urt. v. 27.10.1953, BGHZ 11, 1, 5; vgl. zudem *Ellenberger*, in: Palandt, § 119 Rn. 4.

ihre Relevanz untersucht werden. Die Rechtsfolge der Nichtigkeit ergibt sich stets aus § 142 BGB.[334]

a) Anfechtungsgründe und -fristen eines Stiftungsgeschäfts unter Lebenden

Bei dem Stiftungsgeschäft unter Lebenden bestimmen die §§ 119 ff. BGB, wann dieses angefochten werden kann.[335] Anfechtungsberechtigt ist der Stifter selbst als Erklärender.

aa) Inhaltsirrtum, § 119 Abs. 1 Alt. 1 BGB

Es kann dem Stifter zunächst ein Inhaltsirrtum nach § 119 Abs. 1 Alt. 1 BGB unterlaufen. Dieser greift ein, wenn der Stiftende genau das erklärt, was er erklären will, er jedoch über die Bedeutung, insbesondere den Inhalt dieser Erklärung, irrt.[336] Der Stifter könnte etwa eine Fremdsprache oder Fachtermini fehlerhaft gebrauchen oder sich über die Identität des Gegenübers oder über wichtige Umstände irren.[337] Derartige Fälle sind in verschiedenen Varianten vorstellbar. Schwieriger lässt sich die Wirksamkeit einer Anfechtung beurteilen, wenn der Stifter über die Rechtsfolgen seiner Handlung irrt.

> Dazu folgendes Beispiel 10: S *möchte eine Stiftung gründen und ihr zu diesem Zweck sein gesamtes Vermögen übertragen. Dabei ist er der Auffassung, auch nach Anerkennung der Stiftung jederzeit und in vollem Umfang über das Vermögen verfügen zu dürfen.*

Ein Rechtsfolgenirrtum kann wohl hauptsächlich in eben dieser Konstellation für das Stiftungsgeschäft relevant werden.[338] Der Stifter könnte dann anfechten, wenn er sich tatsächlich nicht über die Folgen des Stiftungsgeschäfts und der Anerkennung im Klaren war. Nach der Rechtsprechung liegt nur dann ein relevanter Irrtum über die Rechtsfolge vor, wenn eine wesentlich andere als die gewollte Rechtsfolge eintritt, nicht aber wenn nur eine zusätzliche Rechtsfolge

---

334 *Busche*, in: MünchKomm, § 142 Rn. 3 m.w.N.; *Leipold*, in: MünchKomm, § 2078 Rn. 16; *Hefermehl*, in: Soergel, § 142 Rn. 1.

335 Einen Überblick zu hier jeweils nicht anwendbaren speziellen Anfechtungsrechten bietet: *Armbrüster*, in: MünchKomm, § 119 Rn. 3 ff.

336 Vgl. BGH, Urt. v. 08.05.1980, WM 1980, 875, 876.

337 Vgl. mit einer detaillierten Auflistung der möglichen Inhaltsirrtümer: *Armbrüster*, in: MünchKomm, § 119 Rn. 74 ff.

338 Mit einer Übersicht der allgemein denkbaren Rechtsfolgenirrtümer vgl. *Ellenberger*, in: Palandt, § 119 Rn. 15 f.

neben die gewollte tritt.[339] Nach anderer Meinung in der Literatur ist relevant, ob die Erklärung die Rechtsfolge enthält oder diese bereits durch das Gesetz vorgegeben ist – nur im ersten Fall sei eine Anfechtung aufgrund Rechtsfolgenirrtums möglich.[340]

Nach Ansicht der Rechtsprechung ist demnach danach zu unterscheiden, ob das, worüber sich der Stifter irrt, Haupt- oder Nebenfolge der Willenserklärung war. Der Stifter wusste im Beispiel 10 nicht, dass er nach Anerkennung nicht mehr frei über das Vermögen „seiner" Stiftung verfügen kann. Dies könnte eine zur Anfechtung berechtigende Hauptfolge des Stiftungsgeschäfts sein. Im Stiftungsgeschäft trifft der Stifter einerseits die Entscheidung, eine Stiftung als juristische Person zu errichten, und verpflichtet sich andererseits zur Übertragung eines bestimmten Vermögens. Dass dem Stifter aber nach Übertragung des Vermögens jeglicher Zugriff darauf entzogen ist, folgt nicht aus dem Stiftungsgeschäft, sondern aus der dinglichen Übereignung des Vermögens an die Stiftung als eigenständige juristische Person. Unmittelbare Folge und damit Hauptfolge des Stiftungsgeschäfts ist alleine die Übertragungspflicht. Ein Irrtum nach der auch hier anzuwendenden Rechtsprechung zum Rechtsfolgenirrtum[341] berechtigt den Stifter nicht zur Anfechtung. Auch nach der abweichenden Meinung in der Literatur[342] besteht kein Anfechtungsrecht: Dass der Stifter nach Anerkennung der Stiftung nicht frei über deren Vermögen verfügen kann, folgt aus der gesetzlichen Entscheidung, der Stiftung eine eigene Rechtspersönlichkeit zuzuordnen,[343] die selbstständig über eigenes Vermögen verfügen kann. Über die Gegenstände (Sachen oder Rechte) einer rechtsfähigen Person kann eine andere – auch der vorherige Eigentümer der Gegenstände – nicht verfügen,

---

339 Begründet durch RG, Urt. v. 03.06.1916, RGZ 88, 278, 284; Urt. v. 21.10.1916, RGZ 89, 29, 33; weiterhin folgend: BGH, Urt. v. 29.11.1996, BGHZ 134, 152, 156.

340 *Mayer-Maly,* AcP 170 (1970), 133, 170 ff.; *Armbrüster*, in: MünchKomm, § 119 Rn. 80 ff.; *Wolf/Neuner*, § 41 Rn. 87 ff.; *Singer*, in: Staudinger, § 119 Rn. 67 f.; a.A. *Faust*, § 21 Rn. 17, der darauf abstellt, dass jede Rechtsfolge, welche sich aus dem Gesetz ergibt, die der Erklärende aber hätte abbedingen können, von seinem Willen erfasst ist.

341 Begründet durch RG, Urt. v. 03.06.1916, RGZ 88, 278, 284; Urt. v. 21.10.1916, RGZ 89, 29, 33; weiterhin folgend: BGH, Urt. v. 29.11.1996, BGHZ 134, 152, 156; sowie BGH, Urt. 10.07.2002, NJW 2002, 3100, 3103.

342 *Armbrüster*, in: MünchKomm, § 119 Rn. 81; *Mayer-Maly,* AcP 170 (1970), 133, 170 ff.; *Wolf/Neuner*, § 41 Rn. 87 ff.; *Singer*, in: Staudinger, § 119 Rn. 67 f.

343 Vgl. *Hüttemann/Rawert*, in: Staudinger, Vorbem zu §§ 80 ff. Rn. 2; *Ebersbach*, S. 72 f.; *Hof*, in: v. Campenhausen/Richter, § 8 Rn. 212 ff.

§ 929 BGB, §§ 873, 925 BGB, §§ 398 ff. BGB. Aus dem Stiftungsgeschäft folgt lediglich, dass der Stifter zur Übertragung seines Vermögens verpflichtet wird.

Ein weiterer Rechtsfolgenirrtum könnte dem Stifter unterlaufen, wenn er als Gesellschafter einer GbR eine Stiftung (mit-)gründet. So, wenn er dabei irrtümlich davon ausgeht, dass er persönlich nicht für die Übertragung des Stiftungsvermögens haften muss, da die GbR als Stifter auftritt. Auch hier besteht aber keine Anfechtungsmöglichkeit nach § 119 Abs. 1 S. 1 BGB. Wiederum ist mit der Rechtsprechung zu unterscheiden, ob es sich bei der Haftung um Haupt- oder Nebenfolge des Stiftungsgeschäfts handelt.[344] Dass es sich um eine nicht zur Anfechtung berechtigende Nebenfolge handelt, ist hier noch deutlicher als im vorangegangenen Beispiel: Die Haftung der Gesellschafter folgt nur mittelbar aus ihrer Einstandspflicht für die Verpflichtungen der GbR nach § 128 HGB analog.[345] Damit eine mittelbare Folge als Hauptzweck eines Rechtsgeschäfts angesehen werden kann, müsste dieses aber konkret auf den Eintritt dieser mittelbaren Folge abzielen. Von einem solchen besonderen Zweck-Mittel-Verhältnis kann im dargestellten Falle aber kaum ausgegangen werden. Ziel des Stiftungsgeschäfts ist allein die Gründung der juristischen Person Stiftung durch die GbR. Auch nach der abweichenden Ansicht der Literatur[346] besteht keine Anfechtungsmöglichkeit: Die Haftung ergibt sich – wie gesehen – aus dem Gesetz, § 128 HGB analog, und nicht aus dem Stiftungsgeschäft der GbR.

Damit bleibt es dabei, dass der Stifter grundsätzlich zwar aufgrund eines Inhaltsirrtums nach § 119 Abs. 1 Alt. 1 BGB anfechten kann, anfechtbare Rechtsfolgenirrtümer sich aber nicht schon daraus ergeben, dass der Stifter falsche Vorstellungen über die ihm verbleibende Verfügungsgewalt oder eine Haftungspflicht hat.

bb) Erklärungsirrtum, § 119 Abs. 1 Alt. 2 BGB

Der Stifter kann auch wegen eines Erklärungsirrtums nach § 119 Abs. 1 Alt. 2 BGB anfechten. Dazu muss er sich versprechen, verschreiben oder vergreifen.[347] Das Verschreiben ist wohl einzig relevant, weil die Stiftungsgründung nach § 81 Abs. 1

---

344 Begründet durch RG, Urt. v. 03.06.1916, RGZ 88, 278, 284; Urt. v. 21.10.1916, RGZ 89, 29, 33; weiterhin folgend: BGH, Urt. v. 29.11.1996, BGHZ 134, 152, 156.

345 Zuletzt BGH, Urt. v. 07.04.2003, BGHZ 154, 370; *K. Schmidt*, in: MünchKomm HGB, § 128 Rn. 4.

346 *Armbrüster*, in: MünchKomm, § 119 Rn. 81; *Mayer-Maly*, AcP 170 (1970), 133, 170 ff.; *Wolf/Neuner*, § 41 Rn. 87 ff.; *Singer*, in: Staudinger, § 119 Rn. 67 f.

347 Vgl. schon RG, Urt. v. 29.10.1907, RGZ 66, 427, 428 f.; genauer: *Singer*, in: Staudinger, § 119 Rn. 34.

S. 1 BGB der Schriftform bedarf. Der Stifter muss aus Versehen etwas anderes niedergelegt haben, als er eigentlich wollte. So kann er als Vermögen im Stiftungsgeschäft eine Summe von 750.000 € anstatt 75.000 € nennen und sich nach Anerkennung mit einer unerwartet hohen Forderung der Stiftung konfrontiert sehen.

Fehler der Erklärung werden dadurch begünstigt, dass der Stifter sein Stiftungsgeschäft nicht noch einmal kontrollieren muss – etwa im Rahmen einer Beurkundung beim Notar. Ein Anfechtungsrecht nach § 119 Abs. 1 Alt. 2 BGB kann daher auch praktisch relevant werden.

cc) Eigenschaftsirrtum, § 119 Abs. 2 BGB

Des Weiteren kann der Erklärende anfechten, wenn er sich bei Vornahme des Stiftungsgeschäfts in einem Irrtum über verkehrswesentliche Eigenschaften einer Person oder einer Sache befand, § 119 Abs. 2 BGB. Der Stifter kann sich sowohl über Eigenschaften einer der Sachen irren, die er in das Vermögen der Stiftung einbringen wollte, als auch über Eigenschaften einer Person, der er eine entscheidende Rolle in der Stiftungsorganisation zugebilligt hat oder die von den Leistungen der Stiftung profitieren soll.

> Dazu folgendes Beispiel 11: *S möchte, dass die von ihm geplante Stiftung einen schlagkräftigen Vorstand erhält. Er ist der Ansicht, dass der ihm als Finanzwirt bekannte F gerade aufgrund der im Rahmen seiner Ausbildung erlangten Kenntnisse geeignet ist. Nachdem die Stiftung mit einer den F als Vorstand bestimmenden Satzung anerkannt wurde, erfährt S, dass F nicht gelernter Finanzwirt sondern gelernter Fleischermeister ist – S möchte daher das Stiftungsgeschäft anfechten.*

Verkehrswesentliche Eigenschaften sind nicht nur natürliche (körperliche) Eigenschaften einer Person oder Sache, sondern auch Beziehungen zur Umwelt, die auf Brauchbarkeit und Wert Einfluss haben.[348] Dies betrifft bei Sachen insbesondere Alter, Material und Herkunft.[349] Bei Personen ist vor allem ihre berufliche Qualifikation entscheidend.[350] Irrte der Stifter über verkehrswesentliche

---

348 RG, Urt. v. 09.11.1906, RGZ 64, 266, 269; BGH, Urt. v. 14.12.1960, BGHZ 34, 32, 41; für verkehrswesentliche Personeneigenschaften: BGH, Urt. v. 22.09.1983, BGHZ 88, 240, 245 f.

349 Für weitere Beispiele siehe *Armbrüster*, in: MünchKomm, § 119 Rn. 127 ff.

350 BGH, Urt. v. 22.09.1983, BGHZ 88, 240, 246; mit weiteren Beispielen: *Singer*, in: Staudinger, § 119 Rn. 90 ff.

Eigenschaften einer Sache, die dem Vermögen der Stiftung beigebracht werden sollte, kann dies zu vermögensrechtlichen Problemen führen. So etwa, wenn der Stifter in der Annahme, es handle sich nicht um Bauland, ein Grundstück als Vermögenswert übertragen wollte, diese Annahme sich aber später als falsch erweist und das Grundstück einen weit höheren Wert hat. Ihm ist in einem solchen Fall ein Anfechtungsrecht zuzugestehen.

Bei Eigenschaften von Personen, die in der Organisation eine entscheidende Rolle spielen sollten, ist die Notwendigkeit der Anfechtung jedoch fraglich. So in dem oben geführten Beispiel 11. F kann, obwohl er keine formale Ausbildung zum Finanzwirt genossen hat, durchaus über die notwendige Kompetenz verfügen. Eine Nichtigkeit des gesamten Stiftungsgeschäfts wäre dann nicht interessengerecht. Der Stifter kann daher nicht allein wegen eines fehlenden Berufsabschlusses nach § 119 Abs. 2 BGB anfechten. Vielmehr müsste er konkret darlegen, welche Fähigkeiten des Vorstandes bei Vornahme des Stiftungsgeschäfts für ihn entscheidend waren und die der beauftragten Person fehlen. Gelingt dies, so könnte eine Anfechtung erfolgreich sein.

> Beispiel 12: *S hört gerüchteweise, der in seiner Straße von der privaten G-GmbH betriebene Kindergarten müsse mangels ausreichender Mittel schließen. Um den Bestand dauerhaft zu sichern, gründet S eine Stiftung zugunsten der G. Erst nach Anerkennung erfährt S, dass es aufgrund der Kindergartenbeiträge und weiterer Spenden immer schon ausreichend Mittel für den Kindergarten gab.*

Auch ein Irrtum des Stifters darüber, dass der Destinatär tatsächlich bedürftig ist, könnte zur Anfechtung nach § 119 Abs. 2 BGB berechtigen. Die Tatsache, dass eine Person finanzielle Hilfe benötigt, stellt eine ihr zuzuordnende Eigenschaften dar – es ist ein sie dauerhaft prägendes Merkmal, das insbesondere auch ihre Leistungsfähigkeit beeinträchtigen kann.[351] Damit aber ein Anfechtungsrecht nach § 119 Abs. 2 BGB angenommen werden kann, müsste der Destinatär bereits im Stiftungsgeschäft namentlich genannt sein. Nur dann besteht eine ausreichende Beziehung zwischen Stiftungsgeschäft und Person, um eine Anfechtung zu rechtfertigen. Eine solch namentliche Nennung wird meist juristische Personen betreffen, die ebenso dauerhaft existieren wie die Stiftung. Sollte

351 Zu den verschiedenen Anforderungen an Eigenschaften im Sinne des § 119 S. 2 BGB: *Jauernig*, § 119 Rn. 13; *Wendtland*, in: Bamberger/Roth, § 119 Rn. 40 ff.; vgl. auch *Armbrüster*, in: MünchKomm, § 119 Rn. 129.

der Stifter bei Vornahme des Stiftungsgeschäfts unter den gegebenen Voraussetzungen damit über die Bedürftigkeit des festgelegten Destinatärs irren, so steht ihm das Anfechtungsrecht nach § 119 Abs. 2 BGB zu.

dd) Übermittlungsirrtum, § 120 BGB

Zudem kann der Stifter anfechten, wenn er sich für die Übermittlung der Willenserklärung eines Boten bedient hat und es hierbei zu Fehlern gekommen ist, § 120 BGB.[352] Aufgrund der nach § 81 Abs. 1 S. 1 BGB erforderlichen Schriftform des Stiftungsgeschäfts wird nur selten ein Problem entstehen. Ein Bote muss das Schriftstück lediglich übergeben. Auf die Vornahme des Stiftungsgeschäfts durch einen Vertreter ist § 120 BGB dagegen nicht anwendbar.[353] Dieser gibt eigene Erklärungen ab und übermittelt sie nicht. Im Falle der Vertretung kommt es auf eigene Irrtümer des Vertreters an, § 166 Abs. 1 BGB.[354] Diese können einem der vorher genannten Fälle zuzuordnen sein.

ee) Frist für diese Anfechtungsgründe

Der Erklärende muss bei §§ 119, 120 BGB ohne schuldhaftes Zögern – also unverzüglich nachdem er von dem Anfechtungsgrund Kenntnis erlangt hat – anfechten, § 121 Abs. 1 BGB. Ein schuldhaftes Zögern wird spätestens nach zwei Wochen angenommen.[355] Die Frist trägt der Notwendigkeit Rechnung, dass der Anfechtende die Rechtsfolgen überdenken muss.[356] Insbesondere muss es ihm möglich sein, eine Haftung aus § 122 BGB gegen die aus dem Festhalten an dem Stiftungsgeschäft folgenden Konsequenzen abzuwägen.[357] Auch im Falle des Stiftungsgeschäfts könnte eine Haftung nach § 122 BGB auf den Stifter zukommen, da Dritten ein Schadensersatzanspruch zusteht, soweit sie auf das Bestehen der Stiftung vertraut haben. So etwa, wenn Vertragspartnern die Einziehung von Forderungen unmöglich wird.

Es gilt eine absolute Ausschlussfrist von zehn Jahren, § 121 Abs. 2 BGB.

---

352 Zu den Voraussetzungen siehe: *Armbrüster*, in: MünchKomm, § 120 Rn. 2 ff.

353 Vgl. *Armbrüster*, in: MünchKomm, § 120 Rn. 2.

354 Siehe dazu näher *Schramm*, in: MünchKomm, § 166 Rn. 4 ff.; *Jauernig*, § 166 Rn. 1 ff.

355 *Wendtland*, in: Bamberger/Roth, § 121 Rn. 7.1; *Armbrüster*, in: MünchKomm, § 121 Rn. 7; grundsätzlich weniger als drei Wochen: *Singer*, in: Staudinger, § 121 Rn. 9.

356 Vgl. BGH, Urt. v. 24.01.2008, NJW 2008, 985, 986; *Armbrüster*, in: MünchKomm, § 121 Rn. 7.

357 Zu den Voraussetzungen des aus § 122 BGB folgenden Anspruches auf Ersatz des Vertrauensschadens siehe *Armbrüster*, in: MünchKomm, § 122 Rn. 14 ff.

ff) Drohung oder arglistige Täuschung, § 123 BGB

Schließlich kann der Stifter anfechten, wenn er aufgrund einer arglistigen Täuschung oder einer widerrechtlichen Drohung zur Vornahme des Stiftungsgeschäfts bestimmt wurde, § 123 Abs. 1 Alt. 1 und Alt. 2 BGB.[358] Die Relevanz dieses Anfechtungsgrundes für das Stiftungsgeschäft ist gering, weil die Einwirkung eines Dritten erforderlich ist. Dritte werden aber wenig Interesse daran haben, den Stifter zur Vornahme eines Stiftungsgeschäfts zu zwingen, da direkt Begünstigter dann nur die Stiftung ist. Der Handelnde könnte zwar durch eine Stiftungsgründung zu seinen Gunsten mittelbar Leistungen erlangen, doch scheint der Umweg über eine Stiftung lebensfremd. Die Behörde muss die Stiftung noch anerkennen und könnte den Fehler entdecken. Neben der Forderung der Vermögensübertragung wäre dann auch die Einwirkung dahingehend notwendig, dass die Stiftung so organisiert ist, dass eine Verwendung der Mittel im Sinne des Einwirkenden garantiert wird. Eine so weitgehende vorsätzliche Täuschung oder Drohung ist unwahrscheinlich.

> Vorstellbar scheint höchstens folgendes recht konstruiertes Beispiel 13: *S ist der Ansicht, dass sich die vermögenden Leute ihren Reichtum mehr mit der Gesellschaft teilen sollten. Er erpresst daher seinen wohlhabenden Nachbarn N, der ein Verhältnis mit einer Mitarbeiterin hat, und fordert, dass N eine Stiftung zur Bildung von mittellosen Kindern und Jugendlichen gründet.*

Für diese Anfechtungsgründe gilt eine Frist von einem Jahr nach Ende der Drohung oder Erkennen der Täuschung, § 124 Abs. 1 BGB. § 124 Abs. 3 BGB formuliert auch hier eine absolute Höchstfrist von zehn Jahren ab Vornahme des Stiftungsgeschäfts.

b) Anfechtung des Stiftungsgeschäfts von Todes wegen

aa) Anfechtungsgründe

Ein Stiftungsgeschäft von Todes wegen kann aufgrund seiner erbrechtlichen Form nur nach den Spezialregelungen der §§ 2078 ff., 2281 ff. BGB angefochten werden.[359]

Der Erblasser kann sein Testament grundsätzlich jederzeit frei ändern[360] oder widerrufen, § 2253 BGB. Daher besteht für eine normale Anfechtung nach

358 Zu den Details siehe etwa: *Armbrüster*, in: MünchKomm, § 123 Rn. 13 ff.

359 *Armbrüster*, in: MünchKomm, § 119 Rn. 10; *Arnold*, in: Erman, § 119 Rn. 7; *Singer*, in: Staudinger, § 119 Rn. 110.

360 Vgl. zum Grundsatz der Testierfreiheit: *Weidlich*, in: Palandt, § 1937 Rn. 3 ff.; *Leipold*, in: MünchKomm, Einl zu §§ 1922 ff. Rn. 17 ff.; *Avenarius*, in: PWW, § 2253 Rn. 1.

§§ 119 ff. BGB keine Notwendigkeit.[361] Diese ließe eine Änderung des Rechtsgeschäfts nur unter einschränkenden Voraussetzungen zu. Einzige Ausnahme vom freien Änderungsrecht ist das gemeinschaftliche Testament, an welches der Überlebende nach dem Tode des Erstverstorbenen gebunden ist, § 2271 Abs. 2 BGB. In Bezug auf das gemeinschaftliche Testament werden jedoch die Regelungen des Erbvertrages analog angewendet. Auch dort bedarf es der §§ 119 ff. BGB daher nicht.[362]

Anfechtungsberechtigt nach den erbrechtlichen Regelungen ist nach dem Tod des Erblassers nur derjenige, der aus der Nichtigkeit des Testaments einen Nutzen ziehen würde, § 2080 Abs. 1 BGB: Etwa, wer im vorherigen Testament als Erbe eingesetzt war, oder ein gesetzlicher Erbe, der aufgrund des Testaments jetzt nur seinen Pflichtteil erhalten soll.[363]

Nach § 2078 BGB kann der Berechtigte anfechten, wenn der Erblasser über den Inhalt seiner Erklärung irrte, sie also so nicht abgeben wollte (Abs. 1) oder durch Irrtum oder Drohung zur Abgabe bestimmt wurde (Abs. 2). Die Anfechtungsgründe des Absatz 1 entsprechen den Irrtumsarten des § 119 Abs. 1 BGB und sind daher ebenso zu verstehen.[364] Absatz 2 dagegen erkennt den Motivirrtum im Gegensatz zum Allgemeinen Teil des BGB als generellen Anfechtungsgrund an.[365] Nach ständiger Rechtsprechung kann der Berechtigte aufgrund Motivirrtums sogar dann anfechten, wenn sich der Erblasser über eine Situation, die sich nachträglich signifikant ändert, keinerlei Gedanken gemacht hat. Dazu muss diese Situation für ihn jedoch selbstverständlich gewesen sein und er sie für beständig gehalten haben – als Beispiel gilt der harmonische Verlauf einer Ehe.[366]

Ein Pflichtteilsberechtigter kann nach § 2079 BGB anfechten, wenn der Erblasser ihn übergangen hat. Übergangen wurde er nach der Rechtsprechung nur

---

361 Vgl. *Leipold*, in: MünchKomm, § 2080 Rn. 2; *M. Schmidt*, in: Erman, § 2080 Rn. 3; krit. *Zimmer*, NJW 2007, 1713, 1714.

362 Siehe dazu weiter unten in diesem Abschnitt.

363 Vgl. *Leipold*, in: MünchKomm, § 2080 Rn. 5 ff.; *Weidlich*, in: Palandt, § 2080 Rn. 1; *M. Schmidt*, in: Erman, § 2080 Rn. 1; *Löhnig/Avenarius*, in: PWW, § 2080 Rn. 3.

364 Vgl. *Weidlich*, in: Palandt, § 2078 Rn. 3, der lediglich auf die Kommentierung zu § 119 verweist; *Leipold*, in: MünchKomm, § 2078 Rn. 19.

365 Vgl. BGH, Urt. v. 30.11.1964, BGHZ 42, 327, 332; *Weidlich*, in: Palandt, § 2078 Rn. 4; *Leipold*, in: MünchKomm, § 2078 Rn. 24; *Löhnig/Avenarius*, in: PWW, §§ 2078, 2079 Rn. 3.

366 Vgl. BGH, Urt. v. 27.05.1987, NJW-RR 1987, 1412, 1413.

dann, wenn er in der Verfügung weder enterbt noch als Erbe eingesetzt wurde.[367] Eine Ausnahme von diesem Grundsatz ist dann anzunehmen, wenn der Pflichtteilberechtigte nur eine sehr geringe Zuwendung erhalten hat.[368] Nach anderer Ansicht reicht es schon aus, wenn einer Person zwar etwas vermacht wurde, diese die Stellung als Pflichtteilsberechtigte aber erst später erlangt hat und daher die Zuwendung nicht „als Pflichtteilsberechtigte" erhalten sollte.[369]

§ 2281 BGB erklärt die §§ 2078 f. BGB auch für den Erbvertrag für anwendbar.[370] Hier ist auch der Erblasser selbst anfechtungsberechtigt, da er das Testament durch die beidseitige Bindung nicht mehr beliebig ändern kann.[371] Gleiches gilt für das gemeinschaftliche Testament.[372] Durch die wechselseitige Erbeinsetzung muss angenommen werden, dass beide Erblasser ihre Verfügungen nur in der erfolgten Art festlegen wollten, wenn auch der andere sich an seine Entscheidungen gebunden fühlt.[373] Eine Bindung des Erblassers besteht hier also nach § 2271 Abs. 2 BGB.

Dazu folgendes Beispiel 14: *M und F errichten ein gemeinschaftliches Testament. Danach soll bei Tod des Erstversterbenden eine Stiftung von Todes wegen mit 80% von dessen Vermögen errichtet werden. Nach dem Tod des Überlebenden soll auch dessen Vermögen in die Stiftung fließen. M stirbt. F heiratet erneut. Da sie ihren zweiten Ehemann nicht von der Erbfolge ausschließen möchte, ficht die F das gemeinschaftliche Testament an.*

Gerade der Fall des gemeinschaftlichen Testaments, das eine Stiftungserrichtung von Todes wegen enthält, ist praxisrelevant. In dem genannten Beispiel 14 wird durch die Heirat des Längerlebenden automatisch der Anfechtungsgrund des § 2079 BGB begründet. Der neue Ehegatte wird Pflichtteilsberechtigter aus § 2303 Abs. 2 BGB. Weil er an das alte, gemeinschaftliche Testament gebunden ist, kann der Überlebende den neuen Ehegatten nicht zum Erben einsetzen.

---

367 Vgl. dazu bereits Ausführungen von RG, Urt. v. 03.03.1902, RGZ 50, 238, 239 f.; Bes. v. 22.06.1935, RGZ 148, 218, 223.

368 OLG Karlsruhe, Urt. v. 05.08.1994, ZEV 1995, 454, 456.

369 *Leipold*, in: MünchKomm, § 2079 Rn. 6 m.w.N.

370 *Kappler*, in: Erman, § 2281 Rn. 3 ff.; *Musielak*, in: MünchKomm, § 2281 Rn. 6 ff.; *Deppenkemper*, in: PWW, § 2281 Rn. 1.

371 *Kappler*, in: Erman, § 2281 Rn. 2; *Musielak*, in: MünchKomm, § 2281 Rn. 4.

372 *Weidlich*, in: Palandt, § 2271 Rn. 27 f.; *Litzenburger*, in: Bamberger/Roth, § 2271 Rn. 35 ff.

373 *Weidlich*, in: Palandt, § 2270 Rn. 12; dagegen für eine Auslegung anhand des Einzelfalls: *Avenarius*, in: PWW, § 2270 Rn. 2 ff.

Ausnahmsweise kann hier entgegen § 2080 Abs. 3 BGB auch der überlebende Erblasser nach § 2079 BGB anfechten.[374] Die Bindung beim gemeinschaftlichen Testament darf nicht stärker sein als bei einem Erbvertrag, der in § 2281 Abs. 1 BGB ausdrücklich auf die Anfechtungsmöglichkeit des Erblassers nach § 2079 BGB verweist.[375]

bb) Rechtsfolgen und Fristen

Die Anfechtungsberechtigten im Sinne des § 2080 BGB können verhindern, dass die Stiftung von Todes wegen errichtet wird, wenn sie das Testament anfechten. Grundsätzlich entfällt dann nämlich ex tunc das Stiftungsgeschäft, § 142 BGB. Bei letztwilligen Verfügungen können auch nur einzelne Regelungen angefochten werden. Dies folgt aus § 2085 BGB, welcher bestimmt, dass auch nur einzelne Klauseln unwirksam sein können, ohne dass davon das gesamte Testament betroffen ist. Die Norm muss vor allem bei Täuschung oder Drohung beachtet werden. Das Testament wird dann nur insoweit unwirksam, als es auf der Täuschung oder Drohung darauf beruht, der Testator also bei Kenntnis der Täuschung oder ohne die Drohung anders verfügt hätte.[376]

> Dazu folgendes Beispiel 15: *S bestimmt in seinem Testament, dass mit einem Teil seines Vermögens eine Stiftung gegründet werden soll. Diese soll den Sportverein in seinem Heimatort unterstützen. Den Rest seines Vermögens soll seine Tochter T erhalten. Sohn E will er auf den Pflichtteil setzen. Als E von dem Plan seines Vaters erfährt, droht er ihm, ihn aus allen familiären Aktivitäten auszuschließen und nicht zuzulassen, dass jemals eines der Enkelkinder zu Besuch kommt. Da der S die Einsamkeit im Alter sehr fürchtet, ändert er sein Testament dahingehend, dass nun neben dem Sportverein und T auch E bedacht wird. Nach dem Tod des S erfährt die T von den Drohungen ihres Bruders. Um dem ursprünglichen Willen des S zur Wirkung zu verhelfen, ficht sie das geänderte Testament an.*

Gleiches gilt, wenn aufgrund Übergehens eines Pflichtteilsberechtigten nach § 2079 BGB angefochten wird. Hätte der Testator dem Pflichtteilsberechtigten

---

374 So schon BGH, Urt. v. 04.07.1962, BGHZ 37, 331, 333; BGH, Urt. v. 03.11.1969, FamRZ 1970, 79, 80 (insoweit nicht abgedruckt in NJW 1970, 279); neuer: BayOblG, Bes. v. 17.5.2000, FamRZ 2000, 1331, 1331; *Leipold*, in: MünchKomm, § 2079 Rn. 12 f. und § 2271 Rn. 36; *Avenarius*, in: PWW, § 2271 Rn. 13 f.

375 Vgl. nur *Leipold*, in: MünchKomm, § 2271 Rn. 36.

376 BayOblG, Bes. v. 22.04.1971, BayOblGE 71, 150; *Weidlich*, in: Palandt, § 2078 Rn. 10; *Litzenburger*, in: Bamberger/Roth, § 2078 Rn. 16; *Johannsen*, in: RGRK, § 2078 Rn. 66 f., 69.

bei Kenntnis von dessen Rechten auch nur den gesetzlich vorgesehenen Anteil hinterlassen, so bleibt sein Wille im Übrigen bestehen.[377] Dies ergibt sich auch aus § 2079 S. 2 BGB, wonach der Berechtigte nur anfechten kann, wenn der Erblasser bei Kenntnis ein anderes Testament erlassen hätte.

Nach den speziell erbrechtlichen Gründen des § 2082 Abs. 1 BGB beziehungsweise § 2283 Abs. 1 BGB kann ein Jahr lang angefochten werden.[378] Die Höchstfrist beträgt hier nach § 2062 Abs. 3 BGB 30 Jahre. Die Fristen beginnen jeweils mit Kenntnis der Anfechtungslage beziehungsweise Ende der Zwangslage zu laufen, §§ 2082 Abs. 2, 2283 Abs. 2 BGB.

c) *Anfechtungsgegner*

Nach § 143 Abs. 4 S. 1 BGB ist derjenige Anfechtungsgegner, der aufgrund des Rechtsgeschäfts unmittelbar einen rechtlichen Vorteil erlangt hat. Die Stiftung hat durch das Stiftungsgeschäft einen Anspruch auf Übertragung des Stiftungsvermögens erlangt. Die Anfechtung muss daher grundsätzlich ihr gegenüber ausgesprochen werden.[379]

Für das Stiftungsgeschäft von Todes wegen gilt jedoch § 2081 Abs. 2 BGB. Es kann, wie alle letztwilligen Verfügungen, nur gegenüber dem Nachlassgericht angefochten werden.

7. Treu und Glauben, § 242 BGB

Aus dem Grundsatz von Treu und Glauben nach § 242 BGB ergibt sich kein für das Stiftungsgeschäft zu beachtender Nichtigkeitsgrund. Allgemein wird dieser Grundsatz neben § 138 BGB dort angewendet, wo flexiblere Rechtsfolgen erforderlich sind.[380] Wenn gegen Treu und Glauben verstoßen wird, könnten insbesondere die Verträge angepasst werden.[381] Neben § 138 BGB führt § 242 BGB daher gerade nicht zur Nichtigkeit eines Rechtsgeschäft.

---

377 *Weidlich*, in: Palandt, § 2079 Rn. 6.

378 Zur genauen Berechnung siehe *Kappler*, in: Erman, § 2283 Rn. 1 ff., § 2082 Rn. 1 ff.

379 Vgl. *Hof*, in: v. Campenhausen/Richter, § 6 Rn. 63; *Ebersbach*, S. 47.

380 Vgl. BGH, Bes. v. 16.02.1954, BGHZ 12, 286, 295; Urt. v. 29.10.1956; BGHZ 22, 90, 97; *Sutschet*, in: Bamberger/Roth, § 242 Rn. 35; *Roth/Schubert*, in: MünchKomm, § 242 Rn. 126 ff.; *Böttcher/Hohloch*, in: Erman, § 242 Rn. 23.

381 Vgl. *Sutschet*, in: Bamberger/Roth, § 242 Rn. 39 ff.; *Roth/Schubert*, in: MünchKomm, § 242 Rn. 126 ff.

8. Widerruf

Das Stiftungsgeschäft könnte auch durch Erklärung des Widerrufs durch Stifter oder Erben unwirksam werden. Bei der Frage, wer wann widerrufen kann, ist zwischen dem Stiftungsgeschäft unter Lebenden und von Todes wegen zu unterscheiden. Der wirksam erfolgte Widerruf verhindert aber in jedem Falle, dass das Stiftungsgeschäft seine volle Rechtswirkung entfaltet.[382] Er lässt die Wirksamkeit des Stiftungsgeschäfts endgültig und rückwirkend entfallen.[383]

a) Widerruf des Stiftungsgeschäfts von Todes wegen

Da das Stiftungsgeschäft von Todes wegen in den Formen des Erbrechts vorgenommen wird, richtet sich auch der Widerruf nach den erbrechtlichen Regelungen.[384] Der Stifter kann sein das Stiftungsgeschäfts enthaltendes Testament gemäß § 2302 BGB jederzeit widerrufen.[385] Hat er das Stiftungsgeschäft dagegen im Rahmen eines Erbvertrages vorgenommen, so ist es nicht frei widerruflich, vielmehr kann der Stifter es möglicherweise anfechten (§§ 2274 ff. BGB).[386] Gleiches gilt, wenn das Stiftungsgeschäft in einem gemeinschaftlichen Testament enthalten ist, soweit es eine wechselseitige Verfügung ist (§§ 2271, 2272 BGB).[387]

Den Erben ist es grundsätzlich untersagt, das Stiftungsgeschäft nach dem Tode des Stifters noch zu widerrufen.[388]

b) Widerruf des Stiftungsgeschäfts unter Lebenden

Für das Stiftungsgeschäft unter Lebenden bietet § 81 Abs. 2 BGB dem Stifter bzw. seinem Erben ausdrücklich die Möglichkeit, es bis zur Anerkennung zu widerrufen. Dabei ist die Widerrufserklärung vor dem Antrag bei der Stiftungsbehörde auf Anerkennung nicht empfangsbedürftig,[389] nach Antragstellung dagegen

---

382 *Fuchs*, AcP 196 (1996), 313, 318; *Gantenbrink*, S. 140.

383 *Fuchs*, AcP 196 (1996), 313, 321; *Gantenbrink*, S. 140.

384 Vgl. nur *Reuter*, in: MünchKomm, § 83 Rn. 15; *Hüttemann/Rawert*, in: Staudinger, § 83 Rn. 21.

385 *Schmidt/Gleichner*, ZSt 2003, 227, 232.

386 Vgl. zu den Anfechtungsmöglichkeiten schon oben: C.I.6.

387 Ausführlich: *Schmidt/Gleichner*, ZSt 2003, 227, 232 f.

388 Ganz herrschende Meinung: *Reuter*, in: MünchKomm, § 83 Rn. 15; *Hüttemann/Rawert*, in: Staudinger, § 83 Rn. 22; *Backert*, in: Bamberger/Roth, § 83 Rn. 8; *Schmidt/Gleichner*, ZSt 2003, 227, 234 f.

389 *Reuter*, in: MünchKomm, §§ 80, 81 Rn. 45; *Hüttemann/Rawert*, in: Staudinger, § 81 Rn. 69; *Schmidt/Gleichner*, ZSt 2003, 227, 227; *Hof*, in: v. Campenhausen/Richter, § 6 Rn. 57.

amtsempfangsbedürftig nach § 130 Abs. 3 BGB, das heißt sie muss der Stiftungsbehörde zugehen.[390]

Der Widerruf ist für den Stifter unter Lebenden an keine weiteren Voraussetzungen gebunden, insbesondere ist es dem Stifter auch möglich, ein rechtmäßiges Stiftungsgeschäft zu widerrufen.[391] Dagegen greifen für den Erben die in § 81 Abs. 2 S. 3 BGB genannten Beschränkungen. Danach kann der Erbe den Widerruf des Stiftungsgeschäftes nicht erklären, wenn der Stifter die Anerkennung bereits beantragt oder er im Falle der notariellen Beurkundung des Stiftungsgeschäfts den Notar mit der Antragstellung beauftragt hat.[392]

9. Aufschiebende und auflösende Bedingung

Die Unwirksamkeit des Stiftungsgeschäfts kann sich schließlich daraus ergeben, dass eine aufschiebende Bedingung nach § 158 Abs. 1 BGB endgültig nicht mehr eintreten kann oder eine auflösende Bedingung nach § 158 Abs. 2 BGB tatsächlich eingetreten ist.[393]

> Dazu folgendes Beispiel 16: *S möchte für den Fall, dass er seinen Universitätsabschluss besteht, eine Stiftung zur Unterstützung schwächerer Studenten gründen. Obwohl S seinen Abschluss endgültig nicht besteht, erkennt die Stiftungsbehörde seine Stiftung an.*

Einige Stimmen in der Literatur lehnen ein bedingtes Stiftungsgeschäft grundsätzlich ab, da der Bestand einer juristischen Person nicht unsicher sein darf.[394] Dem tritt *Gantenbrink*[395] zu Recht mit dem Hinweis entgegen, dass sich gerade keine Unsicherheit aus dem bedingten Stiftungsgeschäft ergibt. Die Stiftung entsteht endgültig erst durch die Anerkennung. Diese ist demnach bedingungsfeindlich,[396]

---

390 *Reuter*, in: MünchKomm, §§ 80, 81 Rn. 47; *Hüttemann/Rawert*, in: Staudinger, § 81 Rn. 69; *Schmidt/Gleichner*, ZSt 2003, 227, 230; *Hof*, in: v. Campenhausen/Richter, § 6 Rn. 57.

391 *Gantenbrink*, S. 141; *Fuchs*, AcP 196 (1996), 313, 324.

392 Näher *Schmidt/Gleichner*, ZSt 2003, 227, 230.

393 Eine Bedingung ohne weiteres zulassend: BGH, Urt. v. 09.02.1978, BGHZ 70, 313, 322 f.

394 *Werner*, in: Erman, § 81 Rn. 3; so zur auflösenden Bedingung: *Hof*, in: v. Campenhausen/Richter, § 6 Rn. 14; *Otto*, S. 17 f.; differenzierend: *Hüttemann/Rawert*, in: Staudinger, § 81 Rn. 11.

395 *Gantenbrink*, S. 144.

396 Siehe nur *Ebersbach*, S. 64; *Stickrodt*, S. 616.

nicht aber das Stiftungsgeschäft.[397] Zu Recht schränkt *Gantenbrink* diesen Grundsatz des zulässigen bedingten Stiftungsgeschäfts jedoch dahingehend ein, dass eine reine Wollensbedingung, nach welcher der Stifter das Stiftungsgeschäft theoretisch jederzeit frei widerrufen könnte, unzulässig ist[398]. Eine solche reine Wollensbedingung würde dem in § 81 Abs. 2 BGB genannten Grundsatz widersprechen, dass ein Widerruf nur bis zur Anerkennung möglich ist.[399]

10. Zusammenfassung der allgemeinen Unwirksamkeitsgründe

Die allgemeinen Unwirksamkeitsgründe des BGB für Rechtsgeschäfte gelten auch für das Stiftungsgeschäft.

Insbesondere die Geschäftsfähigkeit des Stifters muss bei Stiftungsgründung feststehen:[400] Es handelt sich bei dem Stiftungsgeschäft in der Regel um ein rechtlich nicht ausschließlich vorteilhaftes Rechtsgeschäft, das beschränkt Geschäftsfähige nicht selbstständig vornehmen können. Gleichzeitig führt die analoge Anwendung der §§ 1641, 1804 BGB dazu, dass die gesetzlichen Vertreter weder für Geschäftsunfähige noch für beschränkt Geschäftsfähige ein Stiftungsgeschäft vornehmen können.[401]

Das Stiftungsgeschäft unter Lebenden muss der Form des § 81 BGB entsprechen, also schriftlich abgefasst sein.[402] Dies (und nicht mehr) gilt auch dann, wenn ein Grundstück oder Gesellschaftsanteile auf eine Stiftung übertragen werden sollen. Für diese Vermögensgegenstände wird in den jeweiligen Spezialnormen die notarielle Beurkundung verlangt, § 311b BGB, § 15 GmbHG. Nach überzeugender Ansicht bedarf es aber auch im Rahmen des Stiftungsgeschäfts unter Lebenden lediglich der in § 81 BGB geforderten Schriftform. Für das Stiftungsgeschäft von Todes wegen sind die erbrechtlichen Formvorschriften zwingend.

Auch §§ 134, 138 BGB finden auf das Stiftungsgeschäft uneingeschränkt Anwendung. Es war jedoch ihr Verhältnis zum Gemeinwohlvorbehalt nach § 80

397 *Burgard*, S. 635; sowohl *Reuter*, in: MünchKomm, §§ 80, 81 Rn. 44, als auch *Stickrodt*, S. 40 wollen lediglich die Anerkennung einer Stiftung mit bedingtem Stiftungsgeschäft verweigern.
398 *Gantenbrink*, S. 145.
399 *Gantenbrink*, S. 145.
400 C.I.1.
401 C.I.1.a)bb) und C.I.1.b)aa).
402 C.I.3.

Abs. 2 BGB zu klären.[403] Der Gemeinwohlvorbehalt verstößt gegen den Gesetzesvorbehalt, das Bestimmtheitsgebot und das Übermaßverbot und ist daher verfassungswidrig. Er verdrängt die §§ 134, 138 BGB nicht.[404]

Der Stifter kann sein Stiftungsgeschäft zudem nach den allgemeinen Regeln anfechten.[405] Anfechtungsgegner ist die Stiftung selbst, § 143 Abs. 4 BGB. Sie kann durch die Anfechtung Vermögenspositionen verlieren und ist daher Betroffene. Neben den Anfechtungsgründen für das Stiftungsgeschäft unter Lebenden nach §§ 119 ff. BGB sind die §§ 2078 f. BGB für das Stiftungsgeschäft von Todes wegen anzuwenden. Eine Anfechtung dazu führen, dass nur einzelne Klauseln des Stiftungsgeschäfts unwirksam werden und die Stiftung weiterhin bestehen kann. Anfechtungsberechtigt ist beim Stiftungsgeschäft unter Lebenden der Stifter, beim Stiftungsgeschäft von Todes wegen derjenige, der aus der Anfechtung einen Vorteil ziehen würde, insbesondere ein möglicher Erbe.

§ 242 BGB und der darin begründete Grundsatz von Treu und Glauben führt nicht zur Nichtigkeit des Stiftungsgeschäfts.[406] Er spielt daher in dem hier zu erläuternden Zusammenhang keine weitere Rolle.

Die Wirksamkeit des Stiftungsgeschäfts kann zudem durch einen Widerruf entfallen. Dieser richtet sich beim Stiftungsgeschäft von Todes wegen nach den erbrechtlichen Regelungen und bei dem Stiftungsgeschäft unter Lebenden nach § 81 Abs. 2 BGB.[407]

Schließlich kann das Stiftungsgeschäft auch unwirksam sein, weil eine aufschiebende Bedingung nicht mehr eintreten kann oder eine auflösende Bedingung eingetreten ist. Der Stifter darf derartige Bedingungen grundsätzlich in sein Stiftungsgeschäft aufnehmen. Unzulässig ist es hingegen, das Stiftungsgeschäft unter die reine Wollensbedingung zu stellen.[408]

II. Spezielle Unwirksamkeitsgründe

Neben den Normen aus dem allgemeinen Teil des BGB spielen auch spezielle Anforderungen aus dem Stiftungsrecht bei der Unwirksamkeit des Stiftungsgeschäfts eine Rolle. Sie können sich aus den §§ 80 ff. BGB sowie den darauf aufbauenden Konkretisierungen der Literatur ergeben. Daher soll zunächst der

---

403 C.I.4.b)dd) und C.I.5.d).
404 C.I.4.b)cc)(2).
405 C.I.6.
406 C.I.7.
407 C.I.8.
408 C.I.9.

Begriff der Stiftung selbst beleuchtet werden (1.), bevor festgestellt wird, welche Voraussetzungen schon gesetzlich festgelegt sind (2.) und welche ungeschrieben bestehen (3.).

1. Entwicklung der Grundvoraussetzungen aus dem Stiftungsbegriff

Eine Annäherung an die besonderen Voraussetzungen des Stiftungsgeschäfts kann den Stiftungsdefinitionen entnommen werden, die während der Gesetzgebungsphasen und später im Schrifttum entwickelt wurden.

Im ersten Entwurf zum BGB heißt es, es seien „unter Stiftungen juristische Personen, deren Substrat in einem gewissen Zwecken gewidmeten Vermögensinbegriffe besteht oder in einer Anstalt, in welcher sich, bildlich gesprochen, der Widmungsakt verkörpert", zu begreifen.[409] *Coing* versteht unter einer Stiftung „eine rechtsfähige Organisation (Verwaltung), welche bestimmte, durch den Stiftungsakt festgelegte Zwecke mit Hilfe eines Vermögens verfolgt, das diesen Zwecken dauerhaft gewidmet ist (Stiftungsvermögen)".[410] Im Gesetzentwurf der Regierung zur Modernisierung des Stiftungsrechts vom 11.04.2002 wird die Stiftung beschrieben als „eine zur Verfolgung eines durch das Stiftungsgeschäft festgelegten Zwecks geschaffene und mit einem dafür dauerhaft gewidmeten Vermögen ausgestattete mitgliederlose Organisation [...], die auf Dauer angelegt ist und durch die Einsetzung von Organen befähigt ist, im Rechtsverkehr aufzutreten und insbesondere Rechte zu erwerben und Pflichten einzugehen".[411] *Reuter* spricht in Anlehnung an die herrschende Meinung von der Stiftung als „eine von einem Stifter [...] errichtete Organisation, die mit Hilfe des der Stiftung gewidmeten Vermögens einen vom Stifter festgelegten Zweck dauernd erfüllen soll".[412]

Alle Definitionen benennen deutlich drei Hauptelemente, welche jede neu gegründete Stiftung enthält: Es muss erstens eine Organisation bestehen, welche zweitens über ein Vermögen verfügt, das sie drittens zu einem bestimmten Zweck nutzt.[413] Diese Elemente finden sich in den §§ 80 ff. BGB wieder.

---

409 *Gebhard*, Vorentwurf, S. 180.

410 *Coing*, in: Staudinger [12], Vor § 80 Rn. 1.

411 Gesetzesentwurf der Bundesregierung, BT-Drucks. 14/8765, S. 10.

412 *Reuter*, in: MünchKomm, Vor § 80 Rn. 51.

413 So auch *Hüttemann/Rawert*, in: Staudinger, Vorbem zu §§ 80 ff. Rn. 4; *Werner*, in: Erman, Vor § 80 Rn. 7; *Backert*, in: Bamberger/Roth, § 80 Rn. 3; *Schlüter*, S. 20 f., 51; *Andrick*, S. 36 f.; *Andrick/Suerbaum*, § 2 Rn. 6; *Ebersbach*, S. 15; *Sontheimer*, S. 13; dies gilt auch international: *Meyn/Schöning*, in: Richter/Wachter, § 3 Rn. 3 f.

2. Stiftungsspezifische, gesetzliche Gründe für eine Unwirksamkeit

Nachdem die Grundbegriffe dargestellt wurden, müssen die §§ 80 ff. BGB auf ihren genauen Inhalt und die Bedeutung für die Wirksamkeit des Stiftungsgeschäfts hin untersucht werden. Sie bieten den Ausgangspunkt für alle weiteren Überlegungen zur Ausgestaltung des Stiftungsbegriffs sowie zu den weiter unten dargestellten Konkretisierungen des Schrifttums.

a) §§ 80, 81 BGB

§§ 80, 81 BGB legen die Anforderungen an das Stiftungsgeschäft speziell fest.[414] Sie sollen daher als Erstes untersucht werden. Zwei der aus dem Stiftungsbegriff gefolgerten Hauptelemente finden sich seit der Stiftungsrechtsreform von 2002[415] ausdrücklich in § 81 Abs. 1 S. 2 BGB. Dieser fordert, ein Vermögen zu einem bestimmten Zweck zu widmen. § 80 Abs. 2 BGB bestimmt darüber hinaus ausdrücklich, dass der Zweck auf Dauer – bei Verbrauchsstiftungen zumindest für zehn Jahre, § 81 Abs. 2 S. 2 BGB – erfüllbar sein muss und nicht gegen das Gemeinwohl verstoßen darf. Fehlt eines dieser Elemente, so könnte dies die Unwirksamkeit des Stiftungsgeschäfts bedeuten. Es soll daher beleuchtet werden, wann die normierten Anforderungen erfüllt (unter aa)) sind, bevor auf die Folgen ihres Fehlens (unter bb)) eingegangen wird.

aa) Anforderungen

(1) Zweck

§ 81 Abs. 1 S. 2 BGB fordert zunächst, dass der Stifter einen Zweck bestimmt, den die Stiftung verfolgen kann.[416] Der Stiftungszweck wird allgemein als „Seele der Stiftung" angesehen.[417] Er bleibt für die gesamte Dauer der Stiftungsexistenz die oberste und bestimmende Richtschnur der Stiftungstätigkeit.[418]

> Dazu folgendes Beispiel 17[419]: *S möchte eine Stiftung mit dem Zweck gründen, das Glück der Menschheit zu fördern. Dies lehnt die Stiftungsbehörde ab.*

---

414 Dies war auch ihr Zweck: vgl. Gesetzesentwurf der Bundesregierung, BT-Drucks. 14/8765, S. 5, Erläuterung, S. 10 f.

415 Gesetz zur Modernisierung des Stiftungsrechts vom 15.07.2002, BGBl. 2002 I, S. 2634.

416 Vgl. *Sontheimer*, S. 36; zu den Anforderungen an die Bestimmbarkeit des Zwecks vgl. *Mirbach*. S. 36 ff.

417 *Liermann*, in: Deutsches Stiftungswesen 1948–1966, 153, 154; vgl. auch oben B.I.

418 *Schlüter*, in: Henssler/Strohn, § 80 Rn. 17.

419 Nach *Reuter*, in: MünchKomm, §§ 80, 81 Rn. 31.

Der Entscheidung der Stiftungsbehörde im Beispiel ist zuzustimmen. Das Beispiel zeigt, dass nicht jegliche Zweckangabe den Anforderungen des § 81 Abs. 1 S. 2 BGB genügt. Es muss sich um einen Zweck handeln, den die Stiftungsorgane durch konkrete Handlungen auch tatsächlich fördern können. Dazu muss hinreichend bestimmt sein, was genau der Zweck der Stiftung umfasst. Der Stifter muss den Zweck so bestimmt wie möglich formulieren, gleichzeitig jedoch darauf achten, dass er auch über längere Zeit und unter wandelnden gesellschaftlichen Rahmenbedingungen erfüllbar bleibt.[420] Der Stifter muss insbesondere präzisieren, auf welche Weise der Zweck verfolgt werden soll.[421] Zulässig ist damit etwa, dass der Stifter die „Förderung von Kunst und Kultur" als Zweck angibt, nicht aber – wie im obigen Beispiel 17 – die „Förderung des Glücks der Menschheit".[422] Den Stiftungsorganen würde im Beispiel die Richtschnur für ihr Handeln fehlen. Eine vollkommene Autonomie der Stiftungsorgane losgelöst von einem Stiftungszweck widerspricht aber bereits dem Wortlaut des § 81 Abs. 1 S. 2 BGB.[423]

Dem Wortlaut des § 81 Abs. 1 S. 2 BGB lässt sich weiter entnehmen, dass nur solche Zwecke zulässig sind, die zu ihrer Erfüllung ein Vermögen benötigen.[424] Der Stifter darf demnach nicht allein solche Zwecke bestimmen, die ohne den Einsatz von geldwerten Mitteln verfolgt werden können. Andernfalls wäre das Vermögen als Element der Stiftung überflüssig. So läge es etwa, wenn der Stifter als Zweck nur die Stellung als Komplementär einer KG bestimmt, denn dazu bedarf es nicht zwangsläufig des Einsatzes von Vermögen.[425]

Es bleiben zwei Erkenntnisse zum Stiftungszweck: Zum einen muss der Stifter den Zweck hinreichend bestimmt formulieren, um autonome Organbeschlüsse zu verhindern. Eine völlig ungebundene Entscheidungsfreiheit der Stiftungsorgane

---

420 Vgl. BGH, Urt. v. 03.03.1977, BGHZ 68, 142, 148; Gesetzesentwurf der Bundesregierung, BT-Drucks. 14/8765, S. 10; *Hüttemann/Rawert*, in: Staudinger, § 81 Rn. 41; *Schlüter*, in: Henssler/Strohn, § 81 Rn. 7; *Schewe*, S. 104 f.; *Sontheimer*, S. 57; *Ebersbach*, S. 81.

421 So schon Gesetzesentwurf der Bundesregierung, BT-Drucks. 14/8765, S. 10; zudem: BGH, Urt. v. 03.03.1977, BGHZ 68, 142, 148: „Die Bestimmung des Stiftungszwecks soll […] einen eindeutigen und klar abgrenzbaren Auftrag geben"; ausführlich dazu auch schon *Ebersbach*, S. 81.

422 Mit diesen Beispielen *Reuter*, in: MünchKomm, §§ 80, 81 Rn. 31.

423 Vgl. mit dem anschaulichen Beispiel der „John D. and Catherine T. MacArthur Foundation": *Happ*, S. 49.

424 Vgl. *Reuter*, in: MünchKomm, §§ 80, 81 Rn. 12; *ders.*, NZG 2005, 649, 649; so wohl auch *Hüttemann*, ZHR 167 (2003), 35, 61.

425 Nähere Erläuterung bei *Reuter*, in: MünchKomm, §§ 80, 81 Rn. 12; *Hüttemann/Rawert*, in: Staudinger, Vorbem zu §§ 80 ff. Rn. 140.

widerspräche § 81 Abs. 1 S. 2 BGB. Sie sind vielmehr an den Stiftungszweck gebunden, der diese Richtungsweisungsfunktion erfüllen muss. Zum anderen muss der Zweck zu seiner Verfolgung eines Vermögens bedürfen.[426]

Weitere Anforderungen, die in Literatur und Rechtsprechung an den Zweck gestellt und häufig auf § 81 Abs. 1 S. 2 BGB zurückgeführt werden, ergeben sich aus Fortentwicklungen gerade dieser beiden Erkenntnisse und sollen bei den weiteren Konkretisierungen behandelt werden.[427]

(2) Vermögen

§ 81 Abs. 1 S. 2 BGB bestimmt auch, dass der Stifter im Stiftungsgeschäft ein Vermögen widmen muss. Der Stifter bestimmt dazu das „Kapital", das der Stiftung zur Zweckverfolgung dienen soll. Wie im Beispiel 3 gezeigt, ist es aber nicht erforderlich, dass der Stifter selbst das Vermögen an die Stiftung leistet. Vielmehr genügt es, wenn er im Stiftungsgeschäft nachweist, dass der Stiftung mit Anerkennung ein rechtswirksamer Anspruch auf Übertragung des Stiftungsvermögens zufällt[428] – insbesondere also einen mit dem Vermögensinhaber geschlossenen Vertrag zugunsten der Stiftung vorlegt.[429]

Der Stifter kann der Stiftung alle Vermögenswerte übertragen, in erster Linie kommen aber Geld, Wertpapiere, Beteiligungen an Gesellschaften sowie Grundstücke in Betracht.[430] Die jeweiligen Vermögenswerte müssen in jedem Fall geeignet sein, der Verfolgung des Zwecks zu dienen.

Zustiftungen von Stifter oder Dritten können das Vermögen später erhöhen.[431] Derartige Aussichten kann die Behörde nach der Gesetzesbegründung

---

426 A.A. hinsichtlich der Bestimmtheit wohl *Schewe*, S. 106, der das Erfordernis als „Rat" ansieht.

427 Siehe unten C.II.3.

428 So wohl auch schon *Stintzing*, AcP 88 (1898), 392, 400 f.

429 Siehe dazu schon oben C.I.1.b)bb); vgl. zudem *Hüttemann/Rawert*, in: Staudinger, § 81 Rn. 18 ff.; *Hüttemann*, in: FS Werner, S. 85, 90; *ders.*, ZHR 167 (2003), 35, 49; *Kronke*, S. 26 f., der bei den genauen Anforderungen an solche Verpflichtungen von der Beliebtheit des Zwecks und damit der Wahrscheinlichkeit weiterer Zustiftungen ausgeht; a.A. wohl *Reuter*, in: MünchKomm, §§ 80, 81 Rn. 13 f.; *Jakob*, S. 149 f.; *Muscheler*, JR 2003, 441, 442; *Burgard*, S. 79.

430 *Schlüter*, in: Henssler/Strohn, § 81 Rn. 12; *Hof*, in: v. Campenhausen/Richter, § 6 Rn. 181; *Neuhoff*, in: Strachwitz/Mercker, S. 457, 458 f. nennt verschiedene Vermögensmassen; *Fritz*, S. 65 bietet eine Übersicht zur Anlage des Stiftungsvermögens.

431 Zur Frage von Zustiftungen siehe: *Reuter*, in: MünchKomm, §§ 80, 81 Rn. 36 ff.; *Hüttemann/Rawert*, in: Staudinger, Vorbem zu §§ 80 ff. Rn. 264; *Hof*, in: v. Campenhausen/Richter, § 9 Rn. 13 m.w.N.

bereits bei der Errichtung der Stiftung in die Prognoseentscheidung mit einbeziehen.[432] Jedoch reicht der Hinweis auf eventuelle Zustiftungen nicht aus, um den Stifter von der Vermögenswidmung zu befreien.

§ 81 Abs. 1 S. 2 BGB fordert also, dass der Stifter im Stiftungsgeschäft entweder selbst die Übertragung von Mitteln verspricht oder darlegt, wie die Stiftung ihr Vermögen erlangen wird. Ohne Vermögen kann die Stiftung ihren Zweck von Anfang an nicht erfüllen. Die auf Grundlage dieses Erfordernisses entwickelten weiteren Anforderungen werden bei der Konkretisierung durch die Gesamtrechtsordnung behandelt.[433]

(3) Dauerhafte Zweckverfolgung

Gemäß § 80 Abs. 2 BGB ist eine Stiftung nur dann anzuerkennen, wenn die dauernde und nachhaltige Erfüllung des Stiftungszwecks gesichert erscheint. Diese Formulierung wurde mit dem Gesetz zur Modernisierung des Stiftungsrechts (StiftRMoG)[434] neu eingefügt.[435] Auch davor war bereits anerkannt, dass der Stiftungszweck und damit die Stiftung als Ganzes auf Dauer angelegt sein muss.[436] Nach der Reform besteht dieses Erfordernis nun ausdrücklich. Durch die Gesetzesänderung sollte keine neue Regelung getroffen werden.[437] Mit dem Gesetz zur Stärkung des Ehrenamtes[438] wurde eine Konkretisierung dahingehend vorgenommen, dass Verbrauchsstiftungen mindestens für zehn Jahre bestehen müssen, § 80 Abs. 2 S. 2 BGB. Weitere rechtliche Fragestellungen zu dieser Norm sollen später dargestellt werden.[439]

(4) Gemeinwohlgefährdung

Ebenfalls nach § 80 Abs. 2 BGB kann die Behörde die Anerkennung verweigern, wenn der Stiftungszweck das Gemeinwohl gefährdet. Die Bedeutung dieses

---

432 Gesetzesentwurf der Bundesregierung, BT-Drucks 14/8765, S. 8.

433 Siehe unten C.II.3.

434 Gesetz zur Modernisierung des Stiftungsrechts vom 15.07.2002, BGBl. 2002 I, S. 2634.

435 Vgl. zur Entstehungsgeschichte des Merkmals: *Reuter*, in: MünchKomm, §§ 80, 81 Rn. 57 ff.

436 Vgl. *Rawert*, in: Staudinger [1995], Vor §§ 80 Rn. 8; *Volkholz*, S. 326 m.w.N.; *von Stetten*, Anlage 2 zur 235. Sitzung, in: Stenographische Berichte des 14. Deutschen Bundestages, S. 23452.

437 Vgl. Beschlussempfehlung und Bericht des Rechtsausschusses, BT-Drucks. 14/8894, S. 10.

438 Gesetz vom 21.03.2013, BGBl. 2013 I, S. 556.

439 Siehe unten C.II.3.b).

Gemeinwohlvorbehalts ist äußerst umstritten. Wie gesehen ist der Gemeinwohlvorbehalt jedoch verfassungswidrig und kann daher keine Auswirkungen auf die Wirksamkeit des Stiftungsgeschäfts haben.[440]

(5) Satzungsinhalt

§ 80 Abs. 2 S. 1 BGB fordert in seinem ersten Teil, dass das Stiftungsgeschäft den Anforderungen des § 81 Abs. 1 BGB genügt. Dies ist als Klarstellung zu verstehen, da § 81 Abs. 1 BGB direkt auf das Stiftungsgeschäft Anwendung findet.[441] Nach dessen Satz 1 bedarf das Stiftungsgeschäft der Schriftform, nach Satz 2 muss es Zweck und Vermögen bestimmen. Diese Anforderungen wurden bereits ausführlich besprochen.[442] Zusätzlich verlangt § 80 Abs. 2 Teilsatz 1 BGB nur noch, dass das Stiftungsgeschäft eine Satzung mit dem angegebenen Mindestinhalt besitzt (§ 81 Abs. 1 S. 3 BGB).[443] Danach müssen Name, Sitz, Zweck, Vermögen und Bildung des Vorstandes durch die im Stiftungsgeschäft enthaltende Satzung festgelegt werden. Hinsichtlich Zweck und Vermögen ergibt sich wiederum keine Besonderheit, da diese bereits nach § 81 Abs. 1 S. 2 BGB selbst im Stiftungsgeschäft enthalten sein müssen. Notwendige Präzisierungen wurden dort bereits dargestellt.[444] Aus dem Verweis in § 80 Abs. 2 S. 1 BGB ergibt sich daher zusätzlich für die Satzung nur, dass diese auch Name, Sitz und Vorstand der Stiftung näher bestimmen muss.

bb) Rechtsfolgen bei Fehlen der Voraussetzungen aus §§ 80, 81 BGB

(1) § 81 Abs. 1 S. 2 BGB

§ 81 Abs. 1 S. 2 BGB bestimmt die grundlegenden Bestandteile eines jeden Stiftungsgeschäfts. Sind diese nicht enthalten, so ist das Stiftungsgeschäft unwirksam.[445]

(2) § 80 Abs. 2 BGB

Allerdings hat es gerade keine Auswirkungen auf die Wirksamkeit des Stiftungsgeschäfts, wenn die Anforderungen des § 80 Abs. 2 BGB nicht erfüllt werden.

---

440 Siehe ausführlich zur Frage der Gemeinwohlgefährdung aus § 80 Abs. 2 BGB schon oben C.I.4.b).

441 Vgl. *Hüttemann/Rawert*, in: Staudinger, § 81 Rn. 1.

442 Zur Nichtigkeit bei Nichteinhalten der Formvorschrift siehe oben C.I.3.; zu den Anforderungen des § 81 Abs. 1 S. 2 BGB siehe oben C.II.2.a).

443 Dazu schon Gesetzesentwurf der Bundesregierung, BT-Drucks. 14/8765, S. 10; zu den genauen Voraussetzungen vgl. nur *Reuter*, in: MünchKomm, §§ 80, 81 Rn. 25 ff.

444 Siehe oben C.II.2.a); auf beide Paragraphen zurückgreifend: *Hüttemann/Rawert*, in: Staudinger, § 81 Rn. 40 ff., 48 ff.

445 Dies ergibt sich schon aus *Ebersbach*, S. 47.

Behörde negativ über die Anerkennung entscheiden. Eigenständige Auswirkungen auf die Wirksamkeit des Stiftungsgeschäfts hat dies nicht.[466] Der Stifter kann mit dem gleichen Stiftungsgeschäft erneut eine Anerkennung beantragen. Die Ablehnung führt nicht zur Unwirksamkeit des Stiftungsgeschäfts.

Schließlich bestimmt § 86 BGB, dass auch einige Regelungen des Vereinsrechts unmittelbar auf die Stiftung Anwendung finden. Dadurch ergeben sich jedoch keine weiteren Unwirksamkeitsgründe für das Stiftungsgeschäft. Insbesondere § 26 BGB kann nicht mehr fordern als § 81 Abs. 1 S. 3 Nr. 5 BGB, für welche ein Ergänzungsrecht der Behörde besteht.[467]

3. Konkretisierungen durch Rechtsprechung und Literatur

Aus den bisherigen Ausführungen ergibt sich, dass das Stiftungsgeschäft Regelungen zu Zweck, Vermögen und Organisation treffen muss.[468] Diese unstreitigen Elemente sind im Laufe der Zeit von Rechtsprechung und Literatur weiter konkretisiert worden. Dabei ist etwa anerkannt, dass auch die Merkmale des § 80 Abs. 2 BGB zu berücksichtigen sind, obwohl die Norm ihrem Wortlaut nach nur Aussagen zur Anerkennung der Stiftung und nicht zum Stiftungsgeschäft selbst trifft.[469] Der Begriff „stiften" wird dazu im rechtlichen und etymologischen Zusammenhang ausgelegt.[470]

Zunächst ist anerkannt, dass der Stifter einen aus seiner Sicht fremdnützigen Zweck verfolgen muss.[471] Dies ergibt sich nach einer Ansicht in der Literatur daraus, dass der Stifter andernfalls lediglich eine Haftungsexklave schaffen würde, auf welche nur er selbst, nicht aber seine Gläubiger Zugriff hätten[472]

---

466 C.II.2.a)bb)(1).

467 C.II.2.b).

468 Siehe oben C.II.1. und C.II.2a)aa).

469 Siehe oben C.II.2.a).

470 Zum etymologischen Ursprung des Wortes: *Muscheler*, in: FS Werner, S. 129, 129.

471 Vgl. *Reuter*, in: MünchKomm, Vor § 80 Rn. 59 ff.; *Hüttemann/Rawert*, in: Staudinger, Vorbem zu § 80 ff. Rn. 8: „uneigennütziger Charakter", § 80 Rn. 14; *Rawert*, ZHR 171 (2007), 105, 109; *ders.*, ZEV 1999, 294, 296; *Andrick/Suerbaum*, § 2 Rn. 3 f.; *Andrick/Suerbaum*, NWVBl. 9/1999, 329, 329; *Volkholz*, S. 39 ff.; *Andrick*, RNotZ 2002, 441, 442; *Schlüter/Stolte*, Kap. 1 Rn. 1 f., die neben dem Altruismus aber auch immer ein ichbezogenes Element wahrnehmen; *Mirbach*, S. 226 ff. führt das Gebot der Fremdnützigkeit auf den Gemeinwohlvorbehalt zurück.

472 Dies kritisiert auch: *Reuter*, in: MünchKomm, Vor § 80 Rn. 59.

und dies einen Missbrauch der Rechtsform Stiftung bedeuten würde.[473] Für das Gebot der Fremdnützigkeit spricht auch die Pflicht des Stifters, das Vermögen auf einen anderen Rechtsträger zu übertragen, § 82 S. 1 BGB, und somit seinem eigenen Zugriff zu entziehen.[474] Die reine Selbstförderung mit Hilfe einer Stiftung ist verboten.[475] Aus dem Gebot der Fremdnützigkeit ergibt sich insbesondere die Unwirksamkeit zweier Formen der Stiftung, die im Folgenden näher untersucht werden sollen: die Selbstzweckstiftung und die Stiftung für den Stifter.

Überdies lässt sich aus § 80 Abs. 2 BGB das Erfordernis einer gewissen Dauer einer Stiftung entnehmen.[476] Auch wenn die Norm selbst aus den bereits dargestellten Gründen[477] kein Wirksamkeitserfordernis für das Stiftungsgeschäft, sondern lediglich ein Anerkennungserfordernis normiert, so mag die Forderung nach Dauerhaftigkeit einer Stiftungsorganisation doch gleichwohl Konsequenzen für ein Stiftungsgeschäft haben. Viele der heute bestehenden Stiftungen existieren seit vielen Jahrhunderten.[478] Dies enstpricht dem Zweck der Stiftung, die gerade dazu dient, den Willen des Stifters langfristig zu perpetuieren. Die Dauer ihres Bestehens stellt damit ein wesentliches Element der

---

473 Vgl. *Jakob*, S. 51 f.; *Reuter*, in: MünchKomm, Vor § 80 Rn. 59; wohl auch *Schöning*, S. 148, die einen Verstoß gegen grundlegende Verkehrspflichten annimmt; dazu, dass ein Missbrauch der Stiftung meiner Ansicht nach nur in engen Ausnahmefällen zur Nichtigkeit des Rechtsgeschäfts nach § 138 BGB führen kann bereits oben C.I.5.c).

474 Zu den genauen Grundlagen des Verbots der Selbstzweckstiftung und des Verbots der Stiftung für den Stifter siehe unten C.II.3.a)aa) und C.II.3.a)bb).

475 Ganz hM: vgl. nur *Reuter*, in: MünchKomm, Vor § 80 Rn. 59 m.w.N.; a.A. wohl nur *Burgard*, S. 132 ff.; anders etwa in Österreich, wo seit dem Privatstiftungsgesetz von 1993 auch Stiftungen zu Gunsten des Stifters möglich sind.

476 *Andrick/Suerbaum*, § 2 Rn. 5; *Andrick/Suerbaum*, NWVBl. 9/1999, 329, 329; *Volkholz*, S. 39 ff.; *Neuhoff*, in: Jahreshefte zum Stiftungswesen 2008, 11, 13.

477 Siehe oben C.II.2.a)bb)(2).

478 Vgl. nur die Stiftungen der Familie *Fugger*, welche u.a. seit 1521 die älteste Sozialsiedlung der Welt unterstützt. In Augsburg wird damit bedürftigen, katholischen Bürgern ermöglicht für eine Jahreskaltmiete von 0,88€ sowie das Versprechen dreier Gebete täglich eine 60m^2-Wohnung zu beziehen, abrufbar unter http://www.fugger.de/geschichte.html (abgerufen: 14.01.2015); vgl. zudem Übersicht im Verzeichnis Deutscher Stiftungen, Band 1 S. 76, wonach heute sogar noch 9 Stiftungen aus dem 12. Jahrhundert bestehen, 26 aus dem 13. Jahrhundert, 45 aus dem 14. Jahrhundert, 43 aus dem 15. Jahrhundert, 94 aus dem 16. Jahrhundert und 82 aus dem 17. Jahrhundert.

Stiftung dar.[479] Die vom Stifter vorgegebene Zweckerfüllung soll die Zeit seines Wirkens überdauern.[480] Diese durch Rechtsfortbildung entwickelte Voraussetzung der Stiftung führte lange Zeit insbesondere bei der Verbrauchsstiftung zu Schwierigkeiten.[481]

Die beiden durch Rechtsprechung und Literatur entwickelten Wirksamkeitsvoraussetzungen Fremdnützigkeit und Dauer werden im Folgenden vertieft.

a) Fremdnützigkeit

Zunächst werden die Konkretisierungen der Rechtsprechung und Literatur zur Fremdnützigkeit beleuchtet. Dabei stehen die bereits angesprochenen Verbote der Selbstzweckstiftung (aa)) und der Stiftung für den Stifter (bb)) im Mittelpunkt.

aa) Selbstzweckstiftung

Bei der Selbstzweckstiftung handelt es sich um eine Stiftung, deren einziger Zweck der eigene Erhalt ist.[482] Dazu zählen insbesondere reine Vermögensverwaltungsstiftungen.[483] Das Stiftungsgeschäft verstößt in diesen Fällen zwar gegen kein explizites zivilrechtliches Verbot, die Unzulässigkeit des Selbstzwecks ergibt sich nach allgemeiner Ansicht jedoch aus der Zusammenschau der stiftungsrechtlichen und sonstigen privatrechtlichen Normen und dem darin immanenten Begriff der Stiftung.[484]

> Dazu folgendes <u>Beispiel 18:</u> *S möchte zur Erschließung besserer Anlagemöglichkeiten eine Stiftung gründen. Einziger Zweck der Stiftung soll die möglichst gewinnbringende Anlage des Vermögens des S sein. Sein Antrag auf Anerkennung wird abgelehnt.*

---

479 *Schlüter/Stolte*, Kap. 4 Rn. 26.

480 Vgl. *Karper*, S. 1; das Verlangen nach einem „Hauch von Unsterblichkeit" vermutet *Schewe*, ZSt 2004, 301, 305; jedenfalls soll etwas über den eigenen Tod hinaus bestehen: *Schulze*, in: Hopt/Reuter, 55, 55; *Liermann*, S. 1; *Pennitz*, in: HKK, §§ 80–88 Rn. 1.

481 Dazu weiter unten C.II.3.b)bb)(2).

482 Vgl. *Hüttemann/Rawert*, in: Staudinger, Vorbem zu §§ 80 ff Rn. 150; *Hof*, in: v. Campenhausen/Richter, § 6 Rn. 339; *Schwake*, in: MünchHdbGesR Bd. V, § 79 Rn. 35; *Jakob*, S. 52; *Schlüter*, S. 330; krit. *Schewe*, S. 106 f.

483 Bericht der Bund-Länder-Arbeitsgruppe Stiftungsrecht, S. 37.

484 Bericht der Bund-Länder-Arbeitsgruppe Stiftungsrecht, S. 37; *Hüttemann/Rawert*, in: Staudinger, Vorbem zu §§ 80 ff Rn. 8; *Backert*, in: Bamberger/Roth, § 80 Rn. 5; *Hushahn*, S. 91; *Andrick*, ZSt 2003, 3, 10; *Jakob*, S. 52.

Trotz weitgehender Einigkeit[485] über das Verbot der Selbstzweckstiftung wird sein genauer Ursprung unterschiedlich beurteilt. Einige Autoren sehen ihn im Wesen der Stiftung selbst begründet.[486] Schon der Begriff der Stiftung mache deutlich, dass der Zweck auf etwas anderes als sie selbst gerichtet sein müsse. Das Vermögen der Stiftung müsse zu einem Zweck eingesetzt werden. Sei aber das Vermögen selbst der Zweck der Stiftung, so würden die beiden Elemente vermengt. Das widerspreche dem Stiftungsbegriff.[487] Andere erachten einen solchen „Umweg" über das Wesen der Stiftung nicht für notwendig.[488] Es fehle bei der Selbstzweckstiftung schlicht an einem Zweck im Sinne der §§ 80 ff. BGB.[489] Der Selbstverwaltungszweck reiche nicht aus, die gesetzlichen Anforderungen zu erfüllen, und könne lediglich einen Nebenzweck darstellen.[490] Dies ergebe sich aus dem Wortlaut des § 81 Abs. 1 S. 2 BGB „Vermögen zur Erfüllung [...] eines Zwecks". Darin spiegele sich die untergeordnete und dienende Rolle des Vermögens gegenüber dem Zweck wider.[491]

Diese verschiedenen Wege, das Verbot der Selbstzweckstiftung zu begründen, treffen – wie schon ihre kurze Darstellung zeigt – den gleichen Kern. Dass der Selbstverwaltungszweck kein alleiniger Zweck im Sinne der §§ 80 ff. BGB sein kann, ergibt sich aus einer Gesamtschau der stiftungsrechtlichen Normen. Auf diese Gesamtschau stützt sich aber auch die Ansicht, die das Verbot der Selbstzweckstiftung aus dem Wesen der Stiftung ableitet.

Es kann daher offen bleiben, welcher Ansicht zu folgen ist - eine Stiftung, die nur den eigenen Interessen dient, wird jedenfalls zu Recht als unzulässig angesehen.[492] Für das Stiftungsgeschäft bedeutet dies, dass ihm ein notwendiger

---

485 Gegen das Verbot der Selbstzweckstiftung soweit ersichtlich nur *Schewe*, S. 106 ff.

486 Vgl. etwa *Kaper*, S. 63 f.

487 Vgl. *Jakob*, S. 52.

488 *Hof*, in: v. Campenhausen/Richter, § 6 Rn. 339, § 7 Rn. 61 f.

489 *Riemer*, ZBJV 116 [1980], 489, 505; *ders.*, in: Hopt/Reuter, 511, 517 bezeichnet die Unternehmensselbstzweckstiftung daher als „perpetuum mobile"; *Hof*, in: v. Campenhausen/Richter, § 6 Rn. 339; *Künnemann*, S. 76 f.; vgl. auch *Reuter*, in: MünchKomm, Vor § 80 Rn. 60; *Werner*, in: Erman, Vor § 80 Rn. 25; a.A. im Rahmen der Stiftung für den Stifter: *Mirbach*, S. 88.

490 *Hof*, in: v. Campenhausen/Richter, § 6 Rn. 339, § 7 Rn. 61 f.

491 Vgl. *Burgard*, S. 154, der jedoch die praktische Bedeutung der Kapitalstiftung anzweifelt.

492 *Rawert*, in: Hopt/Reuter, 109, 117; *Reuter*, in: MünchKomm, Vor § 80 Rn. 60; *Hüttemann/Rawert*, in: Staudinger, Vorbem zu §§ 80 ff. Rn. 8; *Werner*, in: Erman, Vor § 80 Rn. 25; *Backert*, in: Bamberger/Roth, § 80 Rn. 5; *Hof*, in: v. Campenhausen/Richter, § 6 Rn. 339; *Schöning*, S. 148 f.

Zweck an ein bestimmtes Unternehmen und die rechtliche oder faktische Identität von Stiftungsorganen und Unternehmensführung genannt.[506] Diese Indizien sind jedoch widerlegbar. Insbesondere spricht es gegen einen Selbstzweck, wenn die Organe zuvorderst dem Stiftungszweck verpflichtet sind[507] oder es sich bei dem Unternehmen, an das die Stiftung gebunden ist, um einen Stiftungszweckbetrieb (etwa ein Krankenhaus zur Unterstützung des Zweckes „Krankenpflege“) handelt.[508]

bb) Stiftung für den Stifter

Bei der Stiftung für den Stifter gründet der Stifter die Stiftung mit dem alleinigen Zweck, sich selbst zu unterstützen.[509] So kann er die Erträge des Stiftungsvermögens nur zum eigenen Unterhalt nutzen – also der einzige Destinatär sein. Überwiegend wird auch diese Form der Stiftung aufgrund der fehlenden Fremdnützigkeit als unzulässig angesehen, obwohl kein Verstoß gegen allgemeine zivilrechtliche Normen gegeben ist.[510]

> Dazu folgendes Beispiel 19: *S ist der Ansicht, dass eine Stiftung auf dem Finanzmarkt bessere Zinsen erhalten würde als er als Privatmann. Er möchte daher eine Stiftung gründen, deren einziger Zweck sein eigener Unterhalt ist. Nach seinem Tode soll die Stiftung aufgelöst werden und ihr Vermögen in die Erbmasse fallen. Der Antrag auf Anerkennung wird abgelehnt.*

Gegen das absolute Verbot der Stiftung für den Stifter wendet sich vornehmlich *Burgard*, welcher auf die Nähe zur herrschend anerkannten Familienstiftung abstellt.[511] Seiner Ansicht nach müsste das Gesetz – soweit es dies anstrebt – ein ausdrückliches Verbot der Stiftung für den Stifter ausweisen. Solange dieses

---

506 *Hüttemann/Rawert*, in: Staudinger, Vorbem zu §§ 80 ff. Rn. 155; zur Gefahr der Nichtverfolgung des Stiftungszwecks in diesen Fällen ebenfalls: *Rawert*, ZEV 1999, 294, 296.

507 *Hüttemann/Rawert*, in: Staudinger, Vorbem zu §§ 80 ff. Rn. 159.

508 *Hüttemann/Rawert*, in: Staudinger, Vorbem zu §§ 80 ff. Rn. 156.

509 Vgl. *Hof*, in: v. Campenhausen/Richter, § 7 Rn. 60; *Burgard*, S. 132; *Schlüter*, S. 329.

510 Vgl. *Hüttemann/Rawert*, in: Staudinger, Vorbem zu § 80 ff. Rn. 8 m.w.N.; *Reuter*, in: MünchKomm, Vor § 80 Rn. 59; *Backert*, in: Bamberger/Roth, § 80 Rn. 5; *Jakob*, S. 51; *Schwarz*, BB 2001, 2381, 2382; *Hüttemann*, ZHR 167 (2003), 35, 58; *Mecking*, in: MünchHdbGesR Bd. V, § 87 Rn. 16; *v. Hippel*, S. 431; *Rawert*, in: Hopt/Reuter, 109, 116 f.; *Schlüter*, S. 203 f.; Bericht der Bund-Länder-Arbeitsgruppe Stiftungsrecht, S. 37; a.A: *Wochner*, in: Jahreshefte zum Stiftungswesen 2008, 79, 84; *Burgard*, S. 133, der die Vielfältigkeit des Begriffsverständnisses hervorhebt.

511 *Burgard*, S. 133 f.; so auch *Schewe*, S. 110.

nicht bestehe, müsse man von der Zulässigkeit ausgehen. Das Gesetz sage nämlich nichts darüber aus, dass das Vermögen der Stiftung endgültig von dem des Stifters getrennt werden müsse.[512] Dabei beachtet *Burgard* jedoch nicht hinreichend den entscheidenden Unterschied zwischen der Stiftung für den Stifter und der Familienstiftung: Bei letzterer wird zumindest auch jemand anderes als der Stifter selbst gefördert. Unabhängig davon, wie eng die Personen verbunden sind, handelt der Stifter doch uneigennützig. Wenn auch der Stifter ein eigenes Interesse an der Versorgung seiner Familie hat, so reicht auch eine teilweise Fremdnützigkeit für die Gründung einer zulässigen Stiftung aus. Jedoch darf eben die Stiftung nicht ausschließlich dem Wohle des Stifters dienen.

Insoweit muss davon ausgegangen werden, dass zumindest eine überwiegende Fremdnützigkeit der Stiftung erforderlich ist, damit sie anerkannt werden kann. Eine unzulässige Stiftung für den Stifter muss daher schon dann vorliegen, wenn die Erträge zu 50% oder mehr ausschließlich dem Stifter zu Gute kommen.

cc) Rechtsfolge des Verstoßes gegen das Fremdnützigkeitsprinzip

Ist eine Stiftung nicht zu einem fremdnützigen Zweck gegründet, so verfolgt sie gar keinen zulässigen Zweck. Ihr fehlt dann ein Hauptelement einer Stiftung. Das Stiftungsgeschäft ist unwirksam.[513]

b) Dauerhaftigkeit

Nach § 80 Abs. 2 BGB können – wie gesehen – nur solche Stiftungen anerkannt werden, die auf eine gewisse Dauer angelegt sind.[514] Mit der Errichtung einer Stiftung soll ein zumindest längerfristiges Ziel verfolgt werden. Für kurzzeitige Projekte sind andere Formen des Zivilrechts, etwa die Schenkung, geeigneter.[515] Der Aufwand, eine eigene juristische Person zu gründen, kann nur dann unterstützt werden, wenn sie auch für eine gewisse Zeit bestehen soll.[516] Wenn auch § 80 Abs. 2 BGB alleine keine Nichtigkeit des Stiftungsgeschäfts begründen kann, so ergibt sich dieses Ergebnis doch aus dem Zusammenspiel der stiftungsrechtlichen Normen. Nachdem das Erfordernis der Fremdnützigkeit dem

---

512 *Burgard*, S. 134.
513 A.A. wohl nur *Schewe*, S. 108 ff., der höchstens eine Nichtigkeit aus § 138 BGB ableiten will.
514 Siehe oben C.II.2.a)aa)(3).
515 Vgl. *Reuter*, in: MünchKomm, Vor § 80 Rn. 58; *Reuter*, NZG 2005, 649, 653.
516 Vgl. *Volkholz*, S. 327.

pro Jahr benötigt.[536] Dies gilt insbesondere für solche Stiftungen, in denen der Stifter oder ein Dritter das Amt des Vorstands ehrenamtlich ausübt und bei denen daher kaum Verwaltungskosten anfallen. Schließlich dürfen auch Zwecke verfolgt werden, die nur geringe Mittel benötigen. Ist dies der Fall, kann die Stiftung auf lange Dauer bestehen. Das Vermögen muss dazu nicht zwingend hoch sein.

Die Behördenpraxis ändert daran nichts. Insbesondere kann auch der Verweis auf das ehemalige Mindestkapital der GmbH nicht überzeugen: Dieses sollte dem Schutz der Gesellschaftsgläubiger dienen und verfolgte daher einen anderen Zweck als das Stiftungsvermögen, welches intern das dauerhafte Bestehen der Stiftung sichert.[537]

Aus dem Erfordernis, dass die Stiftung dauerhaft bestehen muss, lassen sich daher keine pauschalen Schlüsse hinsichtlich der Höhe des Vermögens ziehen. Sie ist immer im Zusammenhang mit dem Zweck zu sehen und kann nicht allgemein bestimmt werden. Nur wenn eine Verwirklichung des Zwecks aufgrund mangelnder Vermögensausstattung nicht einmal ansatzweise und auch nicht nur für kurze Zeit möglich erscheint, kann sie eindeutig auch nicht auf Dauer bestehen. Eine auf diesen Punkt gestützte Unwirksamkeit des Stiftungsgeschäfts ergibt sich jedoch auch schon aus der Notwendigkeit, der Stiftung überhaupt ein Vermögen zur Verfügung zu stellen.[538] Eine besondere Anforderung an die Höhe des Vermögens lässt sich damit aus dem Erfordernis der Dauerhaftigkeit nicht ablesen.

(2) Verbrauchsstiftung

Sehr umstritten war lange Zeit die Zulässigkeit der Verbrauchsstiftung.[539] Um sie zu gründen stellt der Stifter eine gewisse Summe zur Verfügung, welche aber nicht dauerhaft erhalten, sondern vielmehr zur Zweckerfüllung aufgebraucht werden soll.[540] Die Stiftung fördert den Zweck also nicht nur aus den Erträgen des Vermögens, sondern auch aus dem Vermögen selbst. Dadurch wird sie zwangsweise nach einer gewissen Zeit vermögenslos, kann dann den Zweck nicht mehr

---

536 Kritisch: *Hüttemann/Rawert*, ZIP 2013, 2136, 2137, die eine Stiftung mit Bruttoerträgen zwischen € 1.000,00 und € 4.000,00 für aus sich selbst heraus nicht lebensfähig halten.

537 *Wochner*, MittRhNotK 1994, 89, 100, welcher grundsätzlich mehr als € 25.000 für eine Stiftung fordert, wenn dies nicht das Recht auf Stiftung aushöhlt.

538 Dazu schon oben: C.II.2.a)aa)(2).

539 Einen Überblick bietet: *Lutter*, NPLY 2004, 43 ff.; *Reuter*, npoR 2010, 69 ff.

540 Zum Begriff der Verbrauchsstiftung: *Burgard*, S. 122 f., 169; *Reuter*, npoR 2010, 69, 69; *Pauli*, ZSt 2008, 97, 98; *Schlüter*, S. 308.

verfolgen und muss aufgehoben werden. Dies könnte dem Charakter der Stiftung als auf Dauer angelegte juristische Person widersprechen. So enthielt das bayrische Stiftungsgesetz bis zu seiner Neufassung im Jahre 2008 sogar in Art. 5 S. 2 Nr. 2 ein Verbot von Verbrauchsstiftungen.[541]

Bereits im Zuge der Stiftungsrechtsreform 2002[542] wurde aber das auch bis dahin vorherrschende Verständnis bestärkt, dass die Stiftung zwar eine auf Dauer angelegte juristische Person ist, diese Dauer aber nicht bedeutungsgleich mit „Ewigkeit" ist.[543] Vielmehr werden nur kurzfristige Ziele ausgeschlossen, damit eine rechtliche Verselbstständigung sinnvoll möglich ist.[544]

Burgard verlangt zudem, dass der Stifter zusätzliche Vorkehrungen gegen einen vorzeitigen Verbrauch des Stiftungsvermögens trifft und in der Satzung Regelungen festlegt, nach denen auch beim zweckgemäßen Verbrauch des Stiftungsvermögens die Liquidationsregeln der § 88 S. 3 i.V.m. §§ 50–52 BGB eingehalten werden.[545] Der zusätzliche Nutzen solcher Satzungsbestimmungen wird jedoch nicht deutlich. Aus dem Gesetz ergibt sich zunächst keine Verpflichtung, den genauen Abbau des Kapitals schon bei der Stiftungsgründung festzulegen – die §§ 50–52 BGB greifen vielmehr über die Verweisung in § 88 BGB automatisch ein. Auch aus dem Erfordernis der „dauerhaften Zweckerfüllung" ergeben sich keine weiteren Anforderungen an die Abwicklungsmodalitäten. Dieses Merkmal soll lediglich solche Stiftungen verhindern, die nur ganz kurzfristig bestünden. Zudem unterliegen alle Stiftungen der Rechtsaufsicht durch die Stiftungsbehörde.[546] Die zuständige Behörde achtet insbesondere darauf, dass die Stiftung nicht gegen Gesetze verstößt. Hat der Stifter im Stiftungsgeschäft deutlich gemacht, dass das gesamte Vermögen zur Zweckverwirklichung aufgebraucht werden soll,

541 Vgl. BayGVBl. 2002, S. 10.

542 Gesetz zur Modernisierung des Stiftungsrechts vom 15.07.2002, BGBl. 2002 I, S. 2634.

543 Gesetzesentwurf von SPD und Grünen: BT-Drucks. 14/8277, S. 6; Gesetzesentwurf der Bundesregierung: BT-Drucks. 14/8765, S. 10; *Lutter*, NPLY 2004, 43, 45.

544 Stellungnahme des Bundesrates, BT-Drucks. 14/8765 S. 13; *Burgard*, S. 122.

545 *Burgard*, S. 171 f.; ihn unterstützend *Gantenbrink*, S. 138 ff. unter dem Hinweis auf die „Annäherung der Stiftung an Kapitalgesellschaften"; so auch: *Muscheler*, in: FS Werner, S. 129, 143 f., mit einem konkreten Vorschlag der Satzungsbestimmung.

546 Dies ergibt sich aus dem jeweiligen Landesstiftungsgesetz, siehe nur: § 8 Abs. 1 StiftG BW, § 5 Abs. 1 StiftG Hbg, § 6 Abs. 1 StiftG NRW; BVerwG, Urt. v. 22.09.1972, BVerwGE 40, 347; *Hüttemann/Rawert*, in: Staudinger, Vorbem §§ 80 ff. Rn. 88; *Ellenberger*, in: Palandt, Vor § 80 Rn. 14; *Andrick*, in: Saenger/Bayer/Koch/Körber, 31, 38 f.; *Schlüter*, S. 54; zu den einzelnen präventiven und repressiven Maßnahmen der Stiftungsaufsicht siehe ausführlich: *Andrick/Suerbaum*, §§ 7, 8.

Sie darf demnach weder als Selbstzweckstiftung noch als Stiftung für den Stifter errichtet werden. Beides widerspräche dem altruistischen Element, das sich aus der Auslegung des Begriffs „Stiftung" sowie der Gesamtschau stiftungsrechtlicher Normen ergibt.

Aus dem Erfordernis der dauerhaften Zweckverfolgung ergibt sich hinsichtlich der Organisation der Stiftung, dass diese zur ausreichenden Zweckverfolgung in der Lage und entsprechend eingerichtet sein muss. Dem Stifter steht es frei, neben dem Vorstand weitere Organe zu errichten oder nicht.

Das Erfordernis der dauerhaften Zweckverfolgung kann die Forderung nach einem zweckunabhängigen Mindestvermögen nicht stützen. Verbrauchsstiftungen, die für eine gewisse Zeit (mindestens zehn Jahre, § 80 Abs. 2 S. 2 BGB) bestehen, sind zulässig – das Erfordernis der Dauerhaftigkeit verbietet es gerade nicht, das Stiftungsvermögen zur Zweckerfüllung aufzubrauchen.

Demnach ergibt sich aus den speziellen gesetzlichen Regelungen eine Reihe von Anforderungen an das Stiftungsgeschäft, bei deren Nichteinhalten zur Unwirksamkeit führt.

III. Umfang der Unwirksamkeitsfolge

Nach Bestimmung der einzelnen Ursachen für Nichtigkeit und Unwirksamkeit des Stiftungsgeschäfts wird nun untersucht, ob die Gesamtunwirksamkeit des Stiftungsgeschäfts noch durch Umdeutung, Bestätigung oder Teilung abgewendet werden kann. Spezielle Regelungen nach dem Vorbild der §§ 75 Abs. 1 GmbHG, 94, 95 Abs. 1 GenG bestehen – trotz Reform des Stiftungsrechts – nicht. Damit finden die allgemeinen Regelungen Anwendung.[562]

1. Umdeutung, § 140 BGB

Das Stiftungsgeschäft könnte mit Hilfe einer Umdeutung nach § 140 BGB doch noch wirksam werden.[563] Dazu muss das nichtige Stiftungsgeschäft den Erfordernissen eines anderen Rechtsgeschäfts entsprechen und es muss anzunehmen sein, dass der Stifter bei Kenntnis der Nichtigkeit dieses andere Rechtsgeschäft gewollt hätte.[564] Grundsätzlich eröffnen auch einseitige Willenserklärungen die Möglichkeit der Umdeutung.[565]

562 Vgl. *Burgard*, S. 625 f.

563 Dies für eine reine Frage der Auslegung haltend: *Ebersbach*, S. 47.

564 Zu den Voraussetzungen der Umdeutung siehe: *Wendtland*, in: Bamberger/Roth, § 140 Rn. 5 ff.; *Busche*, in: MünchKomm, § 140 Rn. 7 ff.

565 *Busche*, in: MünchKomm, § 140 Rn. 7 m.w.N.

Dazu folgendes Beispiel 22: *S beantragt die Anerkennung einer Stiftung zur Förderung des Cannabis-Anbaus. Noch bevor die Anerkennung wegen Nichtigkeit des Stiftungsgeschäfts (nach § 134 BGB i.V.m. BtMG) endgültig verweigert wurde, wird S aufgrund jahrelangen Cannabis-Konsums dauerhaft geschäftsunfähig. Sein Freund F ist der Ansicht, dass das Stiftungsgeschäft auch derart umgedeutet werden könnte, dass die Förderung von Heilpflanzen-Anbaus gemeint gewesen sei. Auch auf diese Argumentation verweigert die Behörde die Anerkennung.*

Im Falle des Stiftungsgeschäfts ist jedoch kein anderes Rechtsgeschäft denkbar, in welches es umgedeutet werden kann. Der Stifter wollte eine rechtsfähige Stiftung zu einem bestimmten Zweck gründen. Eine Umdeutung muss insoweit mangels Alternativen in der Regel ausscheiden. Liegen Gründe für eine Unwirksamkeit vor, die jedes Stiftungsgeschäft erfassen, so ist eine Umdeutung von vornherein ausgeschlossen.

Abhelfen kann die Umdeutung daher nur, wenn ein anderes Stiftungsgeschäft denkbar ist, welches vom Nichtigkeitsgrund nicht umfasst ist. So etwa, wenn wie im obigen Beispiel 22 die Erfüllung eines anderen – gerade nicht unwirksamen – Zwecks möglich wäre. Dem kann jedoch der Stifterwillen entgegenstehen. Lässt sich diesem entnehmen, dass er keinesfalls einen anderen Zweck verfolgen möchte, so scheidet eine Umdeutung aus. Wird dagegen schon aus den Aussagen des Stifters deutlich, dass er im Falle eines ungültigen Zwecks auch mit der Verfolgung eines anderen Zwecks einverstanden wäre, so bleibt eine Umdeutung möglich.[566] In zeitlicher Hinsicht muss dieses Einverständnis schon bei Vornahme des Stiftungsgeschäfts bestehen.[567] Zur Auslegung des Stifterwillens kann insbesondere auf das Stiftungsgeschäfts selbst zurückgegriffen werden. Dieses wird aber in der Praxis regelmäßig keinen alternativen Zweck andeuten. Hat der Stifter aber ursprünglich bereits die Verfolgung mehrerer Zwecke angestrebt, von denen nur einer als unwirksam anzusehen ist, so muss ausgelegt werden, ob der Stifter gerade die Kombination der verschiedenen Zwecke wollte oder auch deren einzelne Verfolgung in seinem Willen lag. Dann wäre eine Umdeutung denkbar.

Eine Umdeutung nach § 140 BGB kann damit die Nichtigkeitsfolge abwenden, soweit ein anderes Stiftungsgeschäft denkbar ist, welches dem Willen des Stifters entspricht und nicht dem Nichtigkeitsgrund unterfällt.

---

566 Zum hypothetischen Willen: *Arnold*, in: Erman, § 140 Rn. 14 ff.

567 BGH, Urt. v. 13.11.1963, BGHZ 40, 218, 223; *Busche*, in: MünchKomm, § 140 Rn. 22; *Arnold*, in: Erman, § 140 Rn. 15.

2. Bestätigung, § 141 BGB

Auch eine Bestätigung nach § 141 BGB könnte die Nichtigkeit des Stiftungsgeschäfts abwenden. Bei einseitigen Rechtsgeschäften wie dem Stiftungsgeschäft ist erforderlich, dass es erneut vorgenommen wird.[568] Von einem völlig neuen Rechtsgeschäft unterscheidet sich die Bestätigung durch verschiedene Erleichterungen: So muss die Neuvornahme nicht in allen Einzelheiten geschehen, der Stifter kann auf die seinerzeitigen Erklärungen Bezug nehmen.[569] Er könnte also erklären, dass er das Stiftungsgeschäft, so wie er es bereits abgegeben hat, wirklich will.

> Dazu folgendes Beispiel 23: *S hatte im Zustand völliger Trunkenheit ein Stiftungsgeschäft vorgenommen und den Antrag auf Anerkennung gestellt. Als er am nächsten Tag wieder nüchtern erwacht, erzählt ihm sein Freund F von den Handlungen. S will die Stiftung auch in Kenntnis der bisherigen Unwirksamkeit des Stiftungsgeschäfts gründen und unternimmt daher nichts, um die Anerkennung zu stoppen. Gegenüber F erklärt er sein Verhalten. Die Stiftung wird zwei Wochen später anerkannt.*

Nur wenn der Unwirksamkeitsgrund weggefallen ist, kann der Stifter sein Stiftungsgeschäft bestätigen. Die Bestätigung darf nicht an dem gleichen Fehler leiden wie das ursprüngliche Geschäft.[570] War das Stiftungsgeschäft also wie oben aufgrund fehlender Geschäftsfähigkeit nichtig, so muss der Stifter wieder bei klarem Verstand oder gerade volljährig geworden sein. Fehlte eine Bestimmung des Vermögens, so muss der Stifter gerade diese in der Bestätigung nachholen. Zudem muss dem Handelnden bewusst sein, dass das ursprüngliche Geschäft unwirksam war oder er muss zumindest bedeutende Zweifel an der Wirksamkeit haben.[571] Nur dann kann er eine unabhängige Entscheidung treffen und seinen Bestätigungswillen äußern.

Der Bestätigung kommt keine Rückwirkung zu.[572] Das Stiftungsgeschäft ist also auch im Falle der Bestätigung erst ab dem Zeitpunkt der Neuvornahme wirksam.

---

568 Vgl. *Busche*, in: MünchKomm, § 141 Rn. 2; *Arnold*, in: Erman, § 141 Rn. 4.

569 So etwa *Busche*, in MünchKomm, § 141 Rn. 1.

570 Vgl. *Roth*, in: Staudinger, § 141 Rn. 17; *Busche*, in: MünchKomm, § 141 Rn. 10.

571 So auch BGH, Urt. v. 10.05.1995, BGHZ 129, 371, 377; *Busche*, in: MünchKomm, § 141 Rn. 14.

572 BGH, Urt. v. 03.11.1994, BGHZ 127, 262, 268; *Busche*, in: MünchKomm, § 141 Rn. 16.

3. § 139 BGB – Teilnichtigkeit

Zunächst folgendes Beispiel 24: *S möchte eine Stiftung zur Bekämpfung der Jugendarbeitslosigkeit gründen. Der E erpresst ihn und verlangt, ebenfalls einen Sitz im Vorstand der Stiftung zu erhalten. Der S gestaltet daraufhin die Organisation derart, dass E dauerhaft einen der fünf Sitze im Vorstand erhält.*

Es stellt sich die Frage, ob § 139 BGB auch im Stiftungsrecht Anwendung findet und damit die Nichtigkeit jedes noch so kleinen Bestandteils zur Unwirksamkeit des gesamten Stiftungsgeschäfts führt.[573] Für das Stiftungsgeschäft von Todes wegen wurde bereits auf die Beweislastregel des § 2085 BGB hingewiesen.[574] Diese begründet für Testamente gerade die gegenteilige Vermutung, dass sie nämlich im Zweifel wirksam bleiben, auch wenn einzelne Regelungen unwirksam sind. § 139 BGB ist daher in den Fällen des Stiftungsgeschäfts von Todes wegen durch eine speziellere Regelung verdrängt.

Möglich erscheint, dass § 139 BGB auch auf Stiftungsgeschäfte unter Lebenden keine Anwendung findet, weil sie Kreationsakte darstellen.

Dafür spricht, dass im Gesellschaftsrecht die Unwirksamkeit einzelner Vertragsklauseln in Kreationsakten regelmäßig nicht zur Gesamtnichtigkeit der Satzung bzw. des Gesellschaftsvertrages führt.[575] § 139 BGB findet dort allgemein keine Anwendung. Im Aktienrecht folgt dies schon aus der Spezialvorschrift des § 275 AktG, die § 139 BGB vorgeht[576] und die Gründe einschränkt, aus denen die Nichtigkeit der Satzung geltend gemacht werden kann.[577] § 75 GmbHG enthält eine entsprechende, abschließende Regelung für die GmbH: nur in den dort genannten Fällen kann eine Nichtigkeit des Gesellschaftsvertrages angenommen werden.[578] Die überwiegende Mehrheit geht aber darüber hinaus davon aus, dass § 139 BGB auch für die anderen Gesellschaftsformen nicht greift: In den meisten Gesellschaftsverträgen sei die Geltung des § 139 BGB ohnehin durch salvatorische Klauseln ausgeschlossen. Auch bei denen, die auf einen derartigen

---

573 So etwa *Hof*, in: v. Campenhausen/Richter, § 6 Rn. 66; wohl auch: *Ebersbach*, S. 48.

574 Siehe oben C.I.6.b)bb).

575 BGH, Urt. v. 05.02.1968, BGHZ 49, 364, 365; *K. Schmidt*, Gesellschaftsrecht, S. 137.

576 *Busche*, in: MünchKomm, § 139 Rn. 3; *Roth*, in: Staudinger, § 139 Rn. 11; *Hefermehl*, in: Soergel, § 139 Rn. 59.

577 *Drescher*, in: Henssler/Strohn, § 275 AktG Rn. 1.

578 So schon RG, Urt. v. 31.05.1910, RGZ 73, 427, 431; BGH, Bes. v. 09.10.1956, BGHZ 21, 378, 381 f.; KG, Bes. v. 14.11.2000, NJW-RR, 2001, 1117; *Haas*, in: Baumbach/Hueck, § 75 GmbHG Rn. 12; *Büteröwe*, in: Henssler/Strohn, § 75 GmbHG Rn. 4.

Ausschluss verzichtet haben, sei unter Berücksichtigung des Parteiwillens davon auszugehen, dass nicht schon jede Unwirksamkeit einzelner Klauseln automatisch zur Gesamtnichtigkeit des Geschäfts führen soll.[579] Aus dem Charakter des Gesellschaftsvertrags als Organisationsakt wird gefolgert, dass die Gesellschafter unabhängig von der genauen Ausgestaltung jedenfalls die Gesellschaft zur Entstehung bringen wollten.[580] Diese Argumente überzeugen. Gerade in komplexen rechtlichen Konstruktionen, wie sie im Gesellschaftsrecht häufig benötigt werden, können in den Details einzelner Regelungen Fehler unterlaufen, die zur Unwirksamkeit dieser einzelnen Regelungen führen können. Aus Nebenaspekten sollte aber nicht automatisch eine Unwirksamkeit des gesamten Geschäfts abgeleitet werden. Dies entspricht in der Regel dem Parteiwillen. § 139 BGB kann also im Gesellschaftsrecht keine Anwendung finden.

Diese Argumentation lässt sich auch ins Stiftungsrecht übertragen. Zwar besteht keine gegenüber § 139 BGB speziellere gesetzliche Regelung, doch ist das Hauptziel des Stiftungsgeschäfts genau wie bei Gesellschaftsverträgen die Gründung einer selbstständigen juristischen Person. Insoweit gleichen sich die Sachverhalte in beiden Rechtsgebieten. Die Anwendung von § 139 BGB widerspräche ebenfalls dem mutmaßlichen Willen des Stifters. Zudem sprechen besondere Schutzbedürfnisse[581] gegen die Anwendung des § 139 BGB. Solche ergeben sich daraus, dass die Stiftung nach der Anerkennung selbstständig am Rechtsverkehr teilnimmt und der Stifter dann keinen weiteren Einfluss mehr auf die konkreten Aktivitäten hat. Würde die Nichtigkeit kleiner Teile das gesamte Stiftungsgeschäft erfassen, so könnte dies möglicherweise die Rückabwicklung der Stiftung bedeuten.[582]

Die Nichtigkeit eines abgrenzbaren Teils führt daher nicht zur Unwirksamkeit des gesamten Stiftungsgeschäfts. Die Behörde kann die Stiftung trotz einzelner unwirksamer Regelungen anerkennen. Sollte die Unwirksamkeit organisatorische Teile umfassen, steht ihr unter Umständen ein Ergänzungsrecht zu.[583]

---

579 So auch: BGH, Urt. v. 05.02.1968, BGHZ 49, 364, 365; *K. Schmidt,* Gesellschaftsrecht, S. 137 f.; *Röthel*, in: Henssler/Strohn, § 105 HGB Rn. 89; *Roth*, in: Staudinger, § 139 Rn. 22 geht davon aus, dass salvatorische Klauseln im Gesellschaftsrecht eher eine klarstellende Wirkung besitzen.

580 Besonders deutlich dazu OLG Hamburg, Urt. v. 13.07.1990, NJW 1990, 3024, 3025.

581 Diese lassen die Anwendbarkeit entfallen, so für das Vereinsrecht BGH, Urt. v. 06.03.1967, BGHZ 47, 173, 179.

582 Zu den Rechtsfolgen der Nichtigkeit des Stiftungsgeschäfts siehe unten D.

583 §§ 81 Abs. 1 S. 4, 83 S. 2 BGB.

Damit findet § 139 BGB auch im Stiftungsrecht keine Anwendung.[584] Die Frage des Übergriffs von Teilnichtigkeit auf das gesamte Stiftungsgeschäft ist vielmehr anhand der Bedeutung des unwirksamen Teils für das Gesamtkonstrukt Stiftung zu beurteilen. Nur wenn der unwirksame Teil eine solche Bedeutung für das Stiftungsgeschäft hat, dass es ohne diesen Teil nicht bestehen kann, ist das gesamte Stiftungsgeschäft unwirksam. Dies ist insbesondere für die Hauptelemente des Vermögens und des Zwecks der Stiftung anzunehmen.

IV. Zusammenfassung Unwirksamkeitsgründe

Es hat sich in diesem ersten Teil vor allem eines gezeigt: Es gibt zahlreiche praktisch relevante Fälle der Unwirksamkeit des Stiftungsgeschäfts. Die dargestellten Diskussionen bei der Magnus-Gäfgen-Stiftung,[585] der Franz-Schönhuber-Stiftung[586] sowie der Sonnenschein-Stiftung[587] machen die Relevanz des Themas angesichts der steigenden Zahlen der Stiftungsgründung deutlich und geben Anlass zu einer Untersuchung der Bedeutung und des Umfangs der Unwirksamkeitsgründe. Bei den allgemeinen Anforderungen sind teilweise Besonderheiten des Stiftungsgeschäfts zu beachten. Problematisch ist insbesondere das Verhältnis von §§ 134, 138 BGB zum Gemeinwohlvorbehalt des § 80 Abs. 2 BGB.[588] Letzterer ist nach richtiger Ansicht verfassungswidrig und findet daher keine Anwendung.

Neben den Nichtigkeitsgründen aus dem allgemeinen Teil des BGB können auch spezielle Regelungen des Stiftungsrechts zur Unwirksamkeit des Stiftungsgeschäfts führen.[589]

Aus den Konkretisierungen von Literatur und Rechtsprechung ergeben sich zudem Anforderungen hinsichtlich der Fremdnützigkeit[590] und der Dauer[591] der Stiftung, welche zur Unwirksamkeit des Stiftungsgeschäfts führen können.

Der Umfang der Nichtigkeitsfolge muss im Einzelnen bestimmt werden. So kann die Umdeutung nach § 140 BGB sie ganz entfallen lassen, wenn die

584 A.A. wohl *Hof*, in: v. Campenhausen/Richter, § 6 Rn. 66, welcher den § 139 BGB auf die Frage der teilweisen Nichtigkeit des Stiftungsgeschäfts anwendet, ohne näher auf dessen Einschlägigkeit einzugehen, der jedoch an anderer Stelle die Nichtigkeit der Satzung nicht auf das gesamte Stiftungsgeschäft überträgt, § 6 Rn. 134.

585 C.I.5.b).

586 C.I.4.b)aa).

587 C.I.5.c).

588 C.I.4.b)dd) und C.I.5.d).

589 C.II.2.

590 C.II.3.a).

591 C.II.3.b).

Auslegung des Stifterwillens ergibt, dass er auch ein anderes unwirksames Stiftungsgeschäft vorgenommen hätte.[592] Ebenso ist es dem Stifter möglich, das Stiftungsgeschäft nach § 141 BGB zu bestätigen.[593] § 139 BGB findet dagegen grundsätzlich keine Anwendung.[594] Es ist davon auszugehen, dass das Stiftungsgeschäft nicht aufgrund kleiner Mängel komplett unwirksam sein soll. Vielmehr soll die juristische Person Stiftung in der Regel entstehen.

592 C.III.1.
593 C.III.2.
594 C.III.3.

D. Rechtsfolgen der Unwirksamkeit des Stiftungsgeschäfts

Nachdem die Gründe dargelegt wurden, die eine Unwirksamkeit des Stiftungsgeschäfts bewirken können, sollen im nächsten Teil die Folgen einer solchen Unwirksamkeit für den Fall beleuchtet werden, dass die Stiftung dennoch anerkannt wurde.

Unwirksame Rechtsgeschäfte dürfen prinzipiell keinerlei Wirkungen entfalten.[595] Doch hat das unwirksame Stiftungsgeschäft die Behörde in der zu untersuchenden Fallgestaltung veranlasst, die Stiftung als rechtsfähig anzuerkennen. Damit hat es doch zumindest eine tatsächliche Folge ausgelöst.[596] Ob die Stiftung durch diese Anerkennung aber auch wirksam entstanden ist und so auch eine Rechtsfolge ausgelöst wurde, soll – ebenso wie die Folgen einer unwirksamen Stiftungserrichtung – im folgenden Teil der Arbeit untersucht werden.

Dazu sind zunächst der Anerkennungsakt und seine Wirkung auf das unwirksame Stiftungsgeschäft sowie die Stiftung selbst darzustellen (I.). Im Anschluss werden mögliche Ansprüche des Stifters gegen die Stiftung (II.) sowie deren Auswirkungen auf die Stiftung (III.) untersucht. Abschließend wird geklärt werden, wie es sich auf die Stiftungsexistenz auswirkt, wenn der Stifter seine Ansprüche nicht geltend macht (IV.).

I. Wirkung des Anerkennungsaktes

Der Anerkennungsakt als zweite Voraussetzung der Stiftungsgründung nach § 80 Abs. 1 BGB könnte das unwirksame Stiftungsgeschäft heilen oder aber keinerlei Auswirkungen haben. Um dies zu entscheiden (unter 2.) sollen seine Rechtsnatur und das Anerkennungsverfahren zunächst beleuchtet werden (unter 1.).

1. Der Anerkennungsakt

a) Begrifflicher Wandel von „Genehmigung“ zu „Anerkennung“

Die Anerkennung als Gründungsvoraussetzung der Stiftung wurde erst mit der Stiftungsrechtsreform 2002[597] eingeführt. Bis dahin musste eine Stiftung

---

595 Vgl. *Larenz/Wolf* [9], § 44 Rn. 4.

596 Eine rechtliche Nichtigkeit kann das tatsächliche Bestehen nicht verhindern: vgl. *Larenz/Wolf* [9], § 44 Rn. 7.

597 Gesetz zur Modernisierung des Stiftungsrechts vom 15.07.2002, in Kraft seit dem 01.09.2002, BGBl. 2002 I, S. 2634.

„genehmigt" werden.[598] Mit dem neuen Begriff sind jedoch keine rechtlichen Änderungen einhergegangen.[599] Hauptgrund für den Wandel in eine „Anerkennung" war ausweislich der Begründung der Wunsch des Gesetzgebers, dem Begriff der „Genehmigung" den „fremden Hauch eines Relikts aus Zeiten des Obrigkeitsstaates" zu nehmen.[600] Der tatsächliche Charakter der staatlichen Mitwirkung als gebundener Verwaltungsakt sollte verdeutlicht[601] und der einfachgesetzliche Anspruch des Stifters auf Errichtung der Stiftung damit auch begrifflich ausdrücklich zuerkannt werden.[602]

An dieser rein „kosmetischen Korrektur" wurde im Rahmen des Änderungsverfahrens deutliche Kritik geübt.[603] Sie bezog sich weniger auf das Ziel des Gesetzgebers, den auch vorher anerkannten Anspruch auf positive Bescheidung festzuschreiben, als vielmehr auf die Wahl des Begriffs „Anerkennung". Ihm komme bei seiner sonstigen Verwendung im Gesetz eine andere Bedeutung zu: So werde die Anerkennung nicht wie nun in § 80 BGB zur Begründung einer Rechtsperson genutzt, sondern gebe einem bereits bestehenden Rechtsgebilde einen besonderen Rechtsstatus.[604] Dies sei bei der Stiftung nicht möglich, da vor allem eine Vorstiftung, welche durch die Anerkennung die volle Rechtsfähigkeit als neuen Rechtsstatus erhalten könnte, nicht bestehe.[605] Vielmehr entstehe die

---

598 § 80 S. 1 BGB a.F.

599 Vgl. *Hüttemann/Rawert*, in: Staudinger, § 80 Rn. 3; *Reuter*, in: MünchKomm, Vor § 80 Rn. 25; *Hüttemann*, ZHR 167 (2003), 35, 42; *Burgard*, NZG 2002, 697, 698; *Pennitz*, in: HKK, §§ 80–89 Rn. 26; dagegen erkennen *Andrick/Suerbaum*, NJW 2002, 2905, 2907 zumindest eine Klarstellungswirkung; zu der aus der Reform vorgehenden Diskussion vgl. *Reuter*, NPLY 2001, 27, 38 ff.

600 Gesetzesentwurf von SPD und Grünen, BT-Drucks. 14/8277, S. 5.

601 Gesetzesentwurf von SPD und Grünen, BT-Drucks. 14/8277, S. 5.

602 Dies ist auch geschehen: *Nissel*, Rn. 140; die vorher bestehende unklare Lage zeigt sich bei *Sachs*, in: FS Leisner, 955, 965, sowie *Ipsen*, Deutsches Stiftungswesen 1977–1988, 151, 156, die einen Anspruch auf Genehmigung nach dem BGB noch ablehnen.

603 *K. Schmidt*, ZHR 166 (2002), 145, 145; *Burgard*, NZG 2002, 697, 698; *Hüttemann*, ZHR 167 (2003), 35, 42 f.; *Rawert*, FAZ v. 23.04.2002, S. 51; a.A. *Andrick*, DVBl. 2003, 1246, 1248 f.

604 So etwa bei § 26 Abs. 1 AsylVfG (Anerkennung als Asylberechtigter), § 14 Abs. 1 KDVG (Anerkennung eines Kriegsdienstverweigerers), § 32 HG NRW (Anerkennung einer Einrichtung als solche der Hochschule); vgl. dazu vertiefend *Andrick*, ZSt 2003, 3, 8; *Schewe*, S. 99 f. mit weiteren Beispielen.

605 Vgl. nur *Hüttemann/Rawert*, in: Staudinger, § 80 Rn. 37 ff. m.w.N.; a.A. *Koos*, S. 233 ff., 255; *Werner*, in: Erman, Vor § 80 Rn. 22.

Stiftung durch die Anerkennung „mit einem Schlage“[606]. Die Kritik überzeugt. Zwar kann ein Begriff in verschiedenen Gesetzen durchaus unterschiedliche Bedeutung erlangen,[607] doch erscheint dies nicht erstrebenswert, wenn auch ein anderer Begriff gefunden werden kann.[608]

Da aber der Gesetzgeber eine endgültige Entscheidung getroffen hat und mit der begrifflichen Änderung keine sachliche angestrebt wurde, ist die Kritik zu Recht nicht weiter verfolgt worden.

b) Rechtsnatur

Der Anerkennungsakt ist Verwaltungsakt im Sinne des § 35 S. 1 VwVfG. Durch ihn entsteht die Stiftung in der Form, die das Stiftungsgeschäft vorgibt. Weil der Behörde eine hoheitliche Befugnis zugestanden wird, kommt im Anerkennungsverfahren öffentliches Recht zur Anwendung.[609] Da die Stiftung durch den Verwaltungsakt zudem ihre Existenz und damit Rechtsfähigkeit erlangt, ist er privatrechtsgestaltend.[610]

Nach allgemeiner Ansicht handelt es sich um einen begünstigenden Verwaltungsakt: Die Anerkennung wird auf Antrag des Stifters erteilt und entspricht damit seinen Interessen.[611] Andere argumentieren, dass mit der Anerkennung auch Verpflichtungen entstehen – es handele sich daher um einen belastenden Verwaltungsakt.[612] So müsse der Stifter das Vermögen an die Stiftung übertragen, § 82 S. 1 BGB.[613] Diese Verpflichtung beruht aber gerade nicht auf der Anerkennung selbst, sondern auf dem vom Stifter vorgenommenen Stiftungsgeschäft. Das ergibt sich schon aus dem Wortlaut des § 82 BGB: Danach ist nur das im

---

606 Mit entsprechender Herleitung: *Rittner*, S. 41.

607 Vgl. *Larenz*, Methodenlehre, S. 312.

608 *Andrick/Suerbaum*, NJW 2002, 2905, 2906 sehen in dieser Argumentation kein zwingendes Hindernis für den Gebrauch des Begriffs Anerkennung.

609 Vgl. *Volkholz*, S. 320; *Andrick/Suerbaum*, NWVBl. 9/1999, 329, 329.

610 Noch zu der Genehmigung: BVerwG, Urt. v. 26.04.1968, BVerwGE 29, 314, 316; VGH Mannheim, Bes. v. 17.09.1984, NJW 1985, 1573, 1574; *Ebersbach*, S. 56; keine Veränderung durch Umbenennung im Reformgesetz: *Backert*, in: Bamberger/Roth, § 80 Rn. 40; *Schwarz*, DStR 2002, 1718, 1720; *Andrick*, DVBl. 2003, 1246, 1246; *Andrick*, in: Saenger/Bayer/Koch/Körber, 31, 35; *Schlüter*, in: Henssler/Strohn, § 80 Rn. 20; *Reuter*, in: MünchKomm, §§ 80, 81 Rn. 67.

611 Vgl. nur *Hüttemann/Rawert*, in: Staudinger, § 80 Rn. 5.

612 In einem obiter dictum: BVerwG, Urt. v. 26.04.1968, BVerwGE 29, 314, 316; *Reuter*, in: MünchKomm, §§ 80, 81 Rn. 69 folgert daraus, dass es sich um einen „janusköpfigen Verwaltungsakt“, sowohl begünstigend als auch belastend, handelt.

613 Vgl. etwa BVerwG, Urt. v. 26.04.1968, BVerwGE 29, 314, 316.

Stiftungsgeschäft zugesicherte Vermögen zu übertragen.[614] Das Stiftungsgeschäft bietet demnach die Rechtsgrundlage, nach welcher die Stiftung den Stifter in Anspruch nehmen kann.[615] Die Anerkennung selbst begründet damit keine Verpflichtungen und wird zu Recht als begünstigend angesehen.

Der Stifter hat einen Anspruch auf Erteilung des Verwaltungsaktes, weil dessen Voraussetzungen in § 80 Abs. 2 BGB nach dem Willen des Gesetzgebers abschließend festgelegt sind.[616] Es handelt sich bei der Anerkennung also um einen gebundenen Verwaltungsakt.[617] Er darf nicht an Bedingungen geknüpft werden.[618] Dies bestätigt sein privatrechtsgestaltender Charakter – nur wenn er endgültig ergeht, kann er unmittelbare Rechtsfolgen auslösen.[619] Einzige Ausnahme stellt die Anerkennung unter der aufschiebenden Bedingung der Erfüllung aller Anerkennungsvoraussetzungen dar.[620] Die Stiftung wird dann erst mit Erfüllung der aufschiebenden Bedingung rechtswirksam anerkannt.[621]

Die Anerkennung ist damit ein begünstigender, privatrechtsgestaltender Verwaltungsakt, welcher grundsätzlich nicht an Bedingungen geknüpft werden darf.

c) Anerkennungsverfahren

Damit die Stiftung als Rechtsperson anerkannt wird, muss der Stifter beim Stiftungsgeschäft unter Lebenden einen Antrag bei der zuständigen Behörde stellen.[622] Dies lässt sich aus § 81 Abs. 2 S. 2 BGB ableiten, in welchem die Behörde als besonderer Widerrufsempfänger nach Antragsstellung genannt wird. Aus dem Widerrufsrecht des § 81 Abs. 2 S. 1 BGB folgt zudem, dass es sich bei dem

---

614 So wohl auch: *Backert*, in: Bamberger/Roth, § 82 Rn. 3; *Hüttemann/Rawert*, in: Staudinger, § 82 Rn. 2.

615 Vgl. zu den Rückforderungsmöglichkeiten des Stifters bei Nichtigkeit des Stiftungsgeschäfts unten D.II.

616 Vgl. *Nissel*, Rn. 140.

617 *Wochner*, in: Jahreshefte zum Stiftungswesen 2008, 79, 80.

618 *Reuter*, in: MünchKomm, §§ 80, 81 Rn. 67; *Hüttemann/Rawert*, in: Staudinger, § 80 Rn. 13; *Backert*, in: Bamberger/Roth, § 80 Rn. 51; *Hof*, in: v. Campenhausen/Richter, § 6 Rn. 267; *Strickrodt*, S. 40, 616; *Burgard*, S. 176; wohl auch: *Ebersbach*, S. 64.

619 Vgl. *Hof*, in: v. Campenhausen/Richter § 6 Rn. 267.

620 Vgl. *Hüttemann/Rawert*, in: Staudinger, § 80 Rn. 11; *Reuter*, in: MünchKomm, §§ 80, 81 Rn. 67.

621 BGH, Urt. v. 09.02.1978, BGHZ 70, 313, 322 f.

622 Vgl. *Reuter*, in: MünchKomm, §§ 80, 81 Rn. 55; *Hof*, in: v. Campenhausen/Richter, § 6 Rn. 283; *Hüttemann/Rawert*, in: Staudinger, § 80 Rn. 10; *Neuhoff*, in: Soergel, § 80 Rn. 14; *Schlüter/Stolte*, Kap. 2 Rn. 75; *Sontheimer*, S. 46.

Antrag um ein zwingendes Erfordernis handelt. Würde die Behörde die Stiftung unter Lebenden ohne Antrag anerkennen, so nähme sie dem Stifter die Möglichkeit des jederzeitigen Widerrufs. Die Stiftungsbehörde könnte dann sogar ohne Kenntnis des Stifters anerkennen.[623] Fehlt der Antrag, so kann der Stifter die Anerkennung anfechten.[624]

Ausdrücklich anders stellt sich die Lage bei der Stiftung von Todes wegen dar: Nach § 83 BGB hat das Nachlassgericht die Stiftungsbehörde von der Existenz des Stiftungsgeschäfts zu unterrichten, sodass sie eine Anerkennung auch ohne einen entsprechenden Antrag der Erben schon bei Kenntniserlangung aussprechen kann.[625] Dies trägt dem Willen des Stifters Rechnung, welcher das Stiftungsgeschäft in seine letztwillige Verfügung aufgenommen hat und das Entstehen der Stiftung nicht in die Hände der Erben legen wollte.[626] Er kann seinen Willen nicht mehr ändern und bedarf daher keines Schutzes durch die Antragspflicht.

Die Behörde entscheidet über die Anerkennung der Stiftung und gibt nach § 41 Abs. 1 S. 1 VwVfG ihre Entscheidung dem Stiftungsvorstand oder – beim Stiftungsgeschäft unter Lebenden – dem Antragsteller bekannt.[627] Die Stiftung entsteht mit Zugang der Anerkennung.[628] Ab diesem Zeitpunkt ist sie als juristische Person rechtsfähig, ihre Organe werden bestellt und nehmen ihre Tätigkeit auf.

2. Wirkungen

An die Anerkennung sind gesetzlich verschiedene Wirkungen geknüpft. Diese werden im Folgenden dargestellt. Insbesondere wird untersucht, welchen Einfluss die Unwirksamkeit des Stiftungsgeschäfts hat.

---

623 Vgl. *Hüttemann/Rawert*, in: Staudinger, § 80 Rn. 10.

624 Vgl. *Reuter*, in: MünchKomm, §§ 80, 81 Rn. 55; *Hüttemann/Rawert*, in: Staudinger, § 80 Rn. 10 sehen die Anerkennung bei fehlendem Antrag sogar als unwirksam an; dagegen ist *Hof*, in: v. Campenhausen/Richter, § 6 Rn. 263 der Ansicht, die Mitwirkung des Stifters liege bereits in der im Stiftungsgeschäft dokumentierten Absicht der Stiftungserrichtung.

625 Vgl. *Schlüter/Stolte*, Kap. 2 Rn. 116; *Sontheimer*, S. 46.

626 Vgl. *Hof*, in: v. Campenhausen/Richter, § 6 Rn. 284.

627 Vgl. *Hüttemann/Rawert*, in: Staudinger, § 80 Rn. 12; *Reuter*, in: MünchKomm, §§ 80, 81 Rn. 68; *Hof*, in: v. Campenhausen/Richter, § 6 Rn. 346; *Burgard*, S. 175; *Mirbach*, S. 63; explizit gegen die Bekanntgabe gegenüber dem Vorstand: *Schauhoff*, in: Schauhoff, § 3 Rn. 22.

628 Dies ergibt sich aus §§ 41, 43 VwVfG.

a) *Rechtsfähigkeit der Stiftung*

aa) Grundsätzliche Wirkung bei Wirksamkeit des Stiftungsgeschäfts

Die wichtigste Rechtsfolge der Anerkennung ergibt sich aus § 80 Abs. 1 BGB.[629] Die Stiftung erhält ihre rechtliche Persönlichkeit unmittelbar und vollständig zu dem Zeitpunkt, in dem der Verwaltungsakt der Anerkennung wirksam wird.[630]

Diese Ansicht ist nicht unumstritten. Oftmals dauert die Prüfung durch die Behörde und die anschließende Anerkennung einige Wochen oder gar Monate.[631] In der Zwischenzeit besteht ein Schwebezustand. Der Stifter muss das der Stiftung versprochene Vermögen in seinem Bestand erhalten[632], kann es ihr aber noch nicht übertragen. Darüber hinaus ist es nicht möglich, den Zweck bereits vor Anerkennung zu fördern, da der Stiftung noch keine Rechtsfähigkeit zukommt und sie daher weder Verträge schließen noch andere Vorbereitungshandlungen treffen kann. Das stört insbesondere dann, wenn der Stiftungszweck nach dem Willen des Stifters rasch verfolgt werden soll. Diese Schwierigkeiten ließen sich dadurch lösen, dass der Stiftung eine zumindest eingeschränkte Rechtsfähigkeit bereits vor der Anerkennung zugesprochen wird. Im Anschluss an die Konstruktionen im Vereins- und Gesellschaftsrecht findet daher die „Vorstiftung" in der Literatur immer mehr Anhänger.[633] Eine solche Konstruktion

---

629 Vgl. auch: *Mecking*, in: MünchHdbGesR Bd. V, § 88 Rn. 9; *Ebersbach*, S. 68; zum Sinn der Anerkennung als Ersatz einer „natürlichen Rechtsfähigkeit": *Savigny*, S. 278.

630 Mit entsprechender Herleitung: *Rittner*, S. 36 ff.; die Anerkennung wird mit Bekanntgabe gegenüber dem Stifter/seinen Erben/dem Testamentsvollstrecker wirksam: OVG Münster, Bescheid v. 08.10.1958, NJW 1959, 1700, 1700; *Hüttemann/Rawert*, in: Staudinger, § 80 Rn. 12; *Reuter*, in: MünchKomm, §§ 80, 81 Rn. 71; a.A. *Hof*, in: v. Campenhausen/Richter, § 6 Rn. 346 und *Neuhoff*, in: Soergel, § 80 Rn. 16, nach denen auch eine Zustellung an den Stiftungsvorstand möglich ist.

631 Nach den Angaben des Abschlussberichts der Bund-Länder-Arbeitsgruppe Stiftungsrechts dauerte ein Anerkennungsverfahren in den Jahren 1990–2000 durchschnittlich 193 Tage, S. 17; nach *Dietlein/Thiel*, ZRP 2001, 72, 75 dauert die Anerkennungsphase in NRW sogar 10 Monate; *Schlüter*, in: Henssler/Strohn, § 80 Rn. 23 nennt als Idealfall drei Monate.

632 Ansonsten besteht ein Schadensersatzanspruch analog § 160 BGB, vgl. *Backert*, in: Bamberger/Roth, § 82 Rn. 3; *Reuter*, in: MünchKomm, § 82 Rn. 3 ff.; *Hüttemann/Rawert*, in: Staudinger, § 82 Rn. 7; *Ebersbach*, S. 69 f.; *Hof*, in: v. Campenhausen/Richter, § 6 Rn. 42; im Ergebnis ähnlich *Neuhoff*, in: Soergel, § 82 Rn. 2, der die §§ 2287 f. analog anwendet; a.A. *Flume*, AT I 2, S. 139.

633 *Beuthien*, in: MünchHdbGesR Bd. V, § 77 Rn. 36; *Schwake*, in: MünchHdbGesR Bd. V, § 84 Rn. 12; *Werner*, in: Werner/Saenger, Rn. 379; *Werner*, in: Erman, Vor

muss aber insbesondere an dem bedingungslosen Widerrufsrecht des Stifters vor Anerkennung nach § 81 Abs. 2 S. 1 BGB scheitern, mit welchem er die Existenz der Stiftung noch vollständig verhindern kann.[634]

Die Stiftung besitzt damit vor Anerkennung keinerlei – auch keine eingeschränkte – Rechtsfähigkeit. Sie hat keine eigenen Rechte und kann keine Verpflichtungen eingehen, auch nicht um ihre Anerkennung voranzutreiben. Erst mit der Anerkennung durch die Behörde entsteht die Stiftung als Rechtsperson „auf einen Schlag"[635].

bb) Wirkung bei Unwirksamkeit des Stiftungsgeschäfts

Ob die Anerkennung die Rechtsfähigkeit der Stiftung auch bei Unwirksamkeit des Stiftungsgeschäfts bewirken kann, soll nun untersucht werden.

(1) Keine Heilung der Mängel des Stiftungsgeschäfts

Die Anerkennung kann Mängel des Stiftungsgeschäfts nicht heilen.[636] Es wird durch diesen Verwaltungsakt nicht wirksam.[637] Die Anerkennung bezieht sich nur auf die Existenz der Stiftung und nicht auf das Stiftungsgeschäft.[638] Beide Voraussetzungen der Stiftungsgründung stehen – wie sich schon aus § 80 Abs. 1 BGB ergibt – selbstständig nebeneinander.[639]

Gegen eine Heilung spricht auch, dass die Behörde nicht dazu berufen ist, über die Gültigkeit des Stiftungsgeschäfts zu entscheiden.[640] Streitigkeiten, die

---

§ 80 Rn. 22; *Ellenberger*, in: Palandt, § 80 Rn. 2; *Wachter*, ZEV 2003, 445, 446; *Uhl*, Iurratio 2010, 202, 204; wohl auch *Muscheler*, ZEV 2003, 41, 49; so aber auch schon: *Schwinge*, BB 1978, 527, 528.

634 Ausführlich zu den Argumenten gegen die Vorstiftung und unter Verweis auf die weitere Literatur: *Hüttemann/Rawert*, in: Staudinger, § 80 Rn. 37 ff.

635 *Rittner*, S. 41.

636 Zur Genehmigung so schon: BVerwG, Urt. v. 26.04.1968, BVerwGE 29, 314, 316; BGH, Urt. v. 09.02.1978, BGHZ 70, 313, 321; *Neuhoff*, in: Soergel, § 80 Rn. 15; *Steffen*, in: RGRK, § 80 Rn. 5; auch heute noch herrschende Meinung: *Reuter*, in: MünchKomm, §§ 80, 81 Rn. 2; *Hüttemann/Rawert*, in: Staudinger, § 80 Rn. 6; *Ellenberger*, in: Palandt, § 80 Rn. 2; *Backert*, in: Bamberger/Roth, § 80 Rn. 40.

637 BGH, Urt. v. 09.02.1978, BGHZ 70, 313, 321; BVerwG, Urt. v. 26.04.1968, BVerwGE 29, 314, 316; *Reuter*, in: MünchKomm, §§ 80, 81 Rn. 2; *Mecking*, in: MünchHdbGesR Bd. V, § 88 Rn. 12; *Burgard*, S. 625 f.; *Schauhoff*, in: Schauhoff, § 3 Rn. 169; *Hof*, in: v. Campenhausen/Richter, § 6 Rn. 67; *Ebersbach*, S. 47; *Wochner*, in: Jahreshefte zum Stiftungswesen 2008, 79, 81.

638 *Schwarz*, DStR 2002, 1718, 1720; *Ebersbach*, S. 56.

639 BGH, Urt. v. 09.02.1978, BGHZ 70, 313, 326.

640 BVerwG, Urt. v. 26.04.1968, BVerwGE 29, 314, 316.

sich auf die Wirksamkeit des Stiftungsgeschäfts beziehen, sind vielmehr nach § 13 GVG vor einem Zivilgericht auszutragen.[641] Die Behörde überprüft nur, ob die einzelnen Voraussetzungen nach § 80 Abs. 2 BGB überhaupt vorliegen. Später kommt eine Aufsicht hinzu, die darauf achtet, dass die Organe der Stiftung den Willen des Stifters, wie er sich aus dem Stiftungsgeschäft ergibt, verfolgen.

Das bedeutet aber nicht, dass die Behörde blind über eine offensichtliche Unwirksamkeit des Stiftungsgeschäfts hinweg sehen darf. Es würde dann nämlich an einer der in § 80 Abs. 1 BGB gesetzlich vorgeschriebenen Anerkennungsvoraussetzungen fehlen. Doch der Schwerpunkt der behördlichen Prüfung liegt im öffentlichen Recht. Hat die Behörde Zweifel an der Gültigkeit des Rechtsgeschäfts, so kann sie eine Anerkennung bis zur Klärung der Rechtslage verweigern.[642] Dafür spricht auch der Grundsatz des Vorrangs des Gesetzes.[643] Das Handeln der Verwaltung darf danach nicht gegen das Gesetz verstoßen. Ein solcher Gesetzesverstoß – gegen § 80 Abs. 1 BGB – läge aber vor, wenn die Behörde eine Stiftung anerkennen würde, obwohl das zugrunde liegende Stiftungsgeschäft unwirksam ist. Dem Stifter steht es frei, gegen die ablehnende Entscheidung Verpflichtungsklage zu erheben und so eine gerichtliche Entscheidung auch über die Wirksamkeit des Stiftungsgeschäfts erlangen.[644]

Die Anerkennung hat folglich keine Auswirkungen auf die Mängel des Stiftungsgeschäfts. Es bleibt auch nach Anerkennung unwirksam.

(2) Bestandskräftiger Verwaltungsakt

Wenn aber der Anerkennungsakt die Fehler des Stiftungsgeschäfts nicht heilt, so stellt sich die Frage nach den Auswirkungen der Unwirksamkeit auf die Stiftungserrichtung. Nach § 80 Abs. 1 BGB ist gerade das wirksame Stiftungsgeschäft Voraussetzung für die Anerkennungsfähigkeit der Stiftung. Die Anerkennung könnte daher bei Unwirksamkeit des Stiftungsgeschäfts ins Leere gehen und die Stiftung gar nicht entstehen.[645] Andererseits könnte die Stiftung aufgrund der Konstruktion einer „fehlerhaften Stiftung" bestehen. Die wirksam entstandene

---

641 Vgl. *Burgard*, S. 349.

642 So insbesondere auch schon: BVerwG, Urt. v. 26.04.1968, BVerwGE 29, 314, 316; *Kronke*, S. 45.

643 Vgl. ausführlich: *Grzeszick*, in: Maunz/Dürig, Art. 20 VI. Abschnitt Rn. 72 ff.

644 Vgl. *Reuter*, in: MünchKomm, §§ 80, 81 Rn. 69.

645 So etwa RG, Urt. v. 09.09.1942, RGZ 170, 22, 23 f., welches der Stiftung im Anschluss aber zumindest eine beschränkte Rechtsfähigkeit für den Zeitraum eines möglichen Prozesses einräumt; *Ebersbach*, S. 56.

Stiftung würde fingiert.[646] Schließlich könnte die Stiftung trotz der Unwirksamkeit des Stiftungsgeschäfts vollwirksam entstanden sein.[647]

Gegen eine vollkommene Wirkungslosigkeit der Anerkennung im Falle der Unwirksamkeit des Stiftungsgeschäfts spricht schon das Verwaltungsrecht. Erlässt eine Behörde einen Verwaltungsakt, so entfaltet er stets Rechtswirkungen, es sei denn er ist nichtig. Ein Nichtigkeitsgrund nach § 44 VwVfG liegt aber für die Anerkennung nicht automatisch vor, nur weil das Stiftungsgeschäft unwirksam ist.[648] Stiftungsgeschäft und Anerkennung bestehen unabhängig nebeneinander[649] und Stifter und Rechtsverkehr vertrauen auf den Bestand der Stiftung. Sie nimmt tatsächlich am Rechtsverkehr teil. Die Anerkennung muss daher auch bei Unwirksamkeit des Stiftungsgeschäfts Wirkungen entfalten.

Eine Lösung könnte die Einordnung als „fehlerhafte Stiftung" darstellen. Diese Konstruktion wäre angelehnt an die „fehlerhafte Gesellschaft", welche ursprünglich für Kapitalgesellschaften entwickelt wurde.[650] Sie führt bei Verbänden, die aufgrund eines von Anfang an nichtigen Gesellschaftsvertrages tatsächlich in Vollzug gesetzt wurden und denen keine vorrangigen Schutzanliegen entgegenstehen, zu einer Fiktion der Rechtsfähigkeit.[651] Dies ähnelt auf den ersten Blick der trotz unwirksamen Stiftungsgeschäfts anerkannten Stiftung. Aber auch die relevanten Unterschiede zeigen sich: Die Stiftung erlangt ihre Rechtspersönlichkeit gemäß § 80 Abs. 1 BGB immer durch die Anerkennung der Behörde, nicht aber durch Invollzugsetzen vor dem staatlichen Mitwirkungsakt wie dies bei Kapitalgesellschaften möglich ist. Im Gegenteil entspricht es der herrschenden

646 So wohl *Mecking*, in: MünchHdbGesR Bd. V, § 88 Rn. 4; *Wochner*, in: Jahreshefte zum Stiftungswesen 2008, 79, 81; *Kronke*, S. 45.

647 So etwa *Karper*, S. 104; so ist wohl auch BVerwG, Urt. v. 26.04.1968, BVerwGE 29, 314, 316 f. zu verstehen.

648 *Hüttemann/Rawert*, in: Staudinger, § 80 Rn. 6; insbesondere könnte eine Nichtigkeit nach § 44 Abs. 2 Nr. 4 VwVfG vorliegen, wenn die Stiftung aufgrund tatsächlicher Gründe nicht existieren kann oder nach § 44 Abs. 2 Nr. 5 VwVfG, wenn ihre Existenz nur durch Begehen einer rechtswidrigen Tat gesichert werden kann, näher zu den Nichtigkeitsgründen in § 44 VwVfG: *Sachs*, in: Stelkens/Bonk/Sachs, § 44 VwVfG Rn. 143 ff.

649 Siehe dazu soeben D.I.2.a)bb)(1); zudem: BGH, Urt. v. 09.02.1978, BGHZ 70, 313, 326; *Ebersbach*, S. 47.

650 Zur GmbH siehe: *Michalski*, in: Michalski, § 2 GmbHG Rn. 51 ff.; so auch für die Personengesellschaften gültig: *Roth*, in: Baumbach/Hopt, § 105 HGB Rn. 75 ff.

651 Vgl. *K. Schmidt*, Gesellschaftsrecht, S. 147 ff. mit kritischen Anmerkungen zur letztgenannten Voraussetzung.

Meinung, dass eine „Vor-Stiftung" nicht existieren kann.[652] Es ist der Stiftung damit gar nicht möglich, vor Anerkennung zu handeln. Dies allein würde die Ablehnung einer der fehlerhaften Gesellschaft entsprechenden Rechtsfigur im Stiftungsrecht bereits rechtfertigen.[653]

Doch sprechen noch weitere Gründe gegen die „fehlerhafte Stiftung". Zum einen wurde bereits dargelegt, dass die Anerkennung nicht das Stiftungsgeschäft bestätigt, sondern die Stiftung unabhängig davon begründet.[654] Der Anerkennungsakt beruht damit nicht auf dem Stiftungsgeschäft, dessen Unwirksamkeit hat keine unmittelbaren Auswirkungen auf den Verwaltungsakt. Die Wirksamkeit von Anerkennung und Stiftungsgeschäft sind grundsätzlich unabhängig voneinander.[655] Das Bestehen der Stiftung muss daher nicht fingiert werden.

Zum anderen können die Gesellschafter in den Fällen, in denen eine „fehlerhafte Gesellschaft" anerkannt wurde, – anders als bei der Stiftung – diesen rechtswidrigen Zustand beenden. §§ 75 Abs. 1 GmbHG, 275 Abs. 1 AktG, 94, 95 Abs. 1 GenG ermöglichen es den Gesellschaftern von GmbH, AG und Genossenschaft eine Nichtigkeitsklage zu erheben, durch welche sie die Aufhebung der jeweiligen fehlerhaft entstandenen Gesellschaft betreiben.[656] Und auch bei der GbR ist anerkannt, dass die Gesellschafter diese durch außerordentliche Kündigung nach § 723 Abs. 2 BGB aufheben können.[657] Für die Stiftung existiert keine entsprechende Norm. Dies beruht insbesondere auf den Unterschieden zu den anderen Gesellschaftsformen: Hinter ihr stehen keine Gesellschafter, vielmehr handelt es sich um eine verselbstständigte Vermögensmasse.[658] Der Vorstand als Verwaltungsorgan ist nicht mit den gleichen Rechten wie die Gesellschafter anderer Gesellschaftsformen ausgestattet. Aufgrund dieser fehlenden rechtlichen Vergleichbarkeit können die Normen aus dem Gesellschaftsrecht hier nicht auf die Stiftung übertragen werden. Ohne gesetzliche Sonderregelung muss es in

---

652 Vgl. nur *Reuter*, in: MünchKomm, §§ 80, 81 Rn. 71.

653 So insbesondere *Volkholz*, S. 321; a.A. *Mecking*, in: MünchHdbGesR Bd. V, § 85 Rn. 3; *K. Schmidt*, Gesellschaftsrecht, S. 141, welcher die fehlerhaft errichtete Stiftung ebenfalls als einen Fall der fehlerhaften Gesellschaft ansieht und die Wirksamkeit kraft Vollzug und kraft Staatsakt gleichsetzt.

654 Siehe oben D.I.2.a)bb)(1).

655 Vgl. *Burgard*, S. 625.

656 Vgl. zur Klagebefugnis jeden einzelnen Gesellschafters bei der GmbH: *Haas*, in: Baumbach/Hueck, § 75 GmbHG Rn. 20.

657 So zur OHG schon: BGH, Urt. v. 24.10.1951, BGHZ 3, 285, 290; explizit zur GbR vgl. *Ulmer*, in: MünchKomm, § 705 Rn. 345; *Schöne*, in: Bamberger/Roth § 705 Rn. 92; *Servatius*, in: Henssler/Strohn, § 705 BGB Rn. 37.

658 Vgl. nur *Backert*, in: Bamberger/Roth, § 80 Rn. 3.

Bezug auf die Stiftung aber bei dem Grundsatz bleiben, dass ein staatlicher Akt lediglich mit Hilfe einer weiteren formalen, behördlichen Entscheidung aufgehoben, widerrufen oder zurückgenommen werden kann, § 43 Abs. 2 VwVfG.[659] Bis dahin entfaltet die Anerkennung volle Wirksamkeit, die Stiftung entsteht ohne Gebrauch einer Fiktion. Dies überzeugt auch in Bezug auf einen weiteren Aspekt: Der Vorstand müsste ansonsten bei Annahme der „fehlerhaften Stiftung" trotz Kenntnis der Fehlerhaftigkeit bis zu einer weiteren staatlichen Entscheidung die Geschäfte führen. Eine solche staatliche Entscheidung könnte jedoch – ebenso wie die Anerkennung – einen längeren Zeitraum in Anspruch nehmen, wodurch andere Verkehrsteilnehmer unnötig gefährdet würden.

Daraus ergibt sich, dass die Existenz der Stiftung, welche trotz unwirksamen Stiftungsgeschäfts anerkannt wurde, nicht fingiert werden muss.[660] Auch eine solche Stiftung ist in vollem Umfang rechts- und geschäftsfähig.[661]

b) Anspruch der Stiftung auf Übertragung des zugewandten Vermögens

Mit Anerkennung durch die Behörde erwirbt die Stiftung den schuldrechtlichen Anspruch gegen den Stifter auf Übertragung des Vermögens, § 82 S. 1 BGB.[662] Rechtsgrund der Vermögensübertragung ist zwar das Stiftungsgeschäft,[663] doch entsteht der Anspruch, wie die Stiftung selbst, erst mit Anerkennung, da sie vorher nicht Gläubiger sein kann.[664] Zweite Rechtsfolge der Anerkennung ist daher die Entstehung eines Übertragungsanspruchs.

Zur Erfüllung dieses Anspruchs werden die jeweiligen Sachen einzeln übereignet (z.B. nach §§ 929 ff. BGB). Bei unbeweglichen Sachen ist daher auch eine

659 Vgl. *Sachs*, in: Stelkens/Bonk/Sachs, § 43 VwVfG Rn. 190 ff.; *Schwarz*, in: Fehling/Kastner/Strömer, § 43 VwVfG Rn. 30 ff.

660 Entspricht der nun wohl herrschenden Meinung: vgl. *K. Schmidt*, Stiftungswesen, S. 14 ff.; *Backert*, in: Bamberger/Roth, § 80 Rn. 40 m.w.N.; *Volkholz*, S. 321; so auch zur Rechtsfolge der Anerkennung trotz widerrufenem Stiftungsgeschäft: *Gantenbrink*, S. 141; a.A. noch *Mecking*, in: MünchHdbGesR Bd. V, § 85 Rn. 3.

661 So auch schon das BVerwG, Urt. v. 26.04.1968, BVerwGE 29, 314, 316; *Hüttemann/Rawert*, in: Staudinger, § 80 Rn. 6; *Andrick*, in: Saenger/Bayer/Koch/Körber, 31, 35; vgl. *Schewe*, S. 99 mit Hinweis auf die vor der Stiftungsrechtseform 2002 bestehende Ansicht, die er übertragen möchte.

662 Vgl. *Reuter*, in: MünchKomm, § 82 Rn. 1; *Hüttemann/Rawert*, in: Staudinger, § 82 Rn. 2; *Volkholz*, S. 322; *Ebersbach*, S. 68; *Sontheimer*, S. 36.

663 So schon *Eichinger*, S. 26.

664 So wohl auch *Ellenberger*, in: Palandt, § 82 Rn. 1; *Eichinger*, S. 27.

Eintragung ins Grundbuch erforderlich.[665] Darüber hinaus gehen Rechte i.S.d. §§ 398, 413 BGB – das heißt solche, für deren Übertragung ein Abtretungsvertrag ausreichend ist – ohne weitere Verfügungen auf die Stiftung über, sobald sie anerkannt wurde. Etwas anderes gilt nur, wenn sich aus dem Stiftungsgeschäft ein anderer Wille des Stifters ergibt, § 82 S. 2 BGB.[666]

Ist das Stiftungsgeschäft unwirksam, so fehlt der Rechtsgrund des Anspruchs. § 82 BGB kann dann keine Pflicht zur Übertragung der Vermögenswerte begründen. Auch gehen die Rechte im Sinne der §§ 398, 413 BGB nicht über. An diesem Ergebnis ändert es auch nichts, dass die Anerkennung ein privatrechtsgestaltender Verwaltungsakt ist.[667] Die Gestaltungswirkung erschöpft sich in der Errichtung der juristischen Person Stiftung. Der Inhalt des Stiftungsgeschäfts, insbesondere die Pflicht zur Vermögensübertragung, wird dagegen nicht bestätigt.[668] Dieses Ergebnis ist auch mit dem Wortlaut des § 82 BGB vereinbar. Dort heißt es, der Stifter müsse mit Anerkennung „das im Stiftungsgeschäft zugesicherte Vermögen" übertragen. Durch das unwirksame Stiftungsgeschäft hat der Stifter das Vermögen aber gerade nicht wirksam zugesichert.[669] Eine Zusicherung erfordert im BGB allgemein eine Erklärung, die rechtlich bindend abgegeben wurde und die daher bei Unwirksamkeit des Rechtsgeschäfts gerade fehlt.[670] Darüber hinaus ist es überzeugend, aus dem Wortlaut keinen sachlichen, sondern vielmehr nur einen zeitlichen Zusammenhang abzulesen. *Gantenbrink* begründet dies mit der inhaltlichen Verwandtschaft des § 82 S. 2 BGB mit § 1922 Abs. 1 BGB.[671] Eine Übertragungspflicht bzw. Übertragung ipso iure folge nach beiden Normen in zeitlicher Hinsicht dem wirksamen sachlichen Grund – ohne diesen käme es gerade nicht zu einer Übertagung.[672] Eines Rückgriffs auf § 82 S. 2 HS 2 BGB, den entgegenstehenden Willen des Stifters, bedarf es damit entgegen *Burgard*[673] nicht.[674]

---

665 Vgl. *Hof*, in: v. Campenhausen/Richter, § 9 Rn. 54.

666 Vgl. *Hüttemann/Rawert*, in: Staudinger, § 82 Rn. 3; *Backert*, in: Bamberger/Roth, § 82 Rn. 2; *Volkholz*, S. 322.

667 Siehe oben: D.I.1.b).

668 Dazu ausführlich oben: D.I.2.a)bb)(1).

669 So wohl auch: *Schmidt/Gleichner*, ZSt 2003, 227, 228.

670 So etwa bei der Zusicherung im Mietrecht: *Ehlert*, in: Bamberger/Roth, § 536 Rn. 70; *Eisenschmid*, in: Schmidt-Futterer, § 536 Rn. 322.

671 *Gantenbrink*, S. 130 f.

672 Vgl. *Gantenbrink*, S. 130.

673 *Burgard*, S. 626; auch nicht nur für den Fall des Widerrufs des Stiftungsgeschäfts nach § 81 Abs. 2 BGB – so aber: *Schmidt/Gleichner*, ZSt 2003, 227, 228 f.

674 *Gantenbrink*, S. 130 f.

Der Stiftung stehen damit gerade keine Ansprüche nach § 82 BGB gegen den Stifter zu, wenn das Stiftungsgeschäft unwirksam ist. Die Unwirksamkeit des Stiftungsgeschäfts hat daher Auswirkungen auf die Vermögensausstattung der Stiftung.[675]

3. Rechtsschutzmöglichkeiten bei unwirksamem Stiftungsgeschäft

Der verwaltungsrechtliche Rechtsschutz könnte die Existenz der anerkannten Stiftung bei unwirksamem Stiftungsgeschäft doch noch verhindern. Ein erlassener Verwaltungsakt kann, bevor er bestandskräftig wird, einer gerichtlichen Überprüfung zugeführt und dort aufgehoben werden. Bei der Anerkennung der Stiftung handelt es sich – wie bereits festgestellt – um einen privatrechtsgestaltenden Verwaltungsakt.[676] Als solcher kann er mit den allgemeinen verwaltungsrechtlichen Rechtsbehelfen angegriffen werden.[677] Diese haben nach § 80 Abs. 1 S. 2 Alt. 1 VwGO auch bei rechtsgestaltenden Verwaltungsakten aufschiebende Wirkung. Die Stiftung entsteht dann erst mit Bestandskraft einer Entscheidung.[678]

Grundsätzlich kann jeder den Verwaltungsakt angreifen, der von diesem möglicherweise in seinen Rechten verletzt ist (§ 42 Abs. 2 VwGO).[679]

a) Stiftung unter Lebenden

Bei der Stiftung unter Lebenden könnte insbesondere der Stifter Anfechtungsklage erheben. Die Anerkennung ist zwar für ihn grundsätzlich begünstigend, weil sie dem gestellten Antrag entspricht.[680] Wurde die Stiftung aber aufgrund eines unwirksamen Stiftungsgeschäft anerkannt, so könnte sie doch belastend und der

675 So auch *Burgard*, S. 626; *Hüttemann/Rawert*, in: Staudinger, § 81 Rn. 10; *Jakob*, S. 137; *Schwake*, in: MünchHdbGesR Bd. V, § 79 Rn. 128.

676 Siehe oben D.I.1.b).

677 Vgl. *Reuter*, in: MünchKomm, §§ 80, 81 Rn. 69; *Schlüter/Stolte*, Kap. 2 Rn. 89 ff.; *Burgard*, S. 177.

678 BVerwG, Bes. v. 09.09.1960, NJW 1961, 90; VGH Kassel, Bes. v. 12.07.1966, NJW 1966, 2183.

679 Vgl. zu den möglichen Rechtsverletzungen: *Happ*, in: Eyermann, § 42 VwGO Rn. 82 ff.

680 *Hüttemann/Rawert*, in: Staudinger, § 80 Rn. 5; a.A. BVerwG, Urt. v. 26.04.1968, BVerwGE 29, 314, 316 (wegen der Verpflichtung zur Vermögensübertragung nach § 82 BGB belastender Verwaltungsakt); *Reuter*, in: MünchKomm, §§ 80, 81 Rn. 69 (begünstigend, weil dem Antrag stattgebend, belastend, weil die Verpflichtung aus § 82 BGB begründet wird).

Stifter daher aufgrund Verletzung seiner Rechte zur Anfechtung berechtigt sein. Die Existenz der Stiftung entspricht dann nicht dem Willen des Stifters. Allerdings kann sich der Stifter nicht auf die Leistungspflicht nach § 82 BGB stützen, um eine Rechtsverletzung zu begründen. Diese besteht bei einem unwirksamen Stiftungsgeschäft gerade nicht.[681] Auch die Gefahr, auf Übertragung des Vermögens verklagt zu werden, kann kein Recht des Stifters gemäß § 42 Abs. 2 BGB verletzen. In einem solchen Verfahren kann der Stifter die Unwirksamkeit des Stiftungsgeschäfts darlegen und muss daher keine Belastungen fürchten. Darüber hinaus besteht kein allgemeines Recht vor grundlosen Klagen geschützt zu werden.[682] In Betracht kommt daher nur noch, dass der Stifter in seinem Persönlichkeitsrecht aus Art. 2 Abs. 1 i.V.m. Art. 1 Abs. 1 GG verletzt ist, wenn eine Stiftung auf Grundlage eines unwirksamen Stiftungsgeschäfts entsteht. Die Unwirksamkeit einer Willenserklärung soll grundsätzlich dafür sorgen, dass den Abgebenden die darin genannten Rechtsfolgen nicht treffen.[683] Als Rechtsfolge bleibt im Fall der anerkannten Stiftung aber die juristische Person in der Art bestehen, die das Stiftungsgeschäft vorgesehen hat.[684] Das bedeutet, sie tritt auch mit dem Namen nach außen auf, den der Stifter ihr gegeben hat. Darin enthalten wird häufig der Name des Stifters selbst sein. Nach der Anerkennung bleiben Stifter und Stiftung dann trotz Unwirksamkeit des Stiftungsgeschäfts eng verbunden. Dadurch könnte das Allgemeine Persönlichkeitsrecht des Stifters nach Art. 2 Abs. 1 GG i.V.m. Art. 1 Abs. 1 GG verletzt sein.[685] Es kann damit nicht im Sinne des § 42 Abs. 2 VwGO ausgeschlossen werden, dass der Stifter in seinen Rechten verletzt wird. Er ist zur Erhebung der Anfechtungsklage grundsätzlich berechtigt.

---

681 Siehe dazu oben D.I.2.b).

682 Vielmehr gehört es zum allgemeinen Lebensrisiko, mit unberechtigten Ansprüchen konfrontiert zu werden, vgl. BGH, Urt. v. 12.12.2006, NJW 2007, 1458, 1459.

683 BGH, Urt. v. 18.05.1989, BGHZ 107, 268, 270; *Flume*, BGB AT II, § 30 Abschn. 1, S. 547 f.; *Larenz/Wolf* [9], § 44 Rn. 4.

684 *Reuter*, in: MünchKomm, §§ 80, 81 Rn. 2; *Hof*, in: v. Campenhausen/Richter, § 6 Rn. 264; a.A. *Mecking*, in: MünchHdbGesR Bd. V, § 85 Rn. 3, der eine Rückabwicklung fordert – ex tunc soweit die Stiftung noch nicht in Erscheinung getreten ist, andernfalls ex nunc.

685 Dagegen könnte sprechen, dass der Stifter der Stiftung nach Anerkennung immer wie ein Dritter gegenübersteht: *Jakob*, S. 69; vgl. auch *Werner*, in: Erman, § 81 Rn. 22; *Ebersbach*, S. 67; *Burgard*, S. 447; *Jeß*, S. 28; es ist gerade nicht „seine" Stiftung, sondern eine Stiftung, die er gegründet hat: vgl. *Burgard*, S. 448; *Jeß*, S. 32 f.; einen Überblick zur Stellung des Stifters bietet: *Mirbach*, S. 53 ff. - dies ist jedoch eine Frage der Begründetheit der Anfechtungsklage und lässt nicht schon deren Zulässigkeit entfallen.

Gesetzliche Erben könnten ebenfalls gegen eine Anerkennung Anfechtungsklage erheben. Dazu müssten auch sie nach § 42 Abs. 2 BGB möglicherweise in ihren Rechten verletzt sein. Ihr Erbe wird durch die Pflicht zur Vermögensübertragung auf die Stiftung verringert. Abgesehen davon, dass eine solche Übertragungspflicht bei unwirksamem Stiftungsgeschäft gerade nicht besteht, kann eine Verletzung in eigenen Rechten auch nur angenommen werden, wenn bereits ein durchsetzbarer Anspruch auf das Erbe bestand. Dies ist aufgrund der Testierfreiheit[686] abzulehnen, solange der Stifter – wie hier beim Stiftungsgeschäft unter Lebenden – noch selbst über das Vermögen verfügt. Er darf privatautonom handeln, soweit er die Gesetze achtet. Ein Gesetzesverstoß ergibt sich aber nicht aus der Verfügung über eigenes Vermögen. Eine Rechtsverletzung der Erben kann sich auch nicht aus dem möglicherweise gefährdeten Pflichtteilsanspruch ergeben. Den Erben steht insoweit gegebenenfalls ein Pflichtteilergänzungsanspruch nach § 2325 BGB gegen die Stiftung zu.[687] Der neue Absatz 3 des § 2325 BGB bekräftigt diese Ansicht: Nun wird der Umfang des Pflichtteilergänzungsanspruchs mit jedem Jahr, das seit der Schenkung vergangen ist, geringer. In der Gesetzesbegründung zu der Änderung wird explizit auf die Probleme von Stiftungen eingegangen. Ihnen soll höhere Planungssicherheit garantiert werden.[688] Eine Verletzung der Rechte der Erben durch die Anerkennung einer Stiftung trotz nichtigem Rechtsgeschäft kommt damit beim Stiftungsgeschäft unter Lebenden nicht in Betracht.

b) *Stiftung von Todes wegen*

Im Falle der Stiftung von Todes wegen kommt eine Erhebung von Widerspruch oder Anfechtungsklage durch den Stifter offensichtlich nicht in Betracht: er ist bereits vor Entscheidung über die Anerkennung verstorben.

Wiederum könnten aber die (gesetzlichen) Erben Anfechtungsklage erheben, wenn sie möglicherweise in ihren Rechten verletzt sind, § 42 Abs. 2 VwGO. Anders als bei der Stiftung unter Lebenden treten die Erben aufgrund des Todes des Erblassers nach § 1922 BGB in die Rechtsstellung des Erblassers und vermeintlichen Stifters ein.[689] Sie erlangen auch Eigentum an allen Vermögenswerten des

---

686 Vgl. *Leipold*, in: MünchKomm, Einleitung zu § 1922 Rn. 17 ff.

687 Zur Frage, ob der Pflichtteilergänzungsanspruch bei einer Stiftungsgründung Anwendung findet und wie er gegebenenfalls durchsetzbar ist: *Rawert/Katschinski*, ZEV 1996, 161 ff.

688 Gesetzesentwurf der Bundesregierung, BT-Drucks. 16/8954, S. 21.

689 Zu den Wirkungen der Gesamtrechtsnachfolge nach § 1922 BGB vgl. *Leipold*, in: MünchKomm, § 1922 Rn. 120 ff.

Stifters. Das hierauf bezogene Eigentumsrecht der Erben nach Art. 14 GG könnte gefährdet sein, wenn die Stiftung die Vermögensübertragung fordert. Da aber nach § 82 BGB kein Recht der Stiftung auf Vermögensübertragung besteht, können sich die Erben weigern, den geltend gemachten Anspruch zu erfüllen. Aus Art. 14 GG folgt keine mögliche Rechtsverletzung und daher keine Befugnis, Anfechtungsklage zu erheben.

Nach § 1922 BGB treten die Erben aber nicht nur in Eigentumsrechte, sondern auch in alle sonstigen Rechtspositionen des Erblassers ein. Hierzu zählt auch das (nun postmortale) Persönlichkeitsrecht des Stifters nach Art. 2 Abs. 1 GG i.V.m. Art. 1 Abs. 1 GG. Beim unwirksamen Stiftungsgeschäft von Todes wegen kann, wie beim Stiftungsgeschäft unter Lebenden bereits ausgeführt, dessen Persönlichkeitsrecht durch die Verbindung seines Namens mit der Stiftung verletzt werden. Eine solche Verletzung berechtigt nach dem Tod des Erblassers die Erben zur Erhebung der Anfechtungsklage.

c) Zwischenergebnis

Im Falle der Stiftung unter Lebenden kann der Stifter, im Fall der Stiftung von Todes wegen können die Erben bei Unwirksamkeit des Stiftungsgeschäfts Rechtsbehelfe gegen die Anerkennung der Stiftung erheben. Die Entstehung der Stiftung würde damit noch verhindert werden können.

Jedoch sind Fristen zu beachten, nach deren Ablauf die Anerkennung bestandskräftig und nicht mehr im Wege verwaltungsrechtlicher Klagen angreifbar ist. Die Widerspruchsfrist beträgt nach § 70 Abs. 1 VwGO einen Monat ab Bekanntgabe des Verwaltungsaktes. Die Klagefrist entsprechend nach § 74 VwGO einen Monat ab Bekanntgabe der Anerkennung oder des ablehnenden Widerspruchsbescheides. Bei Unterlassung der Rechtsbehelfsbelehrung verlängert sich die Frist jeweils auf ein Jahr, § 68 VwGO. Stellen sich nach Ablauf eines Jahres nach Anerkennung Gründe heraus, aus denen das ursprüngliche Stiftungsgeschäft unwirksam war, stehen dem Stifter oder den Erben keine verwaltungsrechtlichen Rechtsbehelfe mehr zur Verfügung, um gegen den Bestand der Stiftung vorzugehen.

4. Zusammenfassung der Wirkung der Anerkennung

Die Anerkennung stellt einen begünstigenden, privatrechtsgestaltenden Verwaltungsakt dar.[690] Durch den begrifflichen Wechsel von der Genehmigung zur Anerkennung hat sich daran nichts geändert. Der Stifter hat einen Anspruch auf

690 D.I.1.b).

Anerkennung, wenn die gesetzlichen Voraussetzungen der §§ 80 ff. BGB erfüllt sind.[691]

Die Anerkennung lässt die Stiftung unmittelbar und vollständig entstehen und gibt ihr eine Rechtspersönlichkeit.[692] Dann hat sie nach § 82 BGB einen Anspruch gegen den Stifter auf das ihr im Stiftungsgeschäft versprochene Vermögen und kann die Zweckverfolgung aufnehmen.[693] Da die Anerkennung sich auf die Stiftung und nicht auf das Stiftungsgeschäft bezieht, werden eventuell vorhandene Mängel des Stiftungsgeschäfts nicht geheilt.[694] Aus der Unabhängigkeit von Anerkennung und Stiftungsgeschäft ergibt sich auch, dass es einer Konstruktion der „fehlerhaften Stiftung" bei unwirksamem Stiftungsgeschäft nicht bedarf. Ist die Stiftung anerkannt worden, so besteht sie bis zu ihrer Aufhebung durch die Behörde unabhängig von der Wirksamkeit des Stiftungsgeschäfts vollwirksam fort.[695] Die Unwirksamkeit wirkt sich vermögensrechtlich aus, da das Stiftungsgeschäft keine Grundlage für eine Übertragungspflicht des Vermögens bildet.[696] Die Anerkennung kann zwar grundsätzlich mit Hilfe von verwaltungsgerichtlichen Klagen angefochten werden, allerdings bestehen insoweit Fristen, nach deren Ablauf die Anerkennung bestandskräftig und nicht mehr im verwaltungsrechtlichen Klagewege angreifbar ist.[697]

II. Ansprüche des Stifters

Da die Unwirksamkeit des Stiftungsgeschäfts keine Auswirkungen auf die Existenz der Stiftung hat, ist im Anschluss zu klären, wie das Verhältnis zwischen Stiftung und Stifter ausgestaltet ist. Für die Zwecke dieser Untersuchung wird davon ausgegangen, dass der Stifter der Stiftung nach Anerkennung durch die Behörde in Erfüllung seiner vermeintlichen Pflicht aus dem unwirksamen Stiftungsgeschäft einen Geldbetrag oder anderes Vermögen überträgt. Wie gesehen besteht diese Verpflichtung aber nicht.[698] Es stellt sich somit die Frage, ob und gegebenenfalls wie er das Vermögen zurückverlangen kann. Als Anspruchsgrundlage kommt das Bereicherungsrecht in Betracht, das klassischerweise der

691 D.I.1.c).
692 D.I.2.a).
693 D.I.2.b).
694 D.I.2.a)bb)(1).
695 D.I.2.a)bb)(2).
696 D.I.2.b).
697 D.I.3.
698 Siehe dazu schon oben D.I.2.b).

Rückabwicklung nichtiger Verträge dient, sofern es nicht durch speziellere Regelungen verdrängt wird.[699]

1. § 87 BGB

Als solch spezielle Norm, die das Bereicherungsrecht verdrängen könnte, kommt § 87 BGB in Betracht. Dieser bestimmt, unter welchen Voraussetzungen eine Stiftung aufzuheben ist.[700] Daher könnte er auch Regelungen zur Abwicklung der Stiftung und zur Rückübertragung von unrechtmäßig erlangtem Vermögen umfassen. § 87 BGB gibt der Behörde eine Eingriffsbefugnis in die rechtliche Existenz der Stiftung,[701] regelt also das Verhältnis zwischen Behörde und Stiftung, nicht aber deren Beziehung zum Stifter. Zudem stellt die Unwirksamkeit des Stiftungsgeschäfts nach dessen Wortlaut keinen Aufhebungsgrund nach § 87 BGB dar.[702] Die Rückforderung des Stifters kann einen solchen Grund ergeben, doch kann sie sich nicht selbst auf diese Norm stützen. § 87 BGB ist nicht vorrangig vor § 812 BGB auf die Frage der Rückabwicklung des unrechtmäßig erlangten Vermögens anzuwenden, sein Anwendungsbereich ist nicht eröffnet.

Sonstige spezielle Normen, die dem Bereicherungsrecht bei der Rückabwicklung unwirksamer Verträge vorgehen könnten, existieren nicht.

2. § 812 Abs. 1 S. 1 Alt. 1 BGB

Im Verhältnis des Stifters zur Stiftung greift damit das Bereicherungsrecht als allgemeine Regelung der Rückabwicklung nichtiger Rechtsgeschäfte (insbesondere die Leistungskondiktion nach § 812 Abs. 1 S. 1 Alt. 1 BGB) ein.[703] Dieser Anspruch des Stifters wird im Folgenden auf Voraussetzungen und den genauen Inhalt hin untersucht.

a) Tatbestandsvoraussetzungen

Damit die Leistungskondiktion nach § 812 Abs. 1 S. 1 Alt. 1 BGB eingreift, muss die Stiftung etwas durch Leistung des Stifters ohne Rechtsgrund erlangt haben.

---

699 Vgl. *Sprau*, in: Palandt, Einf. v. § 812 Rn. 5.

700 Vgl. *Hüttemann/Rawert*, in: Staudinger, § 87 Rn. 1; *Backert*, in: Bamberger/Roth, § 87 Rn. 1.

701 Vgl. *Backert*, in: Bamberger/Roth, § 87 Rn. 1; *Reuter*, in: MünchKomm, § 87 Rn. 9.

702 Dazu noch näher unten D.III.1.b)bb)(1)(a).

703 Zum Anwendungsbereich von §§ 812 ff. BGB: *Lorenz*, in: Staudinger, Vorbem zu §§ 812 ff. Rn. 1 ff.

aa) Erlangtes Vermögen

Erlangt hat die Stiftung Eigentum und Besitz an dem Vermögen, das der Stifter ihr im Stiftungsgeschäft versprochen und nach Anerkennung übertragen hat. Das erlangte Vermögen legt den Inhalt des Rückübertragungsanspruchs fest.[704]

Ein Anspruch kommt damit zunächst nur dann in Betracht, wenn die Stiftung durch die Übertragung des Stiftervermögens tatsächlich bereichert ist.[705] Sie muss also alleinigen Zugriff auf das Vermögen des Stifters erlangt haben. Hat der Stifter die Gegenstände wirksam übertragen, so ist dies unproblematisch zu bejahen. Die Stiftung hat das Vermögen zur Zweckverfolgung erlangt und der Stifter wird von der Nutzung ausgeschlossen.

bb) Leistung

In Abgrenzung von der Nichtleistungskondiktion (§ 812 Abs. 1 S. 1 Alt. 2 BGB) muss der Bereicherungsschuldner in § 812 Abs. 1 S. 1 Alt. 1 BGB das Vermögen durch Leistung erhalten haben. Nach der ständigen Rechtsprechung ist Leistung die bewusste und zweckgerichtete Mehrung fremden Vermögens.[706] Da die tatsächliche Bereicherung bereits unter dem Punkt des erlangten Vermögens festgestellt wurde und die Weggabe von Vermögen in der Regel bewusst erfolgt, wird verbreitet die Leistungszweckbestimmung als entscheidendes Merkmal angesehen.[707]

Im Fall des unwirksamen Stiftungsgeschäfts überträgt der Stifter das versprochene Vermögen auf die Stiftung. Er will hierdurch das Vermögen der Stiftung mehren, damit sie den von ihm festgelegten Zweck verfolgen kann. Er ist sich grundsätzlich darüber im Klaren, dass es sich bei der Stiftung um einen von ihm zu unterscheidenden Rechtsträger handelt und er nach der Übertragung keinen Zugriff mehr auf das Vermögen hat.[708] Die Handlung des Stifters ist unproblematisch als Leistung im Sinne des § 812 Abs. 1 S. 1 Alt. 1 BGB zu qualifizieren.

---

704 Zum genauen Inhalt des Bereicherungsanspruchs siehe unten D.II.2.c)aa).

705 BGH, Urt. v. 07.01.1971, BGHZ 55, 128, 131; a.A. *Lorenz*, in: Staudinger, § 812 Rn. 65, der meint, dass gar keine tatsächliche Bereicherung vorliegen muss.

706 Vgl. nur BGH, Urt. v. 31.10.1963, BGHZ 40, 272, 277; Urt. v. 26.10.1978, BGHZ 72, 246, 248 f.

707 Vgl. BGH, Urt. v. 19.01.2005, NJW 2005, 1369, 1369; *Schwab*, in: MünchKomm, § 812 Rn. 41; *Lorenz*, in: Staudinger, § 812 Rn. 5, der jedoch die ausführliche Diskussion über den Leistungsbegriff ablehnt.

708 Ein Irrtum über diese Rechtsfolge führt nicht zur Anfechtungsberechtigung des Stifters nach § 119 BGB, siehe oben: C.I.6.a)aa) – ein Anspruch nach § 812 BGB würde daher neben einer möglicherweise fehlenden Leistung auch schon an dem bestehenden Rechtsgrund scheitern.

cc) Ohne Rechtsgrund

Schließlich müsste es an dem rechtlichen Grund für das Behaltendürfen seitens der Stiftung fehlen. Rechtsgrund für die Übertragung des Vermögens ist das Stiftungsgeschäft.[709] Ist es nach einem der dargestellten Gründe ex tunc unwirksam, so fehlte der Rechtsgrund bereits zum Zeitpunkt der Leistung. Insbesondere kann die Anerkennung nicht Rechtsgrund für die Übertragung des Vermögens auf die Stiftung sein. Sie steht, wie bereits festgestellt, selbstständig neben dem Stiftungsgeschäft und begründet die Stiftung.[710] Zwar entsteht der Anspruch, so wie die Stiftung, erst durch die Anerkennung der Stiftung als Rechtssubjekt, doch bleibt das Stiftungsgeschäft dennoch Rechtsgrund für die Übertragungspflicht des Stifters. Die fehlende Verbindung zwischen Anerkennung und dem Anspruch auf Vermögensübertragung zeigt sich insbesondere auch daran, dass der Verwaltungsakt die Mängel des Rechtsgeschäfts nicht heilt.[711] Das Stiftungsgeschäft kann aufgrund seiner Unwirksamkeit nicht Rechtsgrund des Behaltendürfens sein. Ein anderer Rechtsgrund kommt nicht in Betracht. Die Leistung des Stifters erfolgte demnach rechtsgrundlos.

Damit hat der Stifter bei Unwirksamkeit des Stiftungsgeschäfts grundsätzlich einen Rückübertragungsanspruch hinsichtlich des von ihm auf die Stiftung übertragenen Vermögens aus Leistungskondiktion nach § 812 Abs. 1 S. 1 Alt. 1 BGB.[712]

b) Ausschlussgründe

Der Anspruch des Stifters kann aber ausgeschlossen sein. Insbesondere ist § 814 Alt. 1 BGB zu beachten: Wusste der Stifter bei Übertragung des Stiftungsvermögens von der Unwirksamkeit des Stiftungsgeschäfts, so kann das Geleistete nicht zurückverlangt werden.[713] Praktische Relevanz erhält § 814 Alt. 1 BGB vor allem, wenn der Stifter das Stiftungsgeschäft wirksam widerrufen hat. Wurde die Stiftung dennoch anerkannt, so wusste der Stifter, dass er aufgrund des Widerrufs nicht zur Leistung des Stiftungsvermögens verpflichtet war.[714]

---

709 So: *Hof*, in: v. Campenhausen/Richter, § 6 Rn. 28 ff.; siehe auch schon oben D.I.2.b).

710 Siehe oben D.I.2.a)bb).

711 Vgl. *Hüttemann/Rawert*, in: Staudinger, § 80 Rn. 6 m.w.N.

712 So auch: *Gantenbrink*, S. 131 f.; *Fritsche*, ZSt 2003, 113, 117; vgl. auch *Hof*, in: v. Campenhausen/Richter, § 6 Rn. 264.

713 So auch für das Stiftungsrecht: *Gantenbrink*, S. 132; zum Ausschlussgrund des § 814 Alt. 1 BGB: *Schwab*, in: MünchKomm, § 814 Rn. 3 ff.; *Jauernig*, § 814 Rn. 3; *Wendehorst*, in: Bamberger/Roth, § 814 Rn. 6 ff.

714 Vgl. *Gantenbrink*, S. 142; zum Widerruf des Stiftungsgeschäfts siehe oben C.I.8.

Im Übrigen ist wohl davon auszugehen, dass ein Stifter, der Kenntnis von der Unwirksamkeit des Stiftungsgeschäfts hat, entweder kein Vermögen überträgt oder dieses aber nicht zurückverlangen wird.

c) Rechtsfolgen

Zu untersuchen ist daher, worin genau der Bereicherungsanspruch des Stifters besteht (aa)) und ob und gegebenenfalls inwieweit die Stiftung sich auf Entreicherung berufen kann (bb)).

aa) Umfang des Anspruchs

Nach § 812 Abs. 1 S. 1 Alt. 1 BGB muss die Stiftung das erlangte Vermögen herausgeben. Grundsätzlich ist es in der Form rückzuübertragen, in welcher es der Bereicherungsschuldner erhalten hat.[715]

Nach dieser überwiegend vertretenen gegenständlichen Betrachtungsweise[716] ist der Schuldner gemäß § 812 Abs. 1 S. 1 Alt. 1 BGB verpflichtet, genau das herausgeben, was er vom Gläubiger erhalten hat. Dies ist jedoch nicht so zu verstehen, dass nur körperliche Gegenstände „erlangt" werden können.[717] Vielmehr soll sie zur früher vertretenen abstrakten Differenzrechnung abgrenzen, nach der das erlangte Etwas die Differenz des Vermögens des Bereicherungsschuldners vor und nach der relevanten Handlung des Gläubigers war.[718] Von der gegenständlichen Betrachtungsweise sind also auch Ansprüche oder gar das Unterlassen einzelner Handlungen umfasst. Im Stiftungsrecht ist dies relevant, weil Barvermögen in den wenigsten Fällen gegenständlich an die Stiftung gegeben, sondern vielmehr in elektronischer Form auf Konten übermittelt wird. Auch die dadurch entstehende Forderung gegen die Bank kann erlangt werden.[719] Sie muss auch nach der gegenständlichen Betrachtungsweise zurückgewährt werden.

Der Herausgabe des eigentlichen Gegenstandes wird die Rückübertragung eines Surrogates gleichgesetzt, § 818 Abs. 1 BGB.[720] Hat also die Stiftung unmittelbar

---

715 Vgl. *Schwab*, in: MünchKomm, § 812 Rn. 1; *Lorenz*, in: Staudinger, § 812 Rn. 65; *Larenz/Canaris*, S. 254.

716 Vgl. *Schwab*, in: MünchKomm, § 812 Rn. 1 m.w.N.; so auch *Buck-Heeb*, in: Erman, § 812 Rn. 3; *Lorenz*, in: Staudinger, § 812 Rn. 65; *Wendehorst*, in: Bamberger/Roth, § 812 Rn. 54.

717 Vgl. *Schwab*, in: MünchKomm, § 812 Rn. 4; *Lorenz*, in: Staudinger, § 812 Rn. 65; *Buck-Heeb*, in: Erman, § 812 Rn. 8 zu Befreiung von Pflichten und Lasten.

718 Vgl. *Schwab*, in: MünchKomm, § 812 Rn. 4.

719 Vgl. *Lorenz*, in: Staudinger, § 812 Rn. 66.

720 *Schwab*, in: MünchKomm, § 818 Rn. 162; *Lorenz*, in: Staudinger, § 818 Rn. 17 f.; *Wendehorst*, in: Bamberger/Roth, § 818 Rn. 8; *Larenz/Canaris*, S. 264 ff.

als Ersatz für eine Sache eine andere erlangt, so geht diese einem Wertersatz nach § 818 Abs. 2 BGB bei der Herausgabe vor.

Wertersatz ist zu leisten, wenn die Stiftung weder das Erlangte in seiner ursprünglichen Form noch ein Surrogat herausgeben kann. Eine solche Unmöglichkeit kann sich aus der Natur des Erlangten oder aber erst nachträglich aufgrund anderer Umstände ergeben, § 818 Abs. 2 BGB. Erhält die Stiftung nur Vermögen in Form von Konto-Gutschriften, aber keine Gegenstände, so ist die Herausgabe in gleicher Form von Anfang an unmöglich. In diesem Fall muss sie unabhängig davon, ob der Wertersatz objektiv[721] oder subjektiv[722] bestimmt wird, jedenfalls den Wert dessen, was ihr übertragen wurde, zurückerstatten.

Darüber hinaus sind nach § 818 Abs. 1 BGB auch die Nutzungen, die die Stiftung aus dem Vermögen gezogen hat, auszukehren. Der Nutzungsbegriff des § 818 Abs. 1 BGB ergibt sich aus den allgemeinen Regelungen in §§ 100, 99 BGB.[723] Der Schuldner muss danach die Sach- und Rechtsfrüchte des erlangten Vermögens sowie die Vorteile, die der Gebrauch der erlangten Sache oder des Rechts gewährt, herausgeben.[724] Bei Gutschriften auf Konten sind die erzielten Zinsen Nutzungen.[725] Erfasst sind demnach von § 818 Abs. 1 BGB die Erträge, welche der Stiftung eigentlich zur Erfüllung des Stiftungszwecks dienen. Sie müssen allerdings auch tatsächlich gezogen worden sein. Hat die Stiftung es unterlassen, den Betrag gewinnbringend anzulegen, so geht dies im Grundsatz nicht zu ihren Lasten.[726] Nicht von dem Begriff der Nutzungen erfasst sind

---

721 St. Rspr.: RG, Urt. v. 03.05.1935, RGZ 147, 396, 398; BGH, Urt. v. 27.02.1952, BGHZ 5, 197, 201; Urt. v. 10.07.1953, BGHZ 10, 171, 180; Urt. v. 01.02.1963, BGHZ 36, 321, 323; Urt. v. 07.01.1971, BGHZ 55, 128, 135; so auch: *Lorenz*, in: Staudinger, § 818 Rn. 26; *Larenz/Canaris*, S. 256 f.

722 *Buck-Heeb*, in: Erman, § 818 Rn. 17 ff.; *Hagena*, in: FS Larenz, S. 867, 883 f.; *Koppensteiner*, NJW 1971, 1769 ff.

723 Vgl. *Schwab*, in: MünchKomm, § 818 Rn. 8; *Lorenz*, in: Staudinger, § 818 Rn. 10; a.A. *Wendehorst*, in: Bamberger/Roth, § 818 Rn. 18; zu diesem Streit noch ausführlich unten D.III.2.a)cc)(a).

724 Vgl. schon RG, Urt. v. 23.06.1930, RGZ 129, 307, 309 f.; für eine Loslösung vom sachenbezogenen Nutzungsbegriff: *Wendehorst*, in: Bamberger/Roth, § 818 Rn. 18.

725 Vgl. BGH, Urt. v. 05.07.2006, NJW 2006, 2847, 2853; BGH, Urt. v. 15.02.2000, NJW 2000, 1637 f.; *Wendehorst*, in: Bamberger/Roth, § 818 Rn. 13; *Sprau*, in: Palandt, § 818 Rn. 11; *Prütting*, in: PWW, § 818 Rn. 7; a.A. *Larenz/Canaris*, S. 272, der den Begriff der Nutzungen bei besonderer Leistung des Schuldners einschränkend auslegt.

726 BGH, Urt. v. 04.06.1975, BGHZ 64, 322, 323; Urt. v. 08.10.1987, BGHZ 102, 41, 47 f.; *Wendehorst*, in: Bamberger/Roth, § 818 Rn. 15.

Spenden und Zustiftungen, auch wenn diese nur aufgrund der ursprünglichen Stiftung erlangt werden konnten.[727]

Auch für Nutzungen, die nicht (mehr) herausgegeben werden können, ist nach § 818 Abs. 2 BGB Wertersatz zu leisten. Dieser ist bei Gebrauchsvorteilen grundsätzlich mit dem üblichen Miet- beziehungsweise Pachtzins anzusetzen.[728] Bei Gegenständen, die durch das Stiftungsgeschäft endgültig in das Eigentum der Stiftung übergehen sollten, würde dieser Ansatz jedoch zu einem unangemessen hohen Wertersatz führen. Es kann etwa Probleme bereiten, die Nutzungen zu bestimmen, die die Stiftung aus einem ihr im Stiftungsgeschäft überlassenen Gebäude zieht. Der Wertverlust ist meist gering, sodass der Bereicherungsgläubiger im Falle der Rückübertragung des Gebäudes sowie Zahlung einer fiktiven Miete übervorteilt würde. Es ist hier vielmehr eine zeitanteilige lineare Wertminderung anzurechnen.[729] Bei Geld ist der übliche Zinssatz als Wertersatz für nicht mehr bestehende Nutzungen zu zahlen. Grundsätzlich ist der Wertersatz nach den Verhältnissen im Zeitpunkt der Entstehung des Bereicherungsanspruchs zu beurteilen.[730]

Die Stiftung muss damit im Rahmen der Leistungskondiktion grundsätzlich alles, was sie vom Stifter erhalten hat, ebenso wie die daraus gezogenen Nutzungen, herausgeben.

bb) Entreicherung, § 818 Abs. 3 BGB

(1) Grundsatz

Gemäß § 818 Abs. 3 BGB muss die Stiftung das erlangte Vermögen jedoch nicht herausgeben, soweit sie entreichert ist. Dies soll den gutgläubigen Schuldner privilegieren, welcher auf die Wirksamkeit des Rechtsgeschäfts vertraut hat und daher ebenso schutzwürdig ist wie der auf die nicht bestehende Pflicht leistende Gläubiger.[731] Es wird zu Recht auf genau das Vermögen, welches den Anspruch

727 So auch: *Gantenbrink*, S. 138.

728 *Schwab*, in: MünchKomm, § 818 Rn. 87.

729 So für den Kaufvertrag: BGH, Urt. v. 26.06.1991, BGHZ 115, 47, 54 f.; Urt. v. 25.10.1995, NJW 1996, 250, 252; zuletzt: Urt. v. 06.10.2005, NJW 2006, 53, 54; OLG Köln, Urt. v. 10.02.1988, NJW-RR 1988, 1136, 1136.

730 RG, Urt. v. 16.02.1921, RGZ 101, 389, 391; Urt. v. 22.12.1927, RGZ 119, 332, 336; *Sprau*, in: Palandt, § 818 Rn. 20 m.w.N.

731 Bereicherungsrecht als Billigkeitsausgleich: BGH, Urt. v. 21.12.1961, BGHZ 36, 232, 235; vgl. auch *Lorenz*, in: Staudinger, Vorbem zu §§ 812 ff. Rn. 1; *Schwab*, in: MünchKomm, § 818 Rn. 112.

begründet, abgestellt.[732] Nur wenn dieses nicht mehr besteht, kann sich der Schuldner auf Entreicherung berufen.[733]

§ 818 Abs. 3 ist nach Wortlaut und herrschender Meinung eine rechtsvernichtende Einrede, denn er lässt den Anspruch des Gläubigers vollständig entfallen.[734] Wurde der Schuldner von vornherein nicht bereichert, so wandelt sich § 818 Abs. 3 BGB nach allgemeiner Ansicht in eine rechtshindernde Einwendung um.[735] Diese muss im Gegensatz zu der Einrede nicht erhoben werden. Im Falle der Stiftung ist jedoch in der Regel davon auszugehen, dass sie wenigstens vorübergehend bereichert wurde, wenn der Stifter das Vermögen übertragen hat. Die Stiftung muss daher im Prozess immer die Einrede der Entreicherung erheben.

Zumeist kann angenommen werden, dass zumindest die Erträge, die die Stiftung für die Verfolgung des Stiftungszwecks aufgebraucht hat, aufgrund Entreicherung nicht an den Stifter zurückgezahlt werden müssen. Bei der Auszahlung von Leistungen handelt die Stiftung in der Regel im Vertrauen auf die Wirksamkeit des Stiftungsgeschäfts. Hätte es tatsächlich bestanden, so wäre sie zur Auszahlung der Erträge verpflichtet gewesen. Beim Grundstockvermögen ist dagegen zumindest im Falle der Ertragsstiftung immer von einer vollständigen Rückzahlungspflicht auszugehen, da die Stiftung insoweit eine Vermögenserhaltungspflicht trifft. Eine tatsächlich vorliegende Entreicherung würde den vorhergehenden Verstoß der Stiftungsorgane gegen das Stiftungsgeschäft erfordern.[736] Bei einer Verbrauchsstiftung kann es dagegen zu einer vollständigen Entreicherung kommen – hier ist die Stiftung berechtigt, zur Erfüllung ihres Zweckes das gesamte Vermögen aufzubrauchen.[737]

(2) Verschärfte Haftung

(a) Eingreifen der verschärften Haftung

Da die Entreicherung nur den gutgläubigen Schuldner privilegieren soll, existieren die Tatbestände der verschärften Haftung, §§ 818 Abs. 4, 819, 820 BGB.

---

732 *Buck-Heeb*, in: Erman, § 818 Rn. 31 ff.; *Rengier*, AcP 177 (1977), 418, 431 m.w.N.

733 Vgl. *Schwab*, in: MünchKomm, § 818 Rn. 160; *Lorenz*, in: Staudinger, § 818 Rn. 34.

734 BGH, Urt. v. 17.06.1992, BGHZ 118, 383, 388; OLG Köln, Urt. v. 27.03.1998, NJW-RR 1998, 1701, 1701, welches von einer „rechtsvermindernden Einrede" spricht; *Schwab*, in: MünchKomm, § 818 Rn. 116 f.

735 *Schwab*, in: MünchKomm, § 818 Rn. 118 m.w.N.

736 Zur Vermögenserhaltungspflicht siehe ausführlich *Schwake*, in: MünchHdbGesR Bd. V, § 79 Rn. 246 ff.

737 Vgl. *Hüttemann/Rawert*, in: Staudinger, § 81 Rn. 57 f.; zudem oben C.II.3.b)bb)(2).

Soweit sie eingreifen, kann sich die Stiftung als Bereicherungsschuldner vor allem nicht auf den Einwand der Entreicherung berufen.

Nach § 818 Abs. 4 BGB haftet der Schuldner verschärft, sobald der Anspruch rechtshängig ist. Rechtshängig ist eine Klage nach §§ 261 Abs. 1, 253 Abs. 1 ZPO, wenn sie dem Beklagten zugestellt wurde. Ab diesem Zeitpunkt weiß der Schuldner, dass er die Sache möglicherweise an den Gläubiger zurückgeben muss. Spätestens ab Klageerhebung sollte die Stiftung die Erträge also nicht mehr für den Stiftungszweck verwenden, um ihrer Rückzahlungspflicht gerecht werden zu können.[738]

Nach § 820 BGB haftet der Schuldner verschärft, wenn entweder ein mit der Leistung bezweckter Erfolg nicht eingetreten ist (Abs. 1 S. 1) oder die Leistung aufgrund eines Rechtsgrundes erfolgte, der später weggefallen ist (Abs. 1 S. 2). Die zweite Alternative wird nach allgemeiner Ansicht auch auf Fälle angewandt, in denen die Leistung von Anfang an nicht geschuldet war.[739] Eine Anwendbarkeit auf das unwirksame Stiftungsgeschäft scheint damit zunächst sinnvoll. In beiden Sätzen des Absatzes 1 muss jedoch eine subjektive Ungewissheit vorliegen; die Parteien müssen den Erfolgseintritt oder den Rechtsgrund von vornherein als ungewiss ansehen.[740] Im Falle des unwirksamen Stiftungsgeschäfts wird diese subjektive Ungewissheit meist nicht vorliegen. Würde der Stifter ahnen, dass eine Unwirksamkeit gegeben ist, würde er eher ein neues Stiftungsgeschäft vornehmen, als das Risiko einzugehen, dass sein Vermögen doch nicht zu dem von ihm gewünschten Zweck verwendet wird. § 820 BGB spielt daher für das Stiftungsgeschäft nur eine untergeordnete Rolle.

Schließlich normiert § 819 BGB zwei weitere Fälle, in denen der Schuldner verschärft haften muss: Nach Absatz 1 bei Kenntnis der Nichtschuld und nach Absatz 2, wenn er gegen die guten Sitten oder ein gesetzliches Verbot verstoßen hat, indem er die Leistung akzeptierte. Besonders relevant könnte im Falle der Unwirksamkeit des Stiftungsgeschäfts der erste Absatz sein. Die Stiftung muss danach nicht nur die Tatsachen kennen, die das Fehlen des Rechtsgrundes begründen, sondern auch die Rechtsfolge – das Nichtverpflichtetsein zur

---

738 Zu den Problemen, die ein solches Verhalten bei einer gemeinnützigen Stiftung aufwerfen kann, siehe unten im Exkurs D.II.2.c)bb)(2)(c).

739 *Schwab*, in: MünchKomm, § 820 Rn. 2; *Singer*, JR 1983, 356, 360; a.A. *Wendehorst*, in: Bamberger/Roth, § 820 Rn. 8, die eine vergleichbare Rechtslage nur annimmt, wenn im Schweigen bei der Übergabe ein Ausschluss des § 818 Abs. 3 BGB gesehen werden kann.

740 *Wendehorst*, in: Bamberger/Roth, § 820 Rn. 5 f.; *Lorenz*, in: Staudinger, § 820 Rn. 2; *Schwab*, in: MünchKomm, § 820 Rn. 6.

Zahlung.[741] Grob fahrlässige Unkenntnis genügt aufgrund des Gesetzeswortlautes nicht, um eine verschärfte Haftung zu begründen.[742]

Es stellt sich aber die Frage, wer auf Seiten der Stiftung Kenntnis der Nichtschuld haben muss. Bei der Stiftung handelt es sich um eine juristische Person, für die stets natürliche Personen tätig werden – deren Wissen muss daher zugerechnet werden. Im Bereicherungsrecht kommt es analog § 166 Abs. 1 BGB auf das Wissen der Person an, die den Gegenstand mit Wissen und Wollen des Bereicherungsschuldners, hier also der Stiftung, angenommen hat.[743] Das Wissen einer so bevollmächtigten Person muss daher grundsätzlich zugerechnet werden. Zudem kann das Handeln der Stiftungsorgane direkt mit dem der Stiftung gleichgesetzt werden, sodass auch hier § 166 Abs. 1 BGB Anwendung findet.[744] Im Falle der Stiftung werden diese beiden Positionen meist in einer Person vereint sein, da immer der Vorstand für die Stiftung handelt. Er trifft gemäß §§ 86, 26 Abs. 2 BGB alle Entscheidungen und hat die Geschäftsführung inne. Daher muss er auch das Vermögen vom Stifter entgegennehmen. Hat er aber Kenntnis davon, dass der Stifter aufgrund eines nichtigen Stiftungsgeschäfts nicht zur Zahlung verpflichtet war, so haftet die Stiftung nach § 819 Abs. 1 BGB verschärft.

Ist der Stifter selbst Mitglied des Stiftungsvorstandes[745], so wird auch seine Kenntnis wie die eines Organs der Stiftung zugerechnet. Er unterliegt genauso wie jeder andere Vorstand den im Stiftungsgeschäft getroffenen Entscheidungen.[746] In der Regel wird die Stiftung in diesem Fall aber wohl nicht aufgrund der

---

741 Dazu ausführlich: *Mayer-Maly*, in: FS Lange, S. 293, 302 f. m.w.N.

742 Ganz h.M., statt Vieler: *Schwab*, in: MünchKomm, § 819 Rn. 13 m.w.N.

743 RG, Urt. v. 30.06.1924, RGZ 108, 329, 335; BGH, Urt. v. 25.03.1982, BGHZ 83, 293, 295.; *Larenz/Canaris*, S. 313.

744 § 166 BGB wird auch auf organschaftliche Vertreter angewendet: Vgl. nur RG, Urt. v. 28.01.1905, RGZ 59, 400, 408; BGH, Urt. v. 01.03.1984, NJW 1984, 1953, 1954; *Roth*, in: Baumbach/Hopt, § 125 HGB Rn. 4; *Schwab*, in: MünchKomm, § 819 Rn. 9; *Larenz/Canaris*, S. 313; a.A. *K. Schmidt*, in: MünchKomm HGB, § 125 Rn. 13, der die Anwendung von § 31 BGB für vorzugswürdig hält.

745 Dies ist bei der Stiftung unter Lebenden unproblematisch möglich: vgl. *Hof*, in: v. Campenhausen/Richter, § 8 Rn. 127; *Hüttemann/Rawert*, in: Staudinger, § 81 Rn. 60.

746 Vgl. *Hof*, in: v. Campenhausen/Richter, § 8 Rn. 127; *Burgard*, S. 456; *Muscheler*, ZSt 2003, 67, 77; *Reuter*, in: MünchKomm, § 85 Rn. 28; *Hüttemann/Rawert*, in: Staudinger, § 85 Rn. 31; *Liermann*, in: Deutsches Stiftungswesen 1948–1966, 153, 171; *Jakob*, S. 208 ff.; ausführlich zu den Möglichkeiten des Stifters, sich auch nach der Anerkennung Rechte vorzubehalten: *Jeß*, S. 67 ff., 76 f.

Kenntnis der Nichtschuld verschärft haften müssen. Der Stifter wird nämlich nur dann das Vermögen auf die Stiftung übertragen und in seiner Eigenschaft als Vorstand entgegennehmen, wenn er davon überzeugt ist, dass das Stiftungsgeschäft wirksam ist. Erlangt der Stifter nach Übertragung des Vermögens Kenntnis von der Unwirksamkeit des Stiftungsgeschäfts, so muss er ebenso wie ein Dritter als Vorstand Vorsorge für die verschärfte Haftung treffen.

(b) Verweis auf allgemeine Vorschriften

Greift die verschärfte Haftung nach den §§ 818 Abs. 4, 819, 820 BGB ein, so haftet der Schuldner „nach den allgemeinen Vorschriften“. Es ist umstritten, was genau darunter zu verstehen ist.[747] Der Gesetzgeber wollte insbesondere verhindern, dass sich der bösgläubige Schuldner auf die Privilegierung der Entreicherung nach § 818 Abs. 3 BGB berufen kann.[748]

Als allgemeine Vorschriften gelten daher insbesondere §§ 291, 292 BGB, welche auf die §§ 987 ff. BGB verweisen.[749] Sie bewirken vor allem, dass der verschärft Haftende die zu Unrecht erlangte Geldsumme nach den §§ 291, 288 Abs. 1 BGB verzinsen muss. Die Verzinsung wird mit 5 Prozentpunkten über dem Basiszinssatz angesetzt.[750] Zudem ist der Schuldner nach §§ 292, 989, 990 BGB zu Schadensersatz verpflichtet, falls er die erlangte Sache aufgrund eigenen Verschuldens gar nicht mehr oder nicht mehr unversehrt herausgeben kann.[751] Für Nutzungen muss der Schuldner verschärft nach §§ 292, 987 BGB haften. Neben den gezogenen Nutzungen nach § 987 Abs. 1 BGB muss er dann auch die schuldhaft nicht gezogenen Nutzungen nach § 987 Abs. 2 BGB ersetzen.[752] Auch Aufwendungen kann der Schuldner dem Gläubiger nur noch entgegenhalten, soweit es sich um notwendige Verwendungen handelte. Es gelten nur die Vorschriften der Geschäftsführung ohne Auftrag (§§ 292 Abs. 2, 994 Abs. 2,

---

747 Zur Diskussion siehe *Wendehorst*, in: Bamberger/Roth, § 818 Rn. 83 ff.

748 Vgl. *Mugdan* II. Band, S. 470.

749 Vgl. BGH, Urt. v. 01.02.2007, BGHZ 171, 38, 42 f.; *Wendehorst*, in: Bamberger/Roth, § 818 Rn. 84; *Schwab*, in: MünchKomm, § 818 Rn. 282 ff.; *Prütting*, in: PWW, § 818 Rn. 39.

750 Zu den Gründen dieses hohen Satzes: *Hager*, in: Erman, § 288 Rn. 2 ff.

751 *Buck-Heeb*, in: Erman, § 818 Rn. 50; *Schwab*, in: MünchKomm, § 818 Rn. 284; *Larenz/Canaris*, S. 314.

752 OLG Karlsruhe, Urt. v. 30.09.2004, WM 2005, 645, 646; *Wendehorst*, in: Bamberger/Roth, § 818 Rn. 92; *Schwab*, in: MünchKomm, § 818 Rn. 286; *Sprau*, in: Palandt, § 818 Rn. 52.

995 BGB).[753] Insgesamt wird von dem verschärft Haftenden also verlangt, die Sachen, die er rückübertragen muss, mit besonderer Vorsicht zu behandeln und sie wirtschaftlich zu nutzen.

Schließlich muss der verschärft haftende Bereicherungsschuldner im gleichen Umfang einstehen wie der nicht verschärft Haftende. Daher trifft ihn insbesondere eine verschuldensunabhängige Wertersatzpflicht.[754] Die §§ 292, 989 BGB verdrängen diesen Anspruch nicht, da sie nur eine verschuldensabhängige Schadensersatzpflicht umfassen. Zudem soll der verschärft Haftende nicht besser stehen als der gutgläubige Schuldner.

Die Pflicht zur verschärften Haftung bewirkt also, dass die Stiftung sich nicht auf Entreicherung berufen kann und auch schuldhaft nicht gezogene Nutzungen herausgeben muss. Alle Pflichten, die sie treffen würden, wenn sie gutgläubig gewesen wäre, bleiben darüber hinaus bestehen.

(c) Exkurs: Probleme der Gemeinnützigkeit

Die Anforderungen, die bei der verschärften Haftung gestellt werden, können insbesondere dann weitreichende Folgen haben, wenn die betroffene Stiftung gemeinnützig ist. Deren Organe sind dann verpflichtet, sowohl den soeben erläuterten Haftungsregelungen als auch den steuerrechtlichen Anforderungen zu genügen. Dies kann vor allem in Bezug auf die Pflicht zur zeitnahen Mittelverwendung nach § 55 Abs. 1 Nr. 5 S. 1 AO, welcher steuerbegünstigte Stiftungen unterliegen, zu Konflikten führen.[755] Erfüllen sie deren Anforderungen nicht, weil sie aufgrund der verschärften Haftung mit Rückzahlungsverpflichtungen rechnen müssen, so droht ihnen die Aberkennung der Gemeinnützigkeit.[756] Folge einer solchen Aberkennung wäre dann insbesondere, dass die Finanzbehörde nach Setzung einer Frist zur Verwendung der Mittel (§ 63 Abs. 4 AO) und einer entsprechenden Anhörung (§ 91 Abs. 1 AO) die Stiftung der normalen

---

753 So auch schon RG, Urt. v. 20.05.1927, RGZ 117, 112, 114; insgesamt zu den Voraussetzungen eines Aufwendungsersatz: *Ebbing*, in: Erman, § 994 Rn. 2 ff.

754 *Schwab*, in: MünchKomm, § 818 Rn. 288; *Larenz/Canaris*, S. 319 f.

755 Zum Grundsatz der zeitnahen Mittelverwendung bei Stiftungen vgl. *Hüttemann*, § 5 Rn. 4 f.; *Droege*, S. 192 ff.; *Buchna/Seeger/Brox*, S. 174 ff.; *Arnold*, NZG 2007, 805; kritisch zu den in Deutschland vertretenen Begründungen des Grundsatzes und mit eigener Erklärung: *v. Hippel*, S. 107.

756 Eine Einhaltung der steuerrechtlichen Vorgaben kann die Behörde dagegen nicht verlangen: *v. Hippel*, S. 216 f.; mit einer Übersicht aller Gründe, die zu einer Aberkennung der Gemeinnützigkeit führen können: *Sauer/Schwarz*, StiftungsBrief 2011, 143 ff.

Ertragsbesteuerung unterwirft.[757] Die Stiftung muss dann mit einer erhöhten steuerlichen Last rechnen.[758]

Von der Pflicht zur zeitnahen Mittelverwendung könnte jedoch für diesen speziellen Fall der verschärften Haftung eine Ausnahme gemacht werden. Gesetzlich waren diese Ausnahmen einheitlich in § 58 AO a.F. geregelt. Diese sind aus formalen Gründen durch das Ehrenamtsstärkungsgesetz[759] in § 62 AO verschoben worden.[760] Die nicht ausgezahlten Erträge könnten Rücklage zur Begründung der besonderen Zahlungspflichten an den Stifter im Sinne des § 62 Abs. 1 Nr. 1 AO (§ 58 Nr. 6 AO a.F.) sein. Eine solche Rücklage kann gebildet werden, wenn sie erforderlich ist, um den steuerbegünstigten Zweck nachhaltig zu erfüllen. Im Fall der Rückforderung des Stifters könnte man das zumindest annehmen, wenn noch weitere Vermögenswerte der Stiftung bestehen. Diese wären zwar direkt nicht von der Rückforderung betroffen, ihnen drohte aber, durch die verschärfte Haftung aufgebraucht zu werden. Problematisch ist insoweit allerdings, dass § 62 Abs. 1 Nr. 1 AO (§ 58 Nr. 6 AO a.F.) auf konkrete Projekte angelegt ist.[761] Gerade wenn diese zur Finanzierung mehr Mittel erfordern als allgemein bei einer Ausschüttung vorhanden sind, soll eine Rücklagenbildung möglich sein. Im Fall der verschärften Haftung wird dagegen gerade nicht auf ein bestimmtes Vorhaben angespart. Es soll lediglich der Pflicht zur Rückzahlung des Stiftervermögens nachgekommen werden. Die Zweckverfolgung wird daher nicht direkt durch das angesparte Geld gefördert und § 62 Abs. 1 Nr. 1 AO (§ 58 Nr. 6 AO a.F.) greift nicht ein.

Eine weitere Ausnahme von dem Gebot der zeitnahen Mittelverwendung ergibt sich aus § 62 Abs. 4 AO (§ 58 Nr. 12 AO a.F.). Hiernach ist es Stiftungen grundsätzlich erlaubt, ihre Gewinne im Jahr der Errichtung und den drei folgenden Kalenderjahren anzusparen. Weitere Voraussetzungen bestehen nicht.[762] Solange also die Stiftung noch jung ist, können die Organe sich auf diese Norm

---

757 *Sauer/Schwarz*, StiftungsBrief 2011, 143, 146 f.; *v. Hippel*, S. 217.

758 Vgl. zum Ablauf der Aberkennung der Steuerbegünstigung *Buchna/Seeger/Brox*, S. 515 f.; zu den genauen steuerrechtlichen Konsequenzen: *Sauer/Schwarz*, StiftungsBrief 2011, 166 ff.

759 Gesetz zur Stärkung des Ehrenamtes vom 21.03.2013, BGBl. 2013 I, S. 556.

760 Vgl. *Gersch*, in: Klein, § 62 Rn. 3.

761 Vgl. BFH, Urt. v. 13.09.1989, BFHE 158, 333, 336 ff.; *Uterhark*, in: Schwarz, § 58 Rn. 11; *Leisner-Egensperger*, in: Hübschmann/Hepp/Spitaler, § 58 Rn. 95; *Gersch*, in: Klein, § 62 Rn. 3.

762 Vgl. *Uterhark*, in: Schwarz, § 58 Rn. 34 f.; *Leisner-Egensperger*, in: Hübschmann/Hepp/Spitaler, § 58 Rn. 123; *Gersch*, in: Klein, § 62 Rn. 19.

berufen und so den Status der Gemeinnützigkeit wahren. Allerdings besteht die strikte zeitliche Befristung. Existiert die Stiftung bereits eine gewisse Zeit, bevor es zur Rückforderung kommt, so kann § 62 Abs. 4 AO (§ 58 Nr. 12 AO a.F.) nicht mehr helfen. Darüber hinaus ist Zweck der Norm, der Stiftung den Aufbau eines Grundkapitals zu ermöglichen.[763] Dient die Rücklage aber nur dazu, eine mögliche Rückzahlung vorzubereiten, wird dieser Zweck gerade nicht erfüllt.

Schließlich bietet auch § 62 Abs. 3 AO (§ 58 Nr. 11 AO a.F.) eine gesetzliche Ausnahme vom Grundsatz der zeitnahen Mittelverwendung. Dieser bestimmt, dass dem Vermögen von Stiftungen Zuwendungen zufließen dürfen, ohne dass sie zeitnah verwendet werden müssen. Auch diese Regelung kann jedoch nicht angewendet werden, wenn der Stifter sein Vermögen zurückfordert – es sind nur nachträgliche Zuwendungen an die Stiftung erfasst,[764] nicht aber Zinsen oder Erträge des bereits vorhandenen Vermögens.

Die gesetzlichen Ausnahmen helfen daher nicht weiter. Es muss vielmehr für den Fall der Rückforderung durch den Stifter bei verschärfter Haftung eine ungeschriebene Ausnahme vom Grundsatz der zeitnahen Mittelverwendung gemacht werden. Eine solche ist prinzipiell möglich, denn wie bereits die gesetzlichen Ausnahmen zeigen, ist dieser Grundsatz nicht absolut. Darüber hinaus werden auch die Ausnahmen, insbesondere § 58 Nr. 11 AO a.F., als nicht abschließend angesehen.[765] Es sind demnach durchaus auch weitere Situationen denkbar, in denen die Stiftung ihre Mittel nicht unmittelbar verwenden muss.

Für eine ungeschriebene Ausnahme im Fall der drohenden Rückforderung durch den Stifter sprechen darüber hinaus bilanzielle Überlegungen. Sobald die Stiftung davon Kenntnis erlangt, dass dem Stifter ein Recht auf Rückforderung des gesamten Stiftungsvermögens zusteht, muss sie diese Forderung mit in die Beurteilung der ihr zur Verfügung stehenden Mittel einbeziehen. Würde die Stiftung in diesem Moment eine Bilanz aufstellen, so müsste sie alle bestehenden Verbindlichkeiten – auch wenn die tatsächliche Inanspruchnahme ungewiss ist – auf der Passivseite verbuchen.[766] Zur freien Verfügung stünden ihr dann nur die Mittel, welche nicht zur Deckung der Verbindlichkeiten verwendet werden müssen. Da sie aber nach dem Bereicherungsrecht gezwungen ist, auch die Nutzungen an den Stifter herauszugeben, stünden diese nicht als freie Mittel

---

763 *Uterhark*, in: Schwarz, § 58 Rn. 34.

764 *Gersch*, in: Klein, § 62 Rn. 14 ff.

765 *Uterhark*, in: Schwarz, § 58 Rn. 33; *Hüttemann*, FR 2002, 1337, 1344; *ders.*, DB 2000, 1584, 1585; a.A. *Leisner-Egensperger*, in: Hübschmann/Hepp/Spitaler, § 58 Rn. 120.

766 Vgl. ausführlich zur Bilanzierung von Verbindlichkeiten auf der Passivseite: *Reiner/Haußer*, in: MünchKomm HGB, § 266 Rn. 109.

zur Verfügung. Würde die Stiftung sie dennoch zeitnah verwenden, so würde sie eine Insolvenz riskieren.[767] „Mittel“ im Sinne des § 55 Abs. 1 Nr. 5 S. 1 AO können daher solche nicht sein, die zur Begleichung von Verbindlichkeiten erforderlich sind. Sie unterliegen daher dem Grundsatz der unmittelbaren Verwendung nicht.

Zwar darf eine ungeschriebene Ausnahme nicht leichtfertig gemacht werden, doch muss hier die Besonderheit gerade des unwirksamen Stiftungsgeschäfts beachtet werden. Eine gesetzliche Regelung kann hier nur schwer erwartet werden, weil es sich um eine außergewöhnliche Situation handelt.

Diese Überlegungen zur ungeschriebenen Ausnahme greifen auch nach der Verabschiedung des Ehrenamtstärkungsgesetzes[768] noch ein. Die Änderungen der Abgabenordnung, welche insbesondere auch die gerade angesprochenen Passagen des § 58 AO mit Wirkung ab dem 01.01.2014 betreffen, ändern nichts an der Annahme, dass der Grundsatz der unmittelbaren Mittelverwendung auch weiterhin nicht absolut gilt. Ziel des Gesetzes ist es vor allem, Verfahrenserleichterungen für die Mittelverwendung zu schaffen.[769] Dazu sind insbesondere weitere Ausnahmen von dem Grundsatz der zeitnahen Mittelverwendung zur Schaffung freier Rücklagen (§ 62 Abs. 1 Nr. 3 AO n.F.) und Wiederbeschaffungsrücklagen (§ 62 Abs. 1 Nr. 2 AO n.F.) beschlossen worden. Grundsätzlich ist der Ansatz des Gesetzgebers hier dahingehend zu verstehen, durch die flexiblere Handhabung der Mittel gerade eine dauerhafte Zweckverfolgung zu sichern.[770] Auch durch diese weitere Normierung von Ausnahmetatbeständen ist die ungeschriebene Ausnahme für den Fall des Rückzahlungsanspruchs des Stifters bei Unwirksamkeit des Stiftungsgeschäfts nicht ausgeschlossen. Die oben aufgeführten bilanziellen Überlegungen greifen auch nach der gesetzlichen Reform noch. Eine abschließende gesetzliche Regelung eines so komplexen Sachverhaltes ist kaum möglich und kann auch nach der Reform nicht unterstellt werden. Damit sprechen auch die Änderungen der Abgabenordnung durch das Ehrenamtstärkungsgesetz nicht gegen die Annahme einer ungeschriebenen Ausnahme von dem Grundsatz der zeitnahen Mittelverwendung.

Demnach muss es auch den Organen gemeinnütziger Stiftungen erlaubt sein, den Anforderungen der verschärften Haftung zu genügen, ohne dass die Stiftung den Status der Steuerbegünstigung verliert.

---

767 Siehe zur Insolvenz der Stiftung unten: D.III.1.b)aa).

768 Gesetz zur Stärkung des Ehrenamtes vom 21.03.2013, BGBl. 2013 I, S. 556.

769 Gesetzesentwurf der Bundesregierung, BT-Drs. 17/11632 S. 1; BR-Drs. 663/12 S. 1.

770 Gesetzesentwurf der Bundesregierung, BR-Drs. 663/12 S. 9, 24; Beschlussempfehlung und Bericht des Finanzausschusses (7. Ausschuss), BT-Drs. 17/12123 S. 15.

d) *Verjährung*

Die Ansprüche des Stifters aus Bereicherungsrecht unterliegen der regelmäßigen Verjährung nach §§ 195, 199 BGB.[771] Danach ist der Anspruch drei Jahre nach Schluss des Jahres, in dem der Anspruch entstanden ist und der Gläubiger von den anspruchsbegründenden Umständen Kenntnis erlangt hat oder hätte erlangen können, nicht mehr durchsetzbar.[772] Ohne Rücksicht auf Kenntnis oder grob fahrlässige Unkenntnis verjährt der Anspruch aus Bereicherungsrecht nach § 199 Abs. 4 BGB aber spätestens zehn Jahre nach seiner Entstehung.[773] Der Stifter kann das Vermögen der Stiftung damit spätestens zehn Jahre nach Anerkennung nicht mehr herausverlangen.

Nach Ansicht des BGH greifen im Bereicherungsrecht auch Sonderverjährungen ein. Dies gilt etwa für den Fall eines nichtigen Grundstückkaufvertrages.[774] Dem Bereicherungsgläubiger kann hier unabhängig von der Kenntnis nach § 196 BGB seinen Anspruch immer zehn Jahre lang durchsetzen. Diese Sonderverjährung könnte auch dann greifen, wenn die Pflicht zur Übertragung eines Grundstücks im Stiftungsgeschäft begründet ist. Dafür spricht, dass die besondere Formanforderung für die Übertragung eines Grundstückes nach überzeugender Ansicht im Stiftungsrecht keine Anwendung finden.[775] Diese Formerleichterung kommt insbesondere der Stiftung zu Gute, da sie einen wirksamen Anspruch auf Übertragung eines Grundstückes erlangt, obwohl die besondere Form des § 311b BGB bei Vornahme des Stiftungsgeschäfts nicht eingehalten wurde. Die längere Verjährungsfrist würde im Gegenzug den Stifter privilegieren. Er könnte zumindest bei Rückforderung aus Bereicherungsrecht auf die längeren Verjährungsfristen vertrauen. Zweck der längeren Verjährungsfristen bei Grundstücken ist es, die Mitwirkung der Behörden, welche einige Zeit in Anspruch nimmt, auszugleichen.[776] Dieser Zweck greift auch im Falle der Verpflichtung im Stiftungsgeschäft und spricht ebenfalls für eine Anwendung der Sonderverjährung. Bei der

---

771 *Buck-Heeb*, in: Erman, Vor § 812 Rn. 23.

772 Vgl. *Schwab*, in: MünchKomm, § 812 Rn. 422; zu der Neuregelung der regelmäßigen Verjährung im Rahmen der Schuldrechtsmodernisierung: *Grothe*, in: MünchKomm, § 195 Rn. 1 f.

773 Vgl. *Schwab*, in: MünchKomm, § 812 Rn. 422; *Grothe*, in: MünchKomm, § 199 Rn. 48.

774 BGH, Urt. v. 25.01.2008, NJW-RR 2008, 824, 826.

775 Siehe oben C.I.3.a).

776 Gesetzesentwurf von Bündnis 90/Die Grünen zum Schuldrechtsmodernisierungsgesetz, BT-Drucks. 14/6040, S. 105; *Grothe*, in: MünchKomm, § 196 Rn. 1; *Schmidt-Räntsch*, in: Erman, § 196 Rn. 1.

Stiftungserrichtung ist sogar die Mitwirkung zweier Behörden (Stiftungsbehörde und Grundbuchamt) erforderlich, um die Übertragung abzuschließen, wodurch die Abwicklung noch weiter verzögert werden kann.

Jedoch besteht hier keine so enge Verknüpfung wie im Kaufvertrag: Es geht dem Stifters in der Hauptsache um die Errichtung einer neuen juristischen Person, nicht um die Übertragung eines Grundstückes. Dieses ist nur Mittel zur Sicherung der Zweckerfüllung. Darüber hinaus wäre es inkonsequent, die Sondervorschriften zu Grundstücken auf das Stiftungsgeschäft unterschiedlich anzuwenden. Sie bilden eine Einheit und können nur in ihrer Gesamtheit den Gefahren, die mit der Übertragung von Grundstücken zusammenhängen, begegnen. Die einzelne analoge Anwendung der Vorschriften wird diesem Gedanken nicht gerecht. Die Sonderverjährung greift daher nicht ein, wenn aufgrund eines Stiftungsgeschäfts ein Grundstück durch Leistungskondiktion zurückverlangt wird.

Für den Bereicherungsanspruch des Stifters aufgrund unwirksamen Stiftungsgeschäfts gilt damit generell die Regelverjährung der §§ 195, 199 BGB von drei Jahren ab Kenntnis der anspruchsbegründenden Umstände. Die Stiftung muss sich auf die Einrede der Verjährung berufen, § 214 Abs. 1 BGB.[777]

e) Bedeutung des § 51 BGB

Nach *Burgard* unterliegt der Rückforderungsanspruch des Stifters einem Sperrjahr und darf erst nach dessen Ablauf beglichen werden. Er stützt sich auf eine analoge Anwendung des § 51 BGB. Der Stifter sei jedenfalls weniger schutzwürdig als die Drittgläubiger und solle daher erst nachrangig Befriedigung erlangen.

Burgard hat für die „effektive Kapitalherabsetzung" herausgearbeitet, dass es dem Gläubigerschutz zuwider liefe, den Anspruch des Stifters ohne weiteres zu begleichen.[778] Als Fall einer solchen effektiven Kapitalherabsetzung sieht er auch eine Rückzahlung aufgrund der Unwirksamkeit des Stiftungsgeschäfts.[779] Die Liquidationsvorschriften sollen auch dann auf eine Rückforderung des Stifters angewendet werden, wenn die Stiftung einer Aufhebung entgehen kann, weil sie etwa im Wege einer Zustiftung weitere Mittel erlangt hat.[780] Die Aussagen zeigen, dass *Burgard* für alle Fälle, in denen die Stiftung einen wesentlichen Teil ihres Vermögens oder dieses insgesamt verliert, Liquidationsregelungen anwenden

---

777 Vgl. *Grothe*, in: MünchKomm, § 214 Rn. 3 f.; *Henrich*, in: Bamberger/Roth, § 214 Rn. 1.

778 *Burgard*, S. 506 ff.

779 *Burgard*, S. 507.

780 *Burgard*, S. 627.

will.[781] Dies gilt seiner Ansicht nach unabhängig davon, wie es zu diesem Verlust gekommen ist. § 51 BGB gilt damit nach *Burgards* Ansicht insbesondere auch dann, wenn der Stifter sein Vermögen aufgrund Unwirksamkeit des Stiftungsgeschäfts zurück verlangt.

Nach seinem Wortlaut regelt § 51 BGB die Beziehung zwischen liquidierter Stiftung und Anfallberechtigtem.[782] Dieser soll nur den Teil des Stiftungsvermögens erhalten, welcher bei der Liquidation nicht dazu benötigt wird, die Gläubiger zu befriedigen.[783] Dazu wird ein Sperrjahr eingerichtet, innerhalb dessen keine Auszahlung erfolgen darf. *Burgard* stellt durch seine Forderung den Stifter mit dem Anfallberechtigten gleich. Dabei sei nicht entscheidend, ob der Stifter sich durch eine Satzungsbestimmung tatsächlich zum Anfallberechtigten erklärt habe oder einen Anspruch aus der Nichtigkeit des Stiftungsgeschäfts und damit § 812 BGB ableite.[784]

Für eine solche Betrachtung sprechen auf den ersten Blick gute Gründe: Fordert der Stifter sein Vermögen von der Stiftung zurück, so muss sie in der Regel aufgehoben werden, weil sie ihren Zweck nicht weiter erfüllen kann.[785] Die Forderung wird in den meisten Fällen zu einer Überschuldung führen – insbesondere wenn zum Zeitpunkt der Geltendmachung weitere Verbindlichkeiten der Stiftung bestehen. Das Sperrjahr wäre geeignet, die gutgläubigen Dritten vor einem Schaden zu schützen, der ihnen daraus entstünde, dass die Stiftung nicht mehr alle Verbindlichkeiten begleichen kann. § 51 BGB dient gerade dem Schutze der Gläubiger.[786] Die Regelungen der Liquidation wurden geschaffen, um eine geordnete Abwicklung der Rechtsverhältnisse zu ermöglichen.[787] Ein Gläubiger, der Rechtsgeschäfte mit einer juristischen Person schließt, soll nicht schlechter stehen als hätte er diese mit einer natürlichen Person geschlossen. Vor der vollständigen Abwicklung darf die juristische Person daher nicht entfallen und der

781 Ausnahmsweise ist das Liquidationsverfahren seiner Ansicht nach nur dann nicht anzuwenden, wenn der Stifter das Vermögen nie übertragen hat: *Burgard*, S. 643 f.

782 Vgl. *Weick*, in: Staudinger, § 51 Rn. 2; *Reuter*, in: MünchKomm, § 51 Rn. 1.

783 Der Anspruch entsteht nur in der Höhe des verbleibenden Vermögens, vgl. *Hüttemann/Rawert*, in: Staudinger, § 88 Rn. 9: Anspruch auf „Liquidationsüberschuss".

784 Vgl. die Gesamtschau der Aussagen *Burgards*, S. 507, 627.

785 Siehe zu den einzelnen Rechtsfolgen unten D.III.

786 *Weick*, in: Staudinger, § 51 Rn. 2; *Hadding*, in: Soergel, § 51 Rn. 1; *Westermann*, in: Erman, § 51 Rn. 1; *Schöpflin*, in: Bamberger/Roth, § 51 Rn. 1; allgemein zur Schutzfunktion der Liquidation: *Richter*, in: MünchHdbGesR Bd. V, § 118 Rn. 6.

787 Vgl. *Reuter*, in: MünchKomm, § 49 Rn. 1.

Stifter soll letzter Gläubiger sein. Wird die Stiftung beendet, so muss laut *Burgard* eine Liquidation nach §§ 46 ff. BGB stattfinden, da auch hier die Gläubiger vor einem plötzlichen ersatzlosen Wegfall geschützt werden müssen, § 86 S. 3 BGB.[788]

Diese Argumentation kann jedoch nicht überzeugen. Der Stifter ist im Falle der Unwirksamkeit ebenfalls schutzwürdig. Es ist zu erwarten, dass auch er von einem bestehenden und wirksamen Stiftungsgeschäft ausging, sonst hätte er das Vermögen nicht übertragen. Er kann nicht wie der Anfallberechtigte der Liquidation behandelt werden, welcher ähnlich den Destinatären von den Vorgängen in der Stiftung nur positiv betroffen ist. Der Anspruch des Anfallberechtigten ist auf jenes Vermögen beschränkt, das der Stiftung nach einer Liquidation noch verblieben ist.[789] Er kann daher nie höher sein als das tatsächlich verbliebene Vermögen. Dabei ist zu beachten, dass der Zweck des § 51 BGB darin liegt, eine Person, die der Stiftung näher steht als die Gläubiger zunächst aus der Verteilung auszusparen und die Dritten – die vielleicht keinen so guten Einblick in die Vermögenssituation hatten – zu bevorzugen.[790] Wie aber bereits gesehen, ist die Stiftung trotz der Unwirksamkeit des Stiftungsgeschäfts zunächst wirksam entstanden.[791] Damit steht der Stifter der Stiftung genauso als Dritter gegenüber wie jeder andere Gläubiger.[792] Dem Stifter bleiben allein durch seine Stellung nach der Anerkennung keinerlei besondere Einwirkungs- oder Einsichtmöglichkeiten, die ihn gegenüber sonstigen Gläubigern der Stiftung privilegieren.[793] Dies sieht *Burgard* grundlegend anders und kommt daher zu dem gegenteiligen Ergebnis. Es bedarf aber auch keiner Anwendung des § 51 BGB, um Gläubiger zu schützen. Bei Überschuldung finden die Regelungen der Insolvenzordnung Anwendung.[794] Diese sorgen für einen gerechten Ausgleich. Der Stifter zählt auch hier zu den einfachen Insolvenzgläubigern nach § 38 InsO, die eine anteilige Befriedigung erhalten.[795] Auch das zeigt, dass eine Sonderstellung des Stifters

---

788 Diesen Zweck bietet gerade das Liquidationsverfahren, vgl. *Weick*, in: Staudinger, § 47 Rn. 5.

789 Vgl. *Richter*, in: MünchHdbGesR Bd. V, § 118 Rn. 41.

790 Er dient damit dem Gläubigerschutz, vgl. *Schöpflin*, in: Bamberger/Roth, § 51 Rn. 1.

791 Vgl. oben D.I.2.a)bb)(2).

792 *Sieger/Bank*, NZG 2010, 641, 641; so selbst *Burgard*, S. 447 m.w.N., der jedoch diese Rechtsgrundlosigkeit kritisiert, S. 449 und auf S. 455 ff. Gestaltungsmöglichkeiten für eine mitgliedschaftsähnliche Stellung sucht.

793 Vgl. *Hof*, in: v. Campenhausen/Richter, § 6 Rn. 203; zu Möglichkeiten des Erhalts von Einflussmöglichkeiten: *Sieger/Bank*, NZG 2010, 641 ff.

794 Zu der Fragen der Insolvenz näher unten D.III.1.b)aa).

795 Vgl. *Fritsche*, ZSt 2003, 211, 216; zu bereicherungsrechtlichen Ansprüchen als Insolvenzforderung: *Ehricke*, in: MünchKomm InsO, § 38 Rn. 71.

gegenüber den übrigen Gläubigern grundsätzlich nicht vorgesehen ist. Liegt dagegen keine Überschuldung vor, so besteht auch kein Grund, den Stifter erst ein Jahr nach allen anderen Gläubigern zu befriedigen, da alle Forderungen beglichen werden können. Kann die Stiftung sogar weiter bestehen, so verlieren die Gläubiger keinen Schuldner und sind daher nicht außergewöhnlich schutzbedürftig. Die plötzliche Vermögensverringerung eines Vertragspartners stellt ein allgemeines Lebensrisiko dar und ist hinzunehmen.

Der Ansicht *Burgards* ist daher nicht zu folgen. Der Stifter kann seinen Anspruch aus § 812 Abs. 1 S. 1 Alt. 1 BGB sofort geltend machen, ohne den Ablauf des Sperrjahres nach § 51 BGB abzuwarten.

f) Zwischenergebnis

Der Stifter hat gemäß § 812 Abs. 1 S. 1 Alt. 1 BGB einen Anspruch auf Rückerstattung des gesamten zur Verfügung gestellten Vermögens samt der Nutzungen, soweit sich die Stiftung nicht auf Entreicherung berufen kann. Dies wird sie regelmäßig in Bezug auf die Nutzungen können, die sie zur Verfolgung des Zwecks aufgebraucht hat. Der Anspruch verjährt regelmäßig gemäß §§ 195, 199 BGB nach drei Jahren. Das Sperrjahr des § 51 BGB ist auf den Anspruch des Stifters auf Rückübertragung des von ihm zur Verfügung gestellten Vermögens nicht anwendbar, da der Stifter nicht mit dem Anfallberechtigten gleichgesetzt werden kann und die anderen Gläubiger nicht schutzwürdiger sind als er.

3. Möglichkeiten des Anfechtungsgesetzes

Der Stifter könnte seinen Anspruch trotz Entreicherung der Stiftung in größerem Umfang realisieren, wenn ihm eine Anfechtungsklage nach dem Anfechtungsgesetz möglich ist. Diese ist darauf gerichtet, dass Dritte – im Fall des Stiftungsgeschäfts die Destinatäre – dem Gläubiger (Stifter) das erhaltene Vermögen zur Verfügung stellen.[796] Sie müssen bei Erfolg der Klage die Zwangsvollstreckung in eben dieses Vermögen dulden.[797]

Zulässig ist eine Anfechtungsklage des Stifters nur, wenn ihm ein vollstreckbarer Anspruch gegen die Stiftung zusteht, eine Zwangsvollstreckung in deren Vermögen aber nicht erfolgreich war beziehungsweise von vornherein keinen Erfolg verspricht, § 2 AnfG.[798] Der vollstreckbare Anspruch ergibt sich bei

796 *Huber*, AnfG, Einf. Rn. 10.

797 *Haertlein*, in: Kindl/Meller-Hannich/Wolf, § 11 AnfG Rn. 3.

798 *Huber*, AnfG, § 2 Rn. 4 ff.; *Brox/Walker*, Rn. 266.

Unwirksamkeit des Stiftungsgeschäfts aus § 812 Abs. 1 S. 1 Alt. 1 BGB.[799] Er ist jedenfalls dann nicht mehr (voll) realisierbar, wenn die Stiftung trotz Kenntnis der Rückzahlungspflicht Erträge an die Destinatäre ausgeschüttet hat. Sie kann sich insoweit aufgrund verschärfter Haftung nicht auf Entreicherung berufen.[800] Eine Zwangsvollstreckung hat aber keinen Erfolg, da die Mittel tatsächlich verwendet wurden. Schließlich darf über das Vermögen der Stiftung kein Insolvenzverfahren eröffnet sein, § 1 Abs. 1 AnfG.[801] Auch wenn das Insolvenzverfahren mangels Masse abgelehnt wurde, greift das Anfechtungsgesetz ein.[802] Wird nach Klageerhebung ein Insolvenzverfahren eingeleitet, so werden die Ansprüche aus dem Anfechtungsgesetz in der Zeit des Verfahrens suspendiert.[803]

Begründet ist die Klage, wenn eine anfechtbare Rechtshandlung des Schuldners vorliegt, ein Anfechtungsgrund gegeben ist und die Anfechtung innerhalb einer bestimmten Frist erfolgt.

Anfechtbare Rechtshandlung der Stiftung kann jede Willensbetätigung sein, die die Gläubiger, hier also den Stifter, objektiv benachteiligt hat.[804] Das heißt die Rechtshandlung muss kausal dafür gewesen sein, dass die Zwangsvollstreckung erfolglos war.[805] Gibt die Stiftung Erträge an Destinatäre weiter, ohne eine Gegenleistung zu erlangen, so verhindert dies den Erfolg der Vollstreckung. Die Ausschüttung der Erträge ist eine anfechtbare Rechtshandlung.

Die Anfechtungsgründe finden sich in den §§ 3 ff. AnfG. Im Falle des unwirksamen Stiftungsgeschäfts ist vor allem § 4 AnfG relevant. Nach dieser sogenannten „Schenkungsanfechtung" können Gläubiger unentgeltliche Leistungen anfechten. Der Begriff der Unentgeltlichkeit im Rahmen des § 4 AnfG wird weit ausgelegt.[806] Eine Stiftung leistet in Verfolgung ihres Zwecks insbesondere an ihre Destinatäre unentgeltlich.[807] Der Stifter kann daher gegen sie Klage erheben. Das Interesse des Begünstigten daran, das Erlangte zu behalten, wird

799 Siehe gerade eben D.II.2.

800 Siehe dazu schon oben D.II.2.c)bb)(2).

801 Zur Frage, wann im Rahmen der Nichtigkeit eine Insolvenz der Stiftung droht und wann ein Insolvenzverfahren eröffnet wird, siehe unten D.III.1.b).

802 Vgl. *Huber*, AnfG, § 1 Rn. 55.

803 *Brox/Walker*, Rn. 267; *Huber*, AnfG, § 17 Rn. 3 f.

804 *Huber*, ZIP 1998, 897, 898.

805 *Brox/Walker*, Rn. 268.

806 BGH, Urt. v. 28.02.1991, BGHZ 113, 393, 395 ff.; Urt. v. 15.10.1975, KTS 1976, 132, 134.

807 Dies gilt auch dann, wenn die Stiftung mit der finanziellen Hilfe einen bestimmten Zweck verfolgen wollte, vgl. schon RG, Urt. v. 07.05.1909, RGZ 71, 140, 142 f.

grundsätzlich als nachrangig zum Interesse des Gläubigers an Befriedigung angesehen.[808] Der Destinatär, welcher die Leistung ohne Gegenleistung erhalten hat, ist nicht so schutzwürdig wie der Stifter, dem ein Anspruch zusteht. Im Verhältnis Stifter - Destinatär greift der Anfechtungsgrund des § 4 AnfG damit ein. Die Anfechtung darf in diesem Fall jedoch nicht später als vier Jahre nach der Leistung erfolgen, § 4 Abs. 1 AnfG.[809]

Hat die Stiftung vorsätzlich Vermögen weggegeben, um es dem Stifter zu entziehen und kannte der Empfänger diesen Vorsatz, so liegt der Anfechtungsgrund aus § 3 AnfG vor. Im Fall der Vorsatzanfechtung muss die Klage innerhalb von zehn Jahren nach der relevanten Handlung erhoben werden.[810] Der Vorsatz muss jedoch vom Anfechtenden bewiesen werden. Für die Kenntnis des Anfechtungsgegners greift eine Vermutung nach § 3 Abs. 1 S. 2 AnfG.[811]

Liegt ein Anfechtungsgrund vor, so kann der Stifter vom Anfechtungsgegner verlangen, die Zwangsvollstreckung zu dulden, soweit er sie zu seiner Befriedigung benötigt, § 11 Abs. 1 S. 1 AnfG.[812] Der Anfechtungsgegner – meist der Destinatär – kann sich aber im Fall des § 4 AnfG ebenfalls auf Entreicherung berufen, § 11 Abs. 2 S. 1 AnfG. Dies privilegiert wie im Bereicherungsrecht jedoch nur den gutgläubigen Schuldner.[813] Wusste er dagegen, dass durch die Leistung der Gläubiger benachteiligt wird, so haftet er verschärft.[814]

Das Anfechtungsgesetz bietet dem Stifter damit die Möglichkeit, sein Vermögen von den Destinatären zurückzuerlangen, wenn er es bei der Stiftung nicht eintreiben kann. Diese können sich aber, soweit sie gutgläubig waren, auf Entreicherung berufen. Das Verfahren nach dem Anfechtungsgesetz tritt zudem hinter einem etwaigen Insolvenzverfahren zurück. Damit hat es eine sehr begrenzte praktische Bedeutung.

4. Zusammenfassung

Bei Unwirksamkeit des Stiftungsgeschäfts entfällt die Rechtsgrundlage der Stiftung für das Behaltendürfen des Vermögens. Der Stifter kann dieses nach § 812

---

808 So auch *Brox/Walker*, Rn. 271.

809 Vgl. zudem auch *Huber*, ZIP 1998, 897, 900.

810 *Huber*, ZIP 1998, 897, 899.

811 *Haertlein*, in: Kindl/Meller-Hannich/Wolf, § 3 AnfG Rn. 21 f.

812 *Huber*, AnfG, § 11 Rn. 17; *Huber*, ZIP 1998, 897, 903.

813 *Huber*, AnfG, § 11 Rn. 48 f.; *Haertlein*, in: Kindl/Meller-Hannich/Wolf, § 11 AnfG Rn. 11 ff.

814 Vgl. *Huber*, AnfG, § 11 Rn. 50; *Haertlein*, in: Kindl/Meller-Hannich/Wolf, § 11 AnfG Rn. 14 f.

Abs. 1 S. 1 Alt. 1 BGB samt der gezogenen Nutzungen herausverlangen.[815] Allerdings besteht kein Anspruch, soweit sich die Stiftung auf Entreicherung nach § 818 Abs. 3 BGB berufen kann.[816] Dieses Privileg ist aber ausgeschlossen, wenn der Vorstand von der Nichtschuld wusste, § 819 Abs. 1 BGB. Dann haftet die Stiftung verschärft und muss auch für schuldhaft nicht gezogene Erträge einstehen.

Hat die Stiftung die Erträge unentgeltlich in Verfolgung ihres Stiftungszwecks an Destinatäre ausgezahlt und ist aus diesem Grund eine vollständige Befriedigung des Stifters nicht mehr möglich, kann er gemäß § 4 AnfG Anfechtungsklage erheben.[817] Damit werden die Destinatäre gezwungen, die Zwangsvollstreckung in das erlangte Vermögen zu dulden, es sei denn, sie selbst waren gutgläubig und sind entreichert. Die Möglichkeiten des Anfechtungsgesetzes bestehen jedoch nur, soweit über das Vermögen der Stiftung kein Insolvenzverfahren eröffnet wurde.

III. Rechtsfolgen für die Stiftung bei Rückforderung des Vermögens durch den Stifter

Fordert der Stifter sein Vermögen nach § 812 Abs. 1 S. 1 Alt. 1 BGB zurück, so kann dies weitreichende Auswirkungen auf die Existenz der Stiftung haben. Ihr weiteres Schicksal hängt unter anderem davon ab, ob sie durch zusätzlich erlangtes Vermögen in der Lage ist, ihren ursprünglichen Stiftungszweck weiterhin zu verfolgen. Aus diesem Grund werden im Folgenden verschiedene Fallgestaltungen gebildet und die Rechtsfolgen des unwirksamen Stiftungsgeschäfts jeweils getrennt untersucht.

1. Fallgestaltung: Stiftung hat kein weiteres Vermögen erlangt

In der ersten zu untersuchenden Fallgestaltung hat die Stiftung zwischen Anerkennung und Rückforderung des Stifters kein zusätzliches Vermögen erlangt. Die einzigen ihr jemals zur Verfügung stehenden Mittel waren die, die ihr der Stifter im Stiftungsgeschäft zugesprochen hatte. Nach der Rückzahlung dieser Mittel bleibt ihr also kein Vermögen, den Zweck weiter zu verfolgen. Sie muss dann möglicherweise aufgrund zweier Tatbestände aufgelöst werden: Entweder

---

815 D.II.2.

816 D.II.2.c)bb).

817 D.II.3.

nach § 87 BGB, allein weil sie ihren Zweck nicht mehr erfüllen kann[818] oder aber nach §§ 86, 42 BGB, weil die Gründe für eine Insolvenz vorliegen.[819] Es ist daher zu untersuchen, welcher dieser speziell stiftungsrechtlichen Auflösungsgründe einschlägig ist und was dies für die Abwicklung der Stiftung bedeutet.[820]

a) § 87 BGB oder § 86 i.V.m. § 42 Abs. 1 S. 1 BGB

Um zu entscheiden, welcher der beiden Auflösungsgründe anzuwenden ist, soll zunächst untersucht werden, ob sie im gegebenen Fall überhaupt einschlägig sind.

Der Stiftung verbliebe nach Befriedigung des Stifters keinerlei Vermögen mehr. Dann ist es ihr tatsächlich unmöglich, ihren satzungsgemäßen (oder jeden anderen zulässigen)[821] Zweck weiter zu verfolgen. Die Voraussetzungen des § 87 Abs. 1 BGB sind demnach gegeben.[822]

Zudem könnte die Stiftung insolvent sein und damit nach §§ 86, 42 BGB aufgelöst werden. Die Stiftung ist als juristische Person nach § 11 Abs. 1 S. 1 InsO insolvenzfähig.[823] Darüber hinaus können die Insolvenzgründe der Überschuldung nach § 19 InsO[824] und der drohenden Zahlungsunfähigkeit nach § 18 InsO[825] gegeben sein, wenn gegen die Stiftung weitere Verbindlichkeiten bestehen, die neben die Forderung des Stifters treten. Solche Verbindlichkeiten könnte sie nicht begleichen. Wird aus diesen Gründen ein Insolvenzverfahren eröffnet oder

---

818 Zur Unmöglichkeit der Zweckerfüllung: *Reuter*, in: MünchKomm, § 87 Rn. 6 f.; *Hüttemann/Rawert*, in: Staudinger, § 87 Rn. 5 f.

819 Zu den Insolvenzgründen bei der Stiftung: *Roth/Knof*, KTS 2009, 163, 166 ff.; *Fritsche*, ZSt 2005, 211, 213 ff.

820 Als speziellere Normen gehen §§ 87, 86, 42 BGB jedenfalls bei Vorliegen ihrer Voraussetzungen den allgemeinen öffentlich-rechtlichen Aufhebungsnormen in §§ 48 ff. VwVfG vor, siehe zur Diskussion von deren Anwendungsbereich noch unten bei der 3. Fallkonstellation: D.III.3.b)aa).

821 Es können nur solche Zwecke von einer Stiftung verfolgt werden, die zu ihrem Erreichen eines Vermögens bedürfen: C.II.1.a)aa)(1).

822 Einen Überblick zu § 87 BGB bieten *Hüttemann/Rawert*, in: Staudinger, § 87 Rn. 5 ff.; zur genaueren Darstellung der einzelnen Merkmale siehe auch unten D.III.1.b)bb)(1)(a).

823 Vgl. *Roth/Knof*, KTS 2009, 163, 165 f.; *Fritsche*, ZSt 2003, 211, 211; *Prütting*, NPLY 2002, 137, 151; *Hüttemann/Rawert*, in: Staudinger, § 86 Rn. 49.

824 Vgl. zur Legaldefinition in § 19 Abs. 2 S. 1 InsO: *Bußhardt*, in: Braun, § 19 InsO Rn. 8 ff.

825 Vgl. zur Definition der Zahlungsunfähigkeit in § 17 Abs. 2 InsO: *Bußhardt*, in: Braun, § 17 InsO Rn. 2 ff.

mangels Masse abgelehnt, so ist eine Aufhebung nach § 86 S. 1 i.V.m. § 42 Abs. 1 S. 1 BGB möglich.

Kommen beide Auflösungsgründe aufgrund bestehender weiterer Verpflichtungen in Betracht, ist zu untersuchen, welcher vorrangig ist. Dies ist vor allem deshalb von Bedeutung, weil die Stiftungsbehörde für die Aufhebung nach § 87 BGB verantwortlich ist,[826] das Amtsgericht aber für die Auflösung nach § 86 i.V.m. § 42 Abs. 1 S. 1 Alt. 1 BGB.[827]

Allgemein wird § 87 BGB als abschließender Aufhebungsgrund für Stiftungen angesehen.[828] Jedoch bestand bei der Reform des Stiftungsrechts[829] die Verweisung ins Vereinsrecht und damit auf § 42 BGB bereits. Dass der Gesetzgeber sie nicht gestrichen hat, ist als bewusste Entscheidung für seine Geltung zu werten. § 42 BGB steht damit auch weiterhin neben § 87 Abs. 1 BGB.[830] §§ 86, 42 BGB sind sogar vorrangig anzuwenden, wenn der spezielle Fall der Insolvenz vorliegt. Dies zeigt vor allem § 47 BGB, nach welchem das normale Liquidationsverfahren im Falle der Insolvenz von den speziellen Normen verdrängt wird.[831] Daraus lässt sich ein genereller Vorrang der Insolvenznormen entnehmen. §§ 86, 42 BGB verdrängen daher § 87 BGB, soweit die Insolvenzgründe einschlägig sind.[832]

Es bedarf daher keiner Aufhebungsentscheidung der Stiftungsbehörde mehr, wenn tatsächlich ein Insolvenzgrund vorliegt. § 86 S. 1 i.V.m. § 42 Abs. 1 S. 1 BGB bilden den Auflösungsgrund, soweit die Stiftung im Laufe ihrer Existenz Verbindlichkeiten eingegangen ist, die noch offen sind und deshalb eine Überschuldung oder Zahlungsunfähigkeit vorliegt.[833] Andernfalls ist auf § 87 BGB zurückzugreifen.

---

826 Vgl. *Reuter*, in: MünchKomm, § 87 Rn. 1.

827 Das Amtsgericht ist Insolvenzgericht nach § 2 InsO und da es keiner weiteren Entscheidung der Stiftungsbehörde bedarf, ist es auch zuständig für die Aufhebungsentscheidung, vgl. *Roth/Knof*, KTS 2009, 163, 170.

828 Vgl. *Hüttemann/Rawert*, in: Staudinger, § 87 Rn. 3 f.; *Happ*, S. 142 ff.; a.A. *Richter*, in: MünchHdbGesR Bd. V, § 117 Rn. 17.

829 Gesetz zur Modernisierung des Stiftungsrechts vom 15.07.2002, BGBl. 2002 I, S. 2634.

830 In den Gesetzgebungsmaterialien wurde über § 86 BGB diskutiert, die Verweisung auf § 42 BGB spielte jedoch keine Rolle, vgl. nur Entwurf der Bundesregierung, BT-Drucks. 14/8765, S. 11 f.

831 Zu den genauen Wirkungen des § 47 BGB siehe unten D.III.1.b)bb)(2)(a).

832 So wohl auch *Hüttemann/Rawert*, in: Staudinger, § 86 Rn. 52.

833 Vgl. *Backert*, in: Bamberger/Roth, § 87 Rn. 6, der §§ 86, 42 BGB als weitere Auflösungsgründe nennt, andere aber ablehnt.

b) *Fallkonstellationen*

Für die weitere Untersuchung ist daher danach zu unterscheiden, ob neben der Forderung des Stifters auf Rückzahlung seines Vermögens noch weitere Verbindlichkeiten der Stiftung bestehen. Ist dem so, so muss von einer Insolvenz der Stiftung ausgegangen werden. Andernfalls kann eine normale Abwicklung erfolgen.

aa) Weitere Verbindlichkeiten der Stiftung bei Rückforderung

Die Insolvenzgründe der Überschuldung nach § 19 InsO und der drohenden Zahlungsunfähigkeit nach § 18 InsO treten ein, wenn im Zeitpunkt der Rückforderung noch weitere offene Forderungen gegen die Stiftung bestehen. Derartige Forderungen könnten etwa durch Anmietung von Räumen oder Beschäftigung eines Geschäftsführers entstanden sein. Die Insolvenzgründe greifen ein, weil die Stiftung ihr gesamtes Vermögen samt Erträgen an den Stifter zurückzahlen muss. Sie kann dann keine anderen Verbindlichkeiten begleichen.

(1) Die Eröffnung des Insolvenzverfahrens

Liegt ein Insolvenzgrund gemäß den §§ 17 ff. InsO vor, muss zunächst ein Antrag auf Eröffnung eines Insolvenzverfahrens gestellt werden, § 13 Abs. 1 InsO.[834] Nach § 86 S. 1 i.V.m. § 42 Abs. 2 S. 1 BGB ist der Stiftungsvorstand verpflichtet, den Insolvenzantrag zu stellen. Eines Rückgriffs auf § 15a Abs. 1 InsO bedarf es hier nach den Gesetzesbegründungen nicht.[835] Das bedeutet insbesondere, dass die starre 3-Wochen-Frist des § 15a Abs. 1 S. 1 InsO bei der Insolvenz von Stiftungen keine Anwendung findet. Entgegen einiger Stimmen in der Literatur[836] ist § 42 BGB so auszulegen, dass diese starre Frist keine Anwendung finden soll.[837] Hätte der Gesetzgeber eine klare Frist gewollt, so hätte er sie entweder in § 42 BGB einfügen oder aber § 15a InsO auch für den Verein für anwendbar erklären müssen. Da dies nicht geschehen ist, muss der Stiftungsvorstand als

---

834 Zum Ablauf des Insolvenzverfahrens siehe auch: *Prütting*, NPLY 2002, 137, 141 ff.

835 Wohl hM: *Hüttemann/Rawert*, in: Staudinger, § 86 Rn. 50; *Haas/Mock*, in: Gottwald, § 93 Rn. 211; *Bußhardt*, in: Braun, § 15a InsO Rn. 9; mit einer ausführlichen Erklärung *Roth/Knof*, KTS 2009, 163, 168 f. sowie *Hirte*, in: FS Werner, S. 222, 226; a.A. *Richter*, in: MünchHdbGesR Bd. V, § 116 Rn. 34 f., der aber die Änderungen des MoMiG noch nicht einbezieht.

836 *Hüttemann/Rawert*, in: Staudinger, § 86 Rn. 50; *Roth/Knof*, KTS 2009, 163, 177 f.; *Haas/Goetsch*, in: MünchHdbGesR Bd. V, § 60 Rn. 37.

837 *Rugullis*, NZI 2007, 323, 325 ff.; *Otto*, S. 91; so wohl auch *Fritsche*, ZSt 2003, 211, 218.

Vertreter der Insolvenzschuldnerin Stiftung den Insolvenzantrag ohne schuldhaftes Zögern stellen.[838] Neben dem Schuldner selbst können aber auch Gläubiger einen Antrag auf Eröffnung des Insolvenzverfahrens stellen, soweit sie ein rechtliches Interesse daran haben, § 14 Abs. 1 InsO.[839] Da sie neben der eigenen Forderung gegen die Stiftung auch den Insolvenzgrund glaubhaft machen müssen, sind solche Anträge jedoch selten zu erwarten.

Nach Antragstellung untersucht das Gericht das tatsächliche Vorliegen des Insolvenzgrundes und nimmt eine Masseprüfung vor.[840] Letztere klärt, ob das Vermögen der Stiftung zumindest noch ausreicht, die Kosten des Insolvenzverfahrens zu decken, § 26 InsO. In der Regel ist das zu bejahen, weil die Stiftung zumindest das Vermögen des Stifters noch in ihrem Besitz hat. Die Insolvenz droht, sobald der Stifter den Anspruch geltend macht oder der Stiftungsvorstand von einer bevorstehenden Geltendmachung Kenntnis erlangt. Das bedeutet, dass das Insolvenzverfahren vor Auszahlung des Vermögens an den Stifter eröffnet werden muss. Die bereicherungsrechtlichen Forderungen des Stifters werden dann zu einfachen Insolvenzforderungen nach § 38 InsO.[841] Er wird nicht bevorzugt befriedigt, vielmehr muss er sich mit einer Quote seines Anspruchs begnügen. Das Vermögen muss daher insgesamt zunächst für die Masseverbindlichkeiten – insbesondere die Kosten des Insolvenzverfahrens – aufkommen.[842] Eine Ausnahme von dem positiven Ergebnis der Masseprüfung kann nur dann bestehen, wenn die Stiftung das gesamte Vermögen in der Zeit ihrer Existenz anderweitig aufgebraucht hat. Fällt die Masseprüfung tatsächlich negativ aus, so wird das Insolvenzverfahren beendet. Es kann sich dann ein Liquidationsverfahren anschließen, in dem alle Gläubiger ihre Forderungen einzeln geltend machen müssen.[843]

Für die Dauer der Prüfung kann das Gericht Sicherungsanordnungen treffen, um das Vermögen vor einer unüberlegten Handlung des Schuldners zu schützen. Zu diesen Sicherungsanordnungen kann insbesondere die Bestellung eines vorläufigen Insolvenzverwalters gehören, der je nach Intensität der Sicherungsanordnung nur einen Teil oder aber die gesamte Verfügungsgewalt über das

838 So zum Verein: *Rugullis*, NZI 2007, 323, 325 ff.

839 Näher dazu *Fritsche*, ZSt 2003, 211, 215 ff.

840 Vgl. *Foerste*, § 13 Rn. 126 ff.

841 Vgl. *Fritsche*, ZSt 2003, 211, 216; zu bereicherungsrechtlichen Ansprüchen als Insolvenzforderung: *Ehricke*, in: MünchKomm InsO, § 38 Rn. 71.

842 Zum Begriff der Masseverbindlichkeit vgl. *Herzig*, in: Braun, § 26 Rn. 6 ff.

843 Genaueres zum Liquidationsverfahren nach §§ 46 ff. BGB unten D.III.1.b)bb)(2)(b).

Vermögen übernimmt.[844] Der Stiftungsvorstand verliert dementsprechend seine Verfügungsmacht.

(2) Der Eröffnungsbeschluss

Fallen die Prüfungen zu Insolvenzgrund und Masse positiv aus, so eröffnet das Insolvenzgericht das Insolvenzverfahren durch Beschluss, § 27 InsO. Dadurch löst es gleichzeitig die Stiftung auf, § 86 S. 1 i.V.m. § 42 Abs. 1. S. 1 BGB.[845] Diese Normen greifen auch, wenn die Masseprüfung negativ ausfällt und die Eröffnung des Insolvenzverfahrens abgelehnt wird.[846] Seit Änderung des § 42 Abs. 1 S. 1 BGB zum 1.1.2010[847] gilt dies ausdrücklich. Aber auch vorher bestand im Schrifttum Einigkeit darüber, dass auch die Ablehnung des Insolvenzverfahrens mangels Masse einen Auflösungsgrund darstellt.[848] Insoweit wurde ein Vergleich zu Normen des übrigen Verbandsrechts zur Rechtsfolge der Insolvenz gezogen.[849]

Im Eröffnungsbeschluss wird ein (endgültiger) Insolvenzverwalter bestellt, welcher gemäß § 80 Abs. 1 InsO an die Stelle des Stiftungsvorstands tritt. Alle Gläubiger und Schuldner werden benachrichtigt und der Insolvenzverwalter prüft die Forderungen und bestimmt die Insolvenzmasse. Letztere besteht nach § 35 Abs. 1 InsO aus dem gesamten Vermögen der Stiftung zum Zeitpunkt der Verfahrenseröffnung sowie dem, was sie zwischen Eröffnungsbeschluss und Ende des Insolvenzverfahrens erlangt.[850] Das Stiftungsvermögen gehört, wie gesehen, auch zur Insolvenzmasse. Der Insolvenzverwalter ist angehalten die Masse durch Insolvenzanfechtungen nach §§ 129 ff. InsO zu mehren. Im Falle der Stiftung bedeutet dies vor allem, dass die Destinatäre von einer Anfechtung nach § 134 InsO betroffen sind.[851] Sie haben die Leistungen der Stiftung unentgeltlich

---

844 Vgl. ausführlich zu den Sicherungsanordnungen *Fritsche*, ZSt 2003, 243, 243 ff.

845 Vgl. *Roth/Knof*, KTS 2009, 163, 170; *dies.*, InsVZ 2010, 190, 192; *Hüttemann/Rawert*, in: Staudinger, § 86 Rn. 52.

846 So auch *Hüttemann/Rawert*, in: Staudinger, § 86 Rn. 52.

847 Gesetz zur Erleichterung elektronischer Anmeldungen zum Vereinsregister und andere vereinsrechtliche Änderungen vom 24.09.2009, BGBl. 2009 I, S. 3145.

848 So auch: *Reuter*, in: MünchKomm, § 42 Rn. 1; *Haas/Mock*, in: Gottwald, § 93 Rn. 212; *Wentzel*, Rpfleger 2001, 334, 335; wohl a.A. *Hirte*, in: FS Werner, S. 222, 230, welcher für den Fall der Ablehnung des Insolvenzverfahrens mangels Masse eine Aufhebung durch die Stiftungsbehörde fordert.

849 So bei §§ 131 Abs. 2 Nr. 1 HGB, 262 Abs. 1 Nr. 4 AktG, 60 Abs. 1 Nr. 5 GmbHG, 81a Nr. 1 GenG.

850 Mit Details zu den einzelnen Vermögenswerten der Insolvenzmasse siehe *Bäuerle*, in: Braun, § 35 InsO Rn. 7 ff.

851 Vgl. *Jakob*, ZSt 2005, 99, 105 f.; *Roth/Knof*, InsVZ 2010, 190, 200.

erhalten und müssen sie daher grundsätzlich zurückgewähren. Sie können jedoch den Entreicherungseinwand des § 818 Abs. 3 BGB erheben, § 143 Abs. 2 S. 1 InsO.

Ab- und Aussonderungsrechte fallen nicht in die Insolvenzmasse, der Insolvenzverwalter kann die Forderungen der dadurch Berechtigten sofort befriedigen, §§ 47 ff. InsO.

(3) Das Hauptverfahren

Nach dem Eröffnungsbeschluss ist das Insolvenzverfahren für die Stiftung durchzuführen. Als juristische Person unterliegt sie dem Regelverfahren. Dies ergibt sich aus der fehlenden Auflistung von juristischen Personen in § 304 InsO, welcher den Anwendungsbereich von Kleinverfahren bestimmt.[852] Die Stiftung verliert aber nicht direkt ihre Rechtspersönlichkeit, vielmehr wandelt sie sich in eine Stiftung in Liquidation.[853] Im Anschluss an den Eröffnungsbeschluss wird dann in einem Berichtstermin nach § 156 InsO entschieden, welches Verfahren zu verfolgen ist. Kann die insolvente Stiftung nicht fortgeführt werden, so verwertet der Insolvenzverwalter nach § 159 InsO das Vermögen und verteilt es an die Gläubiger. Dies ist der Regelfall, wenn der Stifter sein Vermögen zurückfordert und ein Insolvenzgrund vorliegt. Dabei sind Massegläubiger nach §§ 53 ff. InsO zuerst zu befriedigen, bevor entsprechend den Quoten des Verteilungsverzeichnisses auch die festgestellten Forderungen der Insolvenzgläubiger nach § 38 InsO, also auch die des Stifters,[854] beglichen werden, §§ 187 ff. InsO. Einigen sich die Gläubiger auf einen Insolvenzplan, so bestimmt dieser die Verwertung des Vermögens oder aber die Fortsetzung der Stiftung.[855] Eine solche Einigung scheint unwahrscheinlich, wenn der Stifter sein Vermögen zurückverlangt. Er ist höchstwahrscheinlich der größte Gläubiger und wird einem Insolvenzplan nicht zustimmen wollen.

Nach der Verteilung der Insolvenzmasse wird das Insolvenzverfahren nach § 200 InsO durch öffentlich bekannt zu machenden Beschluss des Insolvenzgerichts aufgehoben. Die Stiftung ist mit Abschluss des Insolvenzverfahrens – also

852 Vgl. zum Anwendungsbereich des § 304 InsO: *Buck*, in: Braun, § 304 InsO Rn. 5 ff.

853 *Reuter*, in: MünchKomm, § 86 Rn. 27; *Hüttemann/Rawert*, in: Staudinger, § 86 Rn. 52; *Roth/Knof*, KTS 2009, 163, 170; *Hirte*, in: FS Werner, S. 222, 230 f.

854 *Fritsche*, ZSt 2003, 211, 216; zu bereicherungsrechtlichen Ansprüchen als Insolvenzforderung: *Ehricke*, in: MünchKomm InsO, § 38 Rn. 71.

855 Vgl. zum Ablauf eines Insolvenzplanverfahrens: *Braun/Frank*, in: Braun, Vor §§ 217–269 Rn. 8 ff.

ihrer kompletten Vermögenslosigkeit – voll beendigt und damit rechtlich nicht mehr existent.[856]

Zweck des Insolvenzverfahrens ist damit bei Stiftungen, alle Gläubiger – auch den Stifter – mit gleichen Anteilen zu befriedigen, wenn die Masse der Stiftung nicht mehr ausreicht, alle Forderungen vollständig begleichen zu können.[857] Damit überlagert das Insolvenzverfahren nach § 47 BGB das normale Liquidationsverfahren.

bb) Keine bestehenden Verbindlichkeiten der Stiftung

Bestehen im Zeitpunkt der Rückforderung keine offenen Forderungen gegen die Stiftung, so kann sie den durch den Stifter gestellten Rückforderungsanspruch vollständig begleichen, weil er in der Höhe gemindert ist, in der die Stiftung entreichert ist.[858] Das heißt, die Stiftung kann alles, was sie besitzt, herausgeben, zu mehr ist sie aber auch nicht verpflichtet. Damit treten die Insolvenzgründe nicht ein und §§ 86, 42 BGB finden keine Anwendung. Eine Aufhebung kann daher nur noch nach § 87 BGB erfolgen. Diese soll zunächst dargestellt werden ((1)), bevor auf Fragen der Abwicklung eingegangen wird ((2)).

(1) Aufhebung der Stiftung nach § 87 BGB

Auch wenn die Forderung des Stifters keine Insolvenz auslöst, so ist die Stiftung dennoch gezwungen, ihr gesamtes Vermögen an den Stifter herauszugeben. Damit könnten die Voraussetzungen einer Stiftungsaufhebung nach § 87 BGB vorliegen.

(a) Tatbestandsvoraussetzungen des § 87 BGB

§ 87 BGB enthält zwei alternative Tatbestandsvoraussetzungen. Entweder ist die Zweckerfüllung unmöglich geworden oder das Gemeinwohl wird gerade durch diese Zweckerfüllung gefährdet. In der dargestellten Fallgestaltung könnte die Erfüllung des Zwecks unmöglich geworden sein, weil der Stiftung nach der Rückzahlung an den Stifter kein Vermögen mehr zur Verfügung steht. Die Unmöglichkeit kann sich aber sowohl aus rechtlichen als auch aus tatsächlichen Gründen ergeben.

---

856 *Reuter*, in: MünchKomm, § 86 Rn. 28; *Hüttemann/Rawert*, in: Staudinger, § 86 Rn. 52; *Roth/Knof*, KTS 2009, 163, 170 f.; *Hirte*, in: FS Werner, S. 222, 230; a.A. wohl nur *Fritsche*, ZSt 2003, 243, 249, der nach Abschluss des Insolvenzverfahrens eine Aufhebung nach § 87 BGB und anschließende Liquidation fordert.

857 *Kießner*, in: Braun, § 1 InsO Rn. 2.

858 Siehe oben D.II.2.c)bb).

Eine rechtliche Unmöglichkeit der Zweckerfüllung liegt vor, wenn der Zweck nicht verwirklicht werden kann, weil er gegen geltendes Gesetzesrecht verstößt.[859] Ein solcher Fall ist insbesondere gegeben, wenn der Stiftungszweck gegen die guten Sitten nach § 138 BGB oder ein gesetzliches Verbot nach § 134 BGB verstößt.[860] Beides könnte die Nichtigkeit des Stiftungsgeschäfts und den Rückforderungsanspruch des Stifters und dessen spätere Durchsetzung bewirkt haben. Dann wäre eine Zweckerfüllung in jedem Fall von Anfang an unmöglich gewesen.

Tatsächliche Unmöglichkeit besteht, wenn die Stiftung rein faktisch nicht mehr in der Lage ist, ihren Zweck zu verfolgen.[861] Dafür gibt es zwei Gründe: Entweder fehlen ihr die Mittel oder der Zweck hat sich erledigt. Von fehlenden Mitteln zur Zweckverfolgung und damit der tatsächlichen Unmöglichkeit der Zweckverfolgung ist vorliegend im Fall der Rückforderung des Stiftungvermögens stets auszugehen.[862]

Die Voraussetzungen des § 87 BGB sind damit gegeben.

(b) Rechtsfolgen

Als Folge des § 87 BGB kann die Behörde entweder die Stiftung aufheben oder aber den Zweck entsprechend dem Willen des ursprünglichen Stifters ändern.

Nach dem Wortlaut des § 87 BGB steht der Behörde Ermessen dahingehend zu, ob und gegebenenfalls wie sie den Problemen bei der Zweckerfüllung begegnen möchte. Man könnte also annehmen, der Behörde stünde es auch bei Vorliegen der Tatbestandsvoraussetzungen frei, nicht zu reagieren.

Tatsächlich besteht ein solches Entschließungsermessen aber nicht.[863] Der Behörde darf bei der Auflösung der Stiftung kein größeres Ermessen zustehen als bei ihrer Gründung. Dort hat der Stifter einen Anspruch auf Anerkennung, soweit er die Voraussetzungen der §§ 80, 81 BGB erfüllt.[864] Würde man unterschiedliche Anforderungen stellen, so stünde der Behörde bei den einschneidenden

859 Vgl. *Hüttemann/Rawert*, in: Staudinger, § 87 Rn. 5.

860 Siehe dazu ausführlich oben: C.I.4. und C.I.5.

861 Vgl. statt Vieler: *Reuter*, in: MünchKomm, § 87 Rn. 6; *Hüttemann/Rawert*, in: Staudinger, § 87 Rn. 5.

862 Auch aus anderen Gründen können die Mittel nachträglich nicht mehr zur weiteren Zweckverfolgung ausreichen: vgl. *Hüttemann/Rawert*, ZIP 2013, 2136, 2140 ff.

863 Vgl. *Reuter*, in: MünchKomm, § 87 Rn. 4; *Hüttemann/Rawert*, in: Staudinger, § 87 Rn. 2; *Werner*, in: Erman, § 87 Rn. 3; *Burgard*, S. 624; *Richter*, in: MünchHdbGesR Bd. V, § 117 Rn. 35; wohl auch *Hof*, in: v. Campenhausen/Richter, § 10 Rn. 368 - „muss".

864 *Reuter*, in: MünchKomm, § 87 Rn. 4.

Maßnahmen nach § 87 BGB ein umfassenderes Ermessen zu als bei sonstigen Aufsichtsmaßnahmen, für die eine Rechtsaufsicht angenommen wird.[865]

Allerdings steht der Behörde ein gewisses Auswahlermessen hinsichtlich der zu ergreifenden Maßnahme zu. Sie ist für die Frage des „Wie" nur an das Verhältnismäßigkeitsprinzip[866] gebunden.[867]

Jedoch kann die Behörde in der hier untersuchten Fallkonstellation auch kein Auswahlermessen zwischen Aufhebung und Zweckänderung ausüben, weil eine Zweckänderung in jedem Fall ausscheidet. Wie bereits oben gezeigt, ergibt sich aus § 81 Abs. 1 S. 2 BGB, dass Zweck einer Stiftung nur der sein kann, der wirklich der Verwendung eines Vermögens bedarf.[868] Steht der Stiftung daher wie in dieser ersten Fallkonstellation nach Befriedigung des Stifters gar kein Vermögen mehr zur Verfügung, so kann sie keinen zulässigen Zweck verfolgen. Die Behörde muss die Stiftung nach § 87 Abs. 1 BGB aufheben. Nur so kann sie auf die Unmöglichkeit jeglicher Zweckerfüllung reagieren.

(2) Liquidation

Als juristische Person hört die Stiftung nicht mit der Aufhebung automatisch auf zu existieren.[869] Vielmehr müssen alle Rechtsverhältnisse, die sie in der Zeit ihrer Existenz eingegangen ist, abgewickelt werden. Erst danach erlischt die Stiftung vollständig.[870]

Grundsätzlich wird eine Stiftung gemäß § 88 S. 3 BGB i.V.m. §§ 46 ff. BGB im Wege der Liquidation abgewickelt. Als spezielle Form der Abwicklung gilt das Insolvenzverfahren, wie es in der Insolvenzordnung geregelt ist.[871] Die Abgrenzung der beiden Verfahren sowie eine generelle Ausnahme von der Abwicklungspflicht ergeben sich aus § 47 BGB. Auf diese Punkte wird zunächst eingegangen ((a)), um dann den Ablauf des Liquidationsverfahrens für den Fall, in dem es benötigt wird, zu erläutern ((b)).

(a) Notwendigkeit der Liquidation

Nach § 88 S. 3 i.V.m. § 47 BGB ist eine aufgelöste Stiftung immer zu liquidieren, es sei denn, das Stiftungsvermögen fällt im Wege der Gesamtrechtsnachfolge

865 *Hüttemann/Rawert*, in: Staudinger, § 87 Rn. 2.
866 Siehe zu einer Übersicht über Inhalte und Herkunft: *Kluth*, JA 1999, 606 ff.
867 Vgl. *Hof*, in: v. Campenhausen/Richter, § 6 Rn. 180.
868 Siehe oben C.II.2.a)aa)(1).
869 Vgl. *Richter*, in: MünchHdbGesR Bd. V, § 117 Rn. 6.
870 Vgl. OLG Koblenz, Urt. v. 17.12.2001, NZG 2002, 135, 136; *Schlüter*, in: Henssler/Strohn, § 88 Rn. 1.
871 Zu dessen Ablauf siehe soeben oben D.III.1.b)aa).

an den Landesfiskus oder es wurde ein Insolvenzverfahren eröffnet. Das Liquidationsgebot ist nach dem Wortlaut zwingend.[872] Neben den geschriebenen Ausnahmefällen können aber Situationen eintreten, in denen eine Liquidation ebenfalls unnötig erscheint. Alle möglichen Ausnahmen werden im Folgenden näher dargestellt.

(aa) Gesetzliche Ausnahmen nach § 47 BGB

Die Liquidation entfällt ausdrücklich, wenn eine Gesamtrechtsnachfolge vorliegt. Einer Abwicklung bedarf es hier nicht, weil der Gesamtrechtsnachfolger in alle Rechte und Pflichten des ursprünglichen Schuldners eintritt und die Gläubiger sich daher an diesen halten können.[873] Der neue Schuldner ist gleichwertig und die Gläubiger bedürfen zum Schutz ihrer Rechte keiner Abwicklung der Rechtsperson. Im Fall der Stiftung ist nur dann eine Gesamtrechtsnachfolge anzunehmen, wenn das Vermögen nach § 88 S. 3 i.V.m. § 46 BGB an den Landesfiskus fällt.[874]

Im Falle der Unwirksamkeit des Stiftungsgeschäfts gibt es jedoch keinen Gesamtrechtsnachfolger. Das Vermögen fällt zurück an den Stifter. Er ist aber nicht Gesamtrechtsnachfolger, weil er nur eine einzelne Forderung nach § 812 Abs. 1 S. 1 Alt. 1 BGB geltend macht.[875] Zudem stellt die Gesamtrechtsnachfolge eine Ausnahme dar und liegt nur in den gesetzlich angeordneten Fällen vor.[876] Die Liquidation ist daher bei unwirksamem Stiftungsgeschäft nicht nach der ersten Alternative ausgeschlossen.

Nach § 47 BGB bedarf es aber auch dann keiner Liquidation, wenn die Stiftung insolvent ist. Eine solche Insolvenz liegt mangels Insolvenzgrundes in der hier besprochenen Alternative der 1. Fallkonstellation nicht vor.[877] Die Stiftung hat im Zeitpunkt der Rückforderung keine offenen Verbindlichkeiten.[878]

Die geschriebenen Ausnahmen des § 47 BGB greifen also nicht ein.

---

872 Vgl. das obiter dictum in BGH, Urt. v. 11.11.1985, BGHZ 96, 253, 256; *Reuter*, ZHR 151 (1987), 237, 255.

873 Vgl. Kommentierungen zu § 1922 BGB, da nach *Reuter*, in: MünchKomm, §§ 45–47 Rn. 3 die Regelung nach dem Vorbild des Erbrechts ausgestaltet ist; dies ergibt sich auch aus § 46 S. 1 BGB, vgl. *Wolf/Neuner*, § 19 Rn. 47 ff.

874 Vgl. *Reuter*, in: MünchKomm, §§ 45–47 Rn. 3.

875 Siehe oben D.II.2.

876 Übersicht über die Fälle der Gesamtrechtsnachfolge bei *Wolf/Neuner*, § 19 Rn. 48.

877 Zu den Insolvenzgründen schon oben D.III.1.b)aa).

878 Siehe oben D.III.1.b)bb).

(bb) Ungeschriebene Ausnahmen

Als ungeschriebene Ausnahme vom Liquidationsgebot im Stiftungsrecht käme die komplette Vermögenslosigkeit in Betracht.[879] Ein Verfahren zur Vermögensverteilung erscheint unnötig, wenn kein Vermögen vorhanden ist. Bei Unwirksamkeit des Stiftungsgeschäfts könnte eine solche Vermögenslosigkeit eintreten, wenn die Stiftung das Vermögen an den Stifter auszahlt ohne vorher eine Liquidation eingeleitet zu haben.

Für die Durchführung einer Liquidation spricht jedoch der Wortlaut des § 47 BGB: Dieser bestimmt, dass „eine Liquidation stattfinden muss", es sei denn eine der Ausnahmen greift.

Dieses absolute Liquidationsgebot wurde in der Vereinsrechtsliteratur angegriffen. Einige Autoren meinen, § 47 BGB ordne nur die Technik der Vermögensverteilung an, nicht aber das „ob" für jedem Fall der Auflösung.[880] Falls eine Vermögensverteilung stattfindet, müsse diese also nach den Regeln der Liquidation erfolgen. Ob eine Vermögensverteilung aber stattfinden muss, sei nicht zwingend geregelt. Grund für diese Überlegungen im Vereinsrecht ist insbesondere, dass bei wörtlicher Anwendung des § 47 BGB die Umwandlung eines rechtsfähigen in einen nichtrechtsfähigen Verein ebenfalls nur nach erfolgter Liquidation möglich wäre.[881] Dies erscheint einigen Autoren insbesondere im Hinblick auf die immer weitere Annäherung von rechtsfähigem und nichtrechtsfähigem Verein nicht überzeugend. Das Vermögen wäre im Fall einer solchen Umwandlung weiter gebunden und verbliebe den Gläubigern als Haftungsmasse.[882]

Zwar existiert dieses Problem im Stiftungsrecht nicht, doch drückt die Diskussion allgemeine Zweifel an der Absolutheit des Liquidationsgebots aus. Eine Ausnahme ist daher auch im Fall der vermögenslosen Stiftung denkbar: Im Rahmen der Liquidation kann nichts verteilt werden.[883] Gläubiger werden nicht einmal anteilig befriedigt. Maßnahmen im Sinne der §§ 50 ff. BGB scheinen zwecklos: Eines Sperrjahres bedarf es nur, wenn im Anschluss tatsächlich Vermögen an einen Anfallberechtigten ausgezahlt wird; Sicherheiten für Gläubiger

879 So für die GmbH: BGH, Urt. v. 29.09.1981, NJW 1982, 238; für den Verein: *Reichert*, Rn. 4127 f.; *Stöber/Otto*, Rn. 1129.

880 *K. Schmidt*, Verbandszweck, S. 296; vgl. auch *K. Schmidt*, GesR, S. 308, 310, 727 f.; *Hadding*, in: Soergel, Vor § 41 Rn. 4, § 47 Rn. 1 f.

881 Vgl. *Stöber/Otto*, Rn. 187 f.; a.A. wohl nur noch *Weick*, in: Staudinger, § 41 Rn. 19.

882 Vgl. *Stöber/Otto*, Rn. 180.

883 So auch *Burgard*, S. 643; a.A. *Reuter*, in: MünchKomm, § 41 Rn. 4, der jedoch intensiv auf die vereinrechtliche Diskussion zum nichtrechtsfähigen Verein eingeht.

können nur geschaffen werden, wenn überhaupt Mittel dafür zur Verfügung stehen. Im Falle der Vermögenslosigkeit könnte die Stiftung daher mit dem Aufhebungsbeschluss der Stiftungsbehörde nach § 87 BGB i.V.m. dem Landesrecht direkt erlöschen.[884] Dies gilt umso mehr, als die Stiftung in der hier besprochenen Konstellation außer dem Stifter keine Gläubiger hat. Den Stifter hat die Stiftung aber schon befriedigt und ist erst dadurch in die Lage der Vermögenslosigkeit geraten.

Andererseits sollte ein ausdrücklich gesetzlich normiertes, absolutes Liquidationsgebot nicht aufgrund eines sehr speziellen Falles noch weiter aufgeweicht werden.[885] Auch im Falle der Vermögenslosigkeit können Dritte ein Interesse daran haben, von der Auflösung der Stiftung zu erfahren. Eine Liquidation wird öffentlich bekannt gemacht, § 50 BGB. Dadurch erfahren insbesondere die Destinatäre davon, dass die Stiftung nicht länger ihren ursprünglichen Zweck verfolgt, sondern abgewickelt wird. Den Partnern der Stiftung wird somit deutlich, dass sie ihre mit der Stiftung bestehenden Rechtsverhältnisse beenden sollten. Überdies werden Dritte davon abgehalten, mit der in Liquidation befindlichen Stiftung überhaupt erst Rechtsgeschäfte einzugehen. Die Liquidation kann damit nicht nur rein bestehende Gläubiger, sondern vielmehr auch den Rechtsverkehr insgesamt schützen. Sie führt zu einer umfassenden Abwicklung der tatsächlich bestehenden Stiftung und ist daher immer durchzuführen, wenn nicht eine der gesetzlichen Ausnahmen greift.[886]

Die Vermögenslosigkeit der Stiftung stellt keinen zusätzlichen, ungeschriebenen Fall dar, in welchem die Liquidation ausgeschlossen ist. Eine Liquidation muss auch dann stattfinden, wenn kein Vermögen verteilt werden kann.

(cc) Zwischenergebnis

Jede Stiftung muss nach §§ 47 ff. BGB liquidiert werden, wenn keine der gesetzlichen Ausnahmen eingreift. Insbesondere kann eine Vermögenslosigkeit nicht dazu führen, dass die Stiftung bereits mit dem Aufhebungsbeschluss der Stiftungsbehörde nach § 87 BGB i.V.m. dem Landesrecht aufhört zu existieren. An eine Aufhebung nach § 87 BGB schließt sich damit grundsätzlich das nun im Folgenden näher zu erläuternde Liquidationsverfahren an.

---

884 So wohl auch *Roth/Knof*, KTS 2009, 163, 170; *Burgard*, S. 643, 651 f.; *Fritsche*, in: Werner/Saenger, Rn. 710; für den Fall der Gesamtrechtsnachfolge *Reuter*, in: MünchKomm, § 88 Rn. 1; *Backert*, in: Bamberger/Roth, § 88 Rn. 4.

885 So auch *Weick*, in: Staudinger, § 47 Rn. 2.

886 So wohl auch BGH, Urt. v. 11.11.1985, BGHZ 96, 253, 256.

(b) Liquidationsverfahren

Für die Liquidation einer Stiftung verweist § 88 S. 3 BGB auf die vereinsrechtlichen Regelungen der §§ 46–53 BGB. Insbesondere sind die §§ 47 ff. BGB anzuwenden.[887]

Danach führt der Vorstand die Liquidation durch, wenn sich aus der Satzung nichts Abweichendes ergibt.[888] Die einzelnen Vorstandsmitglieder sind ab dem Zeitpunkt des Aufhebungsbeschlusses der Stiftungsbehörde Liquidatoren im Sinne des § 48 BGB.[889] Sie müssen laufende Geschäfte beenden, Forderungen einziehen, das übrige Vermögen in Geld umsetzen, die Gläubiger befriedigen und den Überschuss an den Anfallberechtigten auskehren, § 49 Abs. 1 S. 1 BGB.[890] Der Zweck der Stiftung wird automatisch in den der Liquidation umgewandelt, sodass die Liquidatoren neue Geschäfte nur noch abschließen dürfen, um die Liquidation voranzutreiben, § 49 Abs. 2 BGB.

Sie müssen die Auflösung öffentlich bekannt machen und die Gläubiger darin zur Geltendmachung ihrer Ansprüche auffordern, § 50 Abs. 1 BGB. Bekannte Gläubiger sind gesondert und persönlich über die Auflösung zu informieren, § 50 Abs. 2 BGB.

Innerhalb eines Sperrjahres dürfen die Liquidatoren kein Vermögen an den Anfallberechtigten auskehren, § 51 BGB. Wer Anfallberechtigter ist, ergibt sich grundsätzlich aus dem Stiftungsgeschäft, § 88 S. 1 BGB.[891] Der Stifter wird durch den Rückforderungsanspruch aus § 812 BGB allerdings nicht automatisch zum Anfallberechtigten. Vielmehr ist er einfacher Gläubiger.[892] Im Fall des unwirksamen Stiftungsgeschäfts, in dem die Stiftung auch kein zusätzliches Vermögen erlangt hat, kann aber ohnehin kein Vermögen übrig bleiben, das dann an den Anfallberechtigten auszuzahlen wäre. Schließlich kann der Stifter das gesamte Stiftungsvermögen zurückverlangen.[893]

---

887 Mit ausführlichen Darstellungen des Ablaufs der Liquidation einer Stiftung: *Richter*, in: MünchHdbGesR Bd. V, § 118 Rn. 6 ff.; *Hof*, in: v. Campenhausen/Richter, § 11 Rn. 15 ff.

888 Vgl. *Reuter*, in: MünchKomm, § 48 Rn. 1.

889 Zum Vereinsrecht ausführlich: *Reichert*, Rn. 4156 ff.

890 *Stöber/Otto*, Rn. 1139 ff.; ausführlich zur Geschäftsührung der Liquidatoren: *Reichert*, Rn. 4213 ff.

891 Vgl. *Reuter*, in: MünchKomm, § 88 Rn. 5; *Hüttemann/Rawert*, in: Staudinger, § 88 Rn. 6; *Backert*, in: Bamberger/Roth, § 88 Rn. 4; *Werner*, in: Erman, § 88 Rn. 2.

892 Dies gilt ebenso wie im Falle der Insolvenz, in welcher der Stifter einfacher Gläubiger nach § 38 InsO ist, siehe oben D.III.1.b)aa)(1).

893 Siehe dazu oben D.II.2.

Vor einer möglichen Auskehr an den Anfallberechtigten sind grundsätzlich alle Rechtsbeziehungen der Stiftung durch die Liquidatoren zu beenden. Ist ein Gläubiger bekannt, hat er sich aber nicht innerhalb eines Jahres gemeldet, so muss der geschuldete Betrag für den Gläubiger hinterlegt (§ 52 Abs. 1 BGB) oder nach Sicherheitsleistung an den Anfallberechtigten ausgekehrt werden (§ 52 Abs. 2 BGB). Im Falle der Unwirksamkeit des Stiftungsgeschäfts, in dem gegen die Stiftung zur Zeit der Rückforderung keine weiteren offenen Forderungen bestehen, ist aber nur der Stifter Gläubiger – einer Hinterlegung bedarf es daher nie. An den Anfallberechtigten kann nach der Begleichung dieser Forderungen nichts mehr ausgezahlt werden, doch hat er auch nur dann einen Anspruch, wenn noch Restvermögen existiert.[894] Die Stiftung verfügt aber nur über Vermögen, welches sie im Wege des Bereicherungsrechts beziehungsweise des Schenkungsrechts wieder an die ursprünglichen Inhaber auszahlen muss.

Nach § 53 BGB haften die Liquidatoren den Gläubigern als Gesamtschuldner, wenn sie schuldhaft eine der ihnen nach §§ 50–52 BGB obliegenden Verpflichtungen nicht wahrgenommen haben.[895] Das heißt der Vorstand muss etwa dafür haften, dass er das Vermögen an den Anfallberechtigten anstatt an den Stifter gezahlt hat.

Nach dem Ende der Liquidation ist die Stiftung vollständig beendet.[896]

c) Zwischenergebnis 1. Fallgestaltung

Nachdem der Stifter seinen Rückforderungsanspruch gemäß § 812 BGB geltend gemacht hat, muss die Stiftung, soweit sie - wie hier unterstellt - kein zusätzliches Vermögen erlangt hat, aufgehoben werden. Diese Aufhebung und anschließende Abwicklung richtet sich entweder nach dem Insolvenzrecht oder nach § 87 BGB und den normalen Liquidationsregeln.

Bestehen gegen die Stiftung zum Zeitpunkt der Rückforderung sonstige offene Forderungen, so reichen ihre Mittel nicht aus, sowohl den Stifter als auch die anderen Vertragspartner zu befriedigen. Das Passivvermögen übersteigt dann ihr Aktivvermögen und die Insolvenz liegt aufgrund einer Überschuldung nach § 19 InsO vor. Die Aufhebung der Stiftung erfolgt dann gemäß § 86 S. 3 i.V.m. § 42 BGB

894 Vgl. *Hof*, in: v. Campenhausen/Richter, § 11 Rn. 26; *Hüttemann/Rawert*, in: Staudinger, § 88 Rn. 5.

895 Vgl. dazu *Reuter*, in: MünchKomm, § 53 Rn. 1 ff.; *Richter*, in: MünchHdbGesR Bd. V, § 118 Rn. 22 ff.; *Hof*, in: v. Campenhausen/Richter, § 11 Rn. 20.

896 *Hof*, in: v. Campenhausen/Richter, § 11 Rn. 17; *Hüttemann/Rawert*, in: Staudinger, § 88 Rn. 5.

durch das Insolvenzgericht.[897] Die Abwicklung richtet sich nach den Regeln der Insolvenzordnung. Wird das Insolvenzverfahren in einem der seltenen Fälle mangels Masse abgelehnt, so findet das normale Liquidationsverfahren Anwendung.[898]

Bestehen gegen die Stiftung zum Zeitpunkt der Rückforderung keine sonstigen offenen Forderungen, so wird sie gemäß § 87 BGB wegen Unmöglichkeit der Zweckverfolgung aufgelöst.[899] Ohne das Vermögen des Stifters kann sie den ursprünglichen Zweck nicht weiter verfolgen. Die Abwicklung richtet sich dann nach den allgemeinen Vorschriften der Liquidation, § 86 S. 3 i.V.m. §§ 47 ff. BGB. Auch die absolute Vermögenslosigkeit macht die Liquidation nicht überflüssig. Es müssen in jedem Fall alle Rechtsbeziehungen abgewickelt werden. Ob dabei noch Vermögen fließt, ist irrelevant.

2. Fallgestaltung: Stiftung kann den Zweck trotz Erlangung weiteren Vermögens nicht weiter verfolgen

Kann die Stiftung trotz zusätzlich erlangter Mittel ihren Zweck nicht weiter verfolgen, weil diese alleine nicht genügen, die vom Stifter einzig gewollte Zweckverfolgung dauerhaft zu sichern, so ist neben den Auswirkungen auf die Rechtsperson Stiftung (unter c)) auch das weitere Schicksal der zusätzlichen Mittel zu beleuchten (unter b)). Zunächst soll jedoch dargestellt werden, wie die Stiftung generell zusätzliche Mittel zur Zweckverfolgung erlangen kann (unter a)).

> Dazu folgendes Beispiel 25: *S gründet eine Stiftung mit einem Vermögen von 1 Milliarde Euro, deren Zweck die Gründung und Unterhaltung eines von Pharmaunternehmen und anderen Geldgebern unabhängigen Krebs-Forschungszentrums sein soll. Z stiftet 1.000 Euro zu. S fordert sein Vermögen insgesamt zurück, als sich die Unwirksamkeit des Stiftungsgeschäfts herausstellt.*

a) Zusätzlich zu erlangende Mittel der Stiftung

Zusätzliche Mittel zur Zweckverfolgung stammen entweder nicht vom Stifter oder wurden aufgrund einer anderen (wirksamen) Rechtsgrundlage von ihm an die Stiftung übertragen. In Betracht kommen insoweit vor allem Zustiftungen (aa)) und Spenden (bb)). Aber auch außergewöhnliche Nutzungen und Unternehmensgewinne könnten auf eigenen Leistungen der Stiftung beruhen und ihr daher dauerhaft zu Gute kommen (cc)).

---

897 D.III.1.b)aa).

898 Kritisch *Foerste*, § 12 Rn. 125.

899 D.III.1.b)bb).

aa) Zustiftungen

Die Stiftung kann vom Stifter selbst auf anderer Grundlage als dem Stiftungsgeschäft oder von Dritten zusätzliche Vermögenswerte zu ihrem Grundstockvermögen erlangen. Soweit deren Erträge ebenfalls dem bereits festgelegten Stiftungszweck dienen sollen, handelt es sich um Zustiftungen.[900] Die Zustifter erhalten in der Regel keinen zusätzlichen Einfluss auf die Geschäftsführung der Stiftung und können auch keinen anderen Zweck für ihr Vermögen bestimmen, als von der Stiftung bereits verfolgt wird.[901] Darüber hinaus stellt die Annahme der Zustiftung ein Grundlagengeschäft dar und ist daher nur möglich, wenn es im Stiftungsgeschäft ausdrücklich oder konkludent gestattet wurde.[902]

Der Zustifter überträgt der Stiftung das Vermögen ohne Gegenleistung. Demnach findet das Schenkungsrecht Anwendung. Gegen diese bislang einhellig vertretene Ansicht[903] stellt sich neuerdings *Muscheler*, der die §§ 80 ff. BGB entsprechend anwenden und jede Zustiftung wie eine eigene Stiftungsgründung behandeln will.[904] Dagegen spricht jedoch entscheidend, dass eine Zustiftung stets einer Annahme bedarf und damit zwingend einen Vertrag darstellt.[905] Das Vermögen des Zustifters kann der Stiftung nicht aufgezwungen werden, da mit ihm auch Verpflichtungen verbunden sein können. Es entsteht zumindest ein erhöhter Verwaltungsaufwand. Darüber hinaus muss die Annahme von Zustiftungen dem Stifterwillen entsprechen. Dieser Wille kann entweder in der Satzungsbestimmung ausdrücklich formuliert sein oder muss andernfalls durch Auslegung ermittelt werden.[906] Die §§ 80 ff. BGB regeln dagegen einseitige Geschäfte des Stifters. Zudem sind sie auf die Errichtung einer neuen selbstständigen Stiftung

---

900 So z.T. landesrechtliche Normen: § 4 Abs. 3 SHStiftG; § 6 Abs. 2 S. 3 SaarlStiftG; im Schrifttum vgl. *Reuter*, in: MünchKomm, §§ 80, 81 Rn. 36; *Hüttemann/Rawert*, in: Staudinger, Vorbem zu §§ 80 ff Rn. 264; *Hof*, in: v. Campenhausen/Richter, § 9 Rn. 13 m.w.N.; eine ausführliche Begriffsbestimmung bietet *A. Werner*, S. 36 ff.

901 Vgl. *Hof*, in: v. Campenhausen/Richter, § 9 Rn. 13; *Rawert*, DNotZ 2008, 5, 11 ff.; a.A. *A. Werner*, in: Werner/Saenger, 313, 326, die davon ausgeht, dass der Stifter potentiellen Zustiftern in der Satzung weitere Mitbestimmungsregelungen einräumen kann.

902 Vgl. *Hüttemann/Rawert*, in: Staudinger, Vorbem zu §§ 80 ff. Rn. 268.

903 *A. Werner*, S. 124 ff.; *Hüttemann/Rawert*, in: Staudinger, Vorbem zu §§ 80 ff. Rn. 265; *Reuter*, in: MünchKomm, §§ 80, 81 Rn. 24, 37 f.; *Jakob*, S. 164; *Reuter*, npoR 2009, 55, 58 f.; *Burgard*, S. 500; *Rawert*, DNotZ 2008, 5, 7.

904 *Muscheler*, WM 2008, 1669, 1670; anders aber noch *ders.*, AcP 203 (2003), 469, 478.

905 *Muschelers* Ansicht ausdrücklich ablehnend: *Reuter*, npoR 2009, 55, 58 f.; *Hüttemann/Rawert*, in: Staudinger, Vorbem zu §§ 80 ff. Rn. 266.

906 Vgl. *Rawert*, DNotZ 2008, 5, 8 f.

gerichtet. Eine weitere juristische Person entsteht bei einer Zustiftung jedoch nicht. Angesichts der bestehenden und direkt geltenden Schenkungsregelungen ist auch eine entsprechende Anwendung der §§ 80 ff. BGB nicht erforderlich. Es fehlt die für die Analogie erforderliche planwidrige Regelungslücke.[907] Zu Recht wird daher herrschend das Schenkungsrecht nach §§ 516 ff. BGB auf Zustiftungen angewendet.[908]

Die so erlangte Zustiftung dient gerade der Mehrung des Grundstockvermögens und der dauerhaften Zweckverfolgung – sie könnte daher theoretisch den weiteren und dauerhaften Bestand der Stiftung ermöglichen.

bb) Spenden

Weiteres Kapital könnte die Stiftung darüber hinaus durch Spenden erlangt haben. Spenden sind Zuwendungen, die in Erfüllung des Stiftungszwecks zum zeitnahen Verbrauch bestimmt sind und nicht dem Grundstockvermögen zufließen sollen.[909] Wie diese Definition schon zeigt, können Spenden die Erfüllung des Stiftungszwecks nicht dauerhaft und nachhaltig sichern und so die Fortsetzung der Stiftung auch nicht ermöglichen. Sie sind zeitnah zu verwenden und dürfen nicht im Vermögen der Stiftung verbleiben, um anschließend mit ihren Erträgen den Zweck zu verfolgen.[910] Darüber hinaus sind sie freiwillige Leistungen, auf deren Erhalt die Stiftung nicht vertrauen kann.[911] Bislang eingehende Spenden lassen nicht den Schluss zu, dass sie auch weiterhin zur Verfügung stehen werden. Bei einer Prognose können sie aus diesen Gründen nicht einbezogen werden.[912] Die Stiftung kann nicht nur aufgrund von Spenden genügend Kapital erlangen, um das zurückzuerstattende Grundstockvermögen des Stifters auszugleichen.

cc) Außergewöhnliche Unternehmensgewinne

Als weitere Möglichkeit der Stiftung zusätzliche Mittel zu erlangen, könnten die Nutzungen gelten, welche die Stiftung aus dem ihr übertragenen Vermögen zieht. Zwar müssen diese nach § 818 Abs. 1 BGB grundsätzlich ebenfalls an den Bereicherungsgläubiger rückübertragen werden,[913] doch könnte sich bei solchen

---

907 Vgl. so auch *Hüttemann/Rawert*, in: Staudinger, Vorbem zu §§ 80 ff Rn. 266.

908 So *Hof*, in: v. Campenhausen/Richter, § 9 Rn. 17; *Rawert*, DNotZ 2008, 5, 7; *Hüttemann*, in: FS Werner, S. 85, 100; *Jakob*, S. 164.

909 *Hof*, in: v. Campenhausen/Richter, § 9 Rn. 22 m.w.N.

910 Vgl. *Rawert*, NPLY 2005, 165, 169: „zur Verwendung durch Verbrauch".

911 Vgl. nur *Schlüter/Stolte*, Kap. 6 Rn. 97.

912 A.A. *Mirbach*, S. 48 f.

913 Vgl. nur *Schwab*, in: MünchKomm, § 818 Rn. 6 ff.; siehe dazu ausführlich oben D.II.2.c)aa).

Nutzungen etwas anderes ergeben, die nur aufgrund außergewöhnlicher Leistungen der Stiftung oder ihrer Organe generiert werden konnten.

(a) Allgemeines

Erlangt die Stiftung außergewöhnlich hohe Erträge, so könnten sie ausnahmsweise im Grundstockvermögen der Stiftung verbleiben. Dies ist vor allem dann erwägenswert, wenn die Stiftung durch eigene überdurchschnittliche Leistung oder Anstrengung (beziehungsweise solche der Vertretungsorgane) eine besondere Art der Anlage durchführen konnte, die dem Stifter unmöglich gewesen wäre. Es erscheint unbillig, ihm auch die dadurch erlangten außergewöhnlich hohen Erträge nach § 818 Abs. 1 BGB zuzusprechen. Er wäre durch die rechtsgrundlose Übertragung des Stiftungsvermögens besser gestellt, als hätte es diese nie gegeben. Denkbar wäre, dem Bereicherungsgläubiger grundsätzlich nur die Erträge herauszugeben, die der objektiven Nutzungsmöglichkeit entsprechen.[914]

In dieser Kontroverse haben sich verschiedene Meinungen gebildet, die jeweils bei der Frage der Anwendbarkeit von §§ 99, 100 BGB ansetzen. Nach diesen Normen sind Nutzungen alle Erträge und Erzeugnisse sowie Vorteile, die aus einer Sache gewonnen werden.[915] Im Falle eines Stiftungsvermögens, das aus Bargeld besteht, wären demnach alle tatsächlich gezogenen Zinsen erfasst.[916] Eine Unterscheidung danach, wie die Erträge erwirtschaftet wurden, wird gerade nicht getroffen.[917]

Genau aus diesem Grunde sind die Normen nach einer Ansicht nicht geeignet, im Bereicherungsrecht die Nutzungen festzulegen. §§ 99, 100 BGB seien sachenbezogen und würden in den Fällen des § 818 BGB zu Wertungswidersprüchen führen, da sie die Leistungen des Bereicherungsschuldners nicht mit einbeziehen.[918] Im Bereicherungsrecht käme es nur darauf an, welche Erträge bereits im Erlangten angelegt waren und nicht darauf, welche Nutzungen tatsächlich erlangt wurden. §§ 99, 100 BGB und § 818 Abs. 1 BGB hätten verschiedene Funktionen und könnten daher nicht den gleichen Nutzungsbegriff

914 *Wendehorst*, in: Bamberger/Roth, § 818 Rn. 18; *Hagmann*, S. 148 spricht insoweit von „mitgeleisteten Nutzungen".

915 Vgl. *Fritzsche*, in: Bamberger/Roth, § 100 Rn. 1, § 99 Rn. 1.

916 Vgl. BGH, Urt. v. 08.10.1987, BGHZ 102, 41, 47; BGH, Urt. v. 08.10.1991, BGHZ 115, 268, 270; BGH, Urt. v. 12.05.1998, NJW 1998, 2529, 2530.

917 Vgl. *Wendehorst*, in: Bamberger/Roth, § 818 Rn. 15.

918 *Wendehorst*, in: Bamberger/Roth, § 818 Rn. 17 f.

bestimmen.[919] Besondere Leistungen des Schuldners müssten bei der Herausgabepflicht berücksichtigt werden. Dann wäre die Stiftung nur verpflichtet, die Nutzungen an den Stifter herausgeben, die bereits objektiv im Vermögen angelegt waren[920] und könnte alles, was darüber hinausgeht, zur weiteren Zweckverfolgung verwenden. Diese Ansicht unterstützen vor allem jene Vertreter, die den objektiven Wert der Nutzung auch dann für entscheidend halten, wenn die Nutzungen selbst primärer Bereicherungsgegenstand sind, so etwa bei einer fehlerhaften Gebrauchsüberlassung.[921]

Gegen diese Ansicht sprechen jedoch mehrere Argumente: Zunächst weist der Wortlaut des § 818 Abs. 1 BGB ausdrücklich auf die gezogenen Nutzungen hin. Damit können nur alle tatsächlich gezogenen Nutzungen gemeint sein.[922] Zudem wird in den §§ 99, 100 BGB als Bestandteil des Allgemeinen Teils die grundlegende Bedeutung von Nutzungen für das gesamte BGB normiert.[923] Ginge man im Bereicherungsrecht auch ohne spezielle anderslautende Definition von einem abweichenden Begriff aus, so würde der Anwendungsbereich der allgemeinen Vorschriften erheblich eingeschränkt.[924] Dies widerspräche der Systematik des BGB, in welcher Aussagen, die für das gesamte Gesetz gelten, an den Anfang gestellt sind.[925] Schließlich beziehen sich die Aussagen der §§ 99, 100 BGB nicht allein auf sachenrechtliche Zuordnungen, sondern auch auf ungerechtfertigte Wertverschiebungen.[926] Das zeigt sich an den Normen, auf welche sie Anwendung finden: neben § 818 BGB sind hier § 346 Abs. 1 BGB und § 987 Abs. 1 BGB zu nennen. Bei beiden geht es gerade um einen gerechten Ausgleich. Aus diesem Grund ist auch weiterhin an dem in §§ 99, 100 BGB festgeschriebenen Nutzungsbegriff für das Bereicherungsrecht festzuhalten. Die Stiftung muss damit sämtliche Nutzungen, die sie aus dem Vermögen des Stifters gezogen hat, gemäß § 818 Abs. 1 BGB herausgeben. Durch besonders geschickte Geldanlage kann sie keine zusätzlichen Mittel erlangen, die ihr auch nach Rückforderung durch den Stifter erhalten blieben.

---

919 *Hagmann*, S. 137 ff.

920 So: *Wendehorst*, in: Bamberger/Roth, § 818 Rn. 18; *Hagmann*, S. 149 ff.

921 *Buck-Heeb*, in: Erman, § 818 Rn. 10.

922 So *Lorenz*, in: Staudinger, § 818 Rn. 10, die gegenteilige Meinung ausdrücklich ablehnend.

923 Vgl. *Wolf/Neuner*, § 7 Rn. 12 ff.

924 So auch *Schwab*, in: MünchKomm, § 818 Rn. 10.

925 *Säcker*, in: MünchKomm, Einl. zum BGB Rn. 26; vgl. dazu auch *Schwab*, in: MünchKomm, § 818 Rn. 9 f.

926 Vgl. dazu auch *Schwab*, in: MünchKomm, § 818 Rn. 10.

(b) Sonderfall der Unternehmensträgerstiftung

In einem Sonderfall könnte sich jedoch etwas anderes ergeben: Wird ein Unternehmen derart in die Stiftung eingebracht, dass sie es unter ihrer Rechtsform selbst betreibt (sogenannte Unternehmensträgerstiftung[927]), so können die Gewinne entweder als Nutzungen im Sinne des § 818 Abs. 1 BGB verstanden werden oder aber als besondere Form von Erträgen im Vermögen der Stiftung verbleiben.

Gegen die Einordnung der Gewinne eines Unternehmens als Nutzungen im Sinne des § 818 Abs. 1 BGB wird hervorgebracht, dass dadurch die Grenze zum Wertersatz des § 818 Abs. 2 BGB verwischt würde.[928] Gerade bei einem Unternehmen werde durch die Nutzung aller Maschinen und sonstiger Werte der Gewinn generiert. Diese Nutzung verringere aber ihren Wert. Der Verlust entspreche in etwa den Gewinnen des Unternehmens und würde bereits im Rahmen des Wertersatzes nach § 818 Abs. 2 BGB ersetzt. Zudem trage der Erwerber des Unternehmens auch das unternehmerische Risiko und die unternehmerische Verantwortung. Ihm müsse daher der Gewinn komplett zugewiesen sein.[929] Schließlich wird für diese Ansicht vorgetragen, dass auch beim Verkauf der Sache ein commodum ex negotiatione gerade beim Bereicherungsschuldner erhalten bleiben solle.[930] Der Unternehmergewinn gleiche diesem mehr als der Nutzung, da er stärker auf dem Geschick des Bereicherungsschuldners beruhe. Aus diesen Gründen sei der Gewinn aus einem Unternehmen nicht als Nutzung im Sinne des § 818 Abs. 1 BGB herauszugeben.

Die Rechtsprechung sieht die Gewinne dagegen grundsätzlich im übertragenen Unternehmen angelegt und damit als Nutzung im Sinne des § 818 Abs. 1 BGB und Teil der Herausgabepflicht.[931] Insbesondere lasse sich immer noch ausreichend zwischen Nutzungen im Sinne des § 818 Abs. 1 BGB und

---

927 *Gummert*, in: MünchHdbGesR Bd. V, § 81 Rn. 4 f.; *v. Campenhausen/Stumpf*, in: v. Campenhausen/Richter, § 2 Rn. 16; *Hüttemann/Rawert*, in: Staudinger, Vorbem §§ 80 ff. Rn. 132; *Reuter*, in: MünchKomm, §§ 80, 81 Rn. 103; mit Beispielen zu den unterschiedlichen Arten, auf die ein Unternehmen in eine Stiftung eingebracht werden kann: *Mirbach*, S. 115 f.; zu den Möglichkeiten der Verbindung von Stiftungen und Unternehmen siehe eingehend: *Rawert*, unternehmensverbundene Stiftung, S. 25 ff.

928 Vgl. *Lorenz*, in: Staudinger, § 818 Rn. 12.

929 Zu alledem vgl. *Lorenz*, in: Staudinger, § 818 Rn. 12; *Larenz/Canaris*, S. 272.

930 *Larenz/Canaris*, S. 272.

931 Vgl. nur BGH, Urt. v. 05.07.2006, BGHZ 168, 220, 242; anders noch: BGH, Urt. v. 25.09.1952, BGHZ 7, 208, 218.

Wertersatz nach § 818 Abs. 2 BGB unterscheiden und es käme nicht zu einem doppelten Ausgleich.[932] Die Rechtsprechung akzeptiert jedoch, dass die Gewinne, die auf den persönlichen Leistungen und Fähigkeiten des Betreibers beruhen, der Stiftung erhalten bleiben können.[933] Das jeweils zuständige Gericht soll den Anteil der persönlichen Leistung und den des Vermögens bestimmen und entsprechend die Gewinne aufteilen.

Dieser generellen Einordnung der Gewinne als Nutzungen im Sinne des § 818 Abs. 1 BGB ist zuzustimmen. Der Gesetzgeber hat mit der Klarstellung in § 453 Abs. 1 BGB, dass auch Unternehmen taugliche Kaufgegenstände sein können, diesen Weg bestätigt. Gewinne sind die Früchte der Unternehmen und müssen daher den allgemeinen Regelungen unterfallen.[934] Die Einschränkung der Rechtsprechung ist aber ungenau. Es wird kein deutliches Kriterium genannt, nach welchem der Anteil der persönlichen Leistung bestimmt werden kann. Vielmehr sollen die Gerichte im Einzelfall entscheiden, ohne dass Kriterien höchstrichterlich festgelegt sind. Dies führt zu erheblichen Unsicherheiten.

Dennoch sollte der Bereicherungsgläubiger nicht den gesamten Gewinn erhalten. Sonst hätten die Stiftung und ihre Organe bereits seit der rechtsgrundlosen Leistung kostenlos für den Gläubiger des Herausgabeanspruchs gearbeitet; Letztere, soweit sie die Ämter ehrenamtlich übernommen haben. Der Wert dieser Arbeitsleistung steht dem Stifter aber nicht zu: Wäre es nicht zu der Übertragung des Unternehmens gekommen, so hätte der Stifter dieses selbst leiten oder gegen Entgelt von einer dritten Person führen lassen müssen. Die Organe der Stiftung wollten ihre Arbeit kostenlos nur der Stiftung und ihrem Zweck zur Verfügung stellen. Es ist daher ein objektives Kriterium zu suchen, das den Anteil aus dem Gewinn ausnimmt, der dem Wert der Arbeitsleistung von Stiftung und ihren Organen entspricht. Hinsichtlich der ehrenamtlichen Tätigkeiten von Organen oder Mitarbeitern innerhalb der Stiftung kann auf die regelmäßige Vergütung abgestellt werden.[935] Der Vorstand ist insoweit mit einem angemessenen Geschäftsführergehalt zu vergüten. Die Stiftung kann diese Bezahlung vom Stifter verlangen, da der Vorstand beziehungsweise andere Organe ihre Arbeitskraft in das Unternehmen eingebracht und so erst die Gewinne ermöglicht haben.

---

932 BGH, Urt. v. 05.07.2006, BGHZ 168, 220, 242 f.

933 BGH, Urt. v. 05.07.2006, BGHZ 168, 220, 242.

934 Vgl. *Schwab*, in: MünchKomm, § 818 Rn. 33.

935 Vgl. *Schwab*, in: MünchKomm, § 818 Rn. 35; dafür wohl auch BGH, Urt. v. 04.05.1994, NJW 1994, 2021, 2022, der eine Herausgabe der Gewinne nach § 818 Abs. 1 BGB ablehnt, soweit nur eine einem Entgelt entsprechende Summe gewonnen wurde (insoweit nicht abgedruckt in BGHZ 126, 105).

Für dieses Kriterium der fiktiven Vergütung sprechen noch mehr Gründe. Zum einen müsste die Stiftung auch nur den Reingewinn herausgeben, wenn ihre Organe nicht ehrenamtlich im Unternehmen mitgearbeitet, sondern sie selbst entlohnt worden wären oder die Stiftung einen externen Geschäftsführer angestellt hätte. Auch letzterem hätte ein Lohnanspruch zugestanden, der den Gewinn verringert hätte. Zum anderen lassen sich mit diesem Kriterium auch solche Fälle erfassen, in denen der Vorstand tatsächlich extrem außergewöhnlich hohe Erträge erwirtschaftet hat. Das angemessene Geschäftsführergehalt kann entsprechend hoch angesetzt werden. Schließlich entspricht das Kriterium einem gesetzlichen Grundgedanken: Teilweise wird es nämlich sogar gesetzlich angeordnet, dass eine Person, die bewusst für eine andere Person arbeitet, eine übliche Vergütung für die geleistete Arbeit gezahlt wird anstatt dem Handelnden einen Anteil an dem von ihm erwirtschafteten Gewinn zuzusprechen.[936]

Demnach kann die Stiftung den Herausgabeanspruch des Bereicherungsgläubigers in Bezug auf die Unternehmensgewinne als Nutzungen im Sinne des § 818 Abs. 1 BGB in Höhe eines angemessenen Geschäftsführergehalts kürzen.[937] Die übrigen Gewinne sind voll herauszugeben.

Dieser Gedanke lässt sich auch auf alle anderen Stiftungen übertragen, in denen die Organe ehrenamtlich tätig werden. Jeweils kann für die Handlungen, die der Verwaltung, Mehrung und Erhaltung des Vermögens galt, eine angemessene Vergütung bei der Stiftung verbleiben. Diese Verwaltung des Vermögens hätte der Stifter nämlich andernfalls selbst vornehmen oder aber auslagern und dafür eine Vergütung zahlen müssen. Dabei ist aber zu beachten, dass das einzubehaltende Gehalt umso geringer ist, je kleiner der Teil der Verwaltung ausfällt.

(c) Verwendung zur dauerhaften Zweckverfolgung

Fraglich ist jedoch, ob die so gewonnenen Mittel dauerhaft im Vermögen der Stiftung verbleiben und ihre Erträge zur weiteren Verfolgung des Stiftungszweckes verwendet werden können. Dies ist insbesondere abhängig davon, was die Personen, die der Stiftung das zusätzliche Vermögen verschafft haben, damit bewirken wollten.[938] Hier kann die Stiftung wegen der Arbeitsleistung ihrer

936 So bei § 632 Abs. 2 BGB für den Werkvertrag und § 612 Abs. 2 BGB für den Dienstvertrag; vgl. zu der Frage, was in diesen Fällen üblich ist nur *Busche*, in: MünchKomm, § 632 Rn. 22; *Müller-Glöge*, in: MünchKomm, § 612 Rn. 29 f.

937 Vgl. BGH, Urt. v. 5.7.2006, BGHZ 168, 220, 242; so auch *Schwab*, MünchKomm, § 818 Rn. 35.

938 Nach dem Willen des Übertragenden unterscheiden sich insbesondere auch Spende und Zustiftung, siehe dazu oben D.III.2.a)aa) und D.III.2.a)bb).

Organe, hauptsächlich des Vorstandes, einen Teil des Unternehmensgewinns gegenüber dem sein Vermögen zurückfordernden Stifter einbehalten. Die Organe haben ihre Arbeit geleistet, um unmittelbar die Erfüllung des Stiftungszwecks zu unterstützen. Sie wollten kein Vermögen aufbauen, das zur Zweckverfolgung Mittel abwirft. Die Arbeitsleistung und die daraus folgende Möglichkeit, einen Teil des Unternehmensgewinns einzubehalten entsprechen damit in ihrem Charakter eher einer Spende. Auch diese ist auf die zeitnahe Unterstützung des Stiftungszwecks gerichtet. Ebenso wie bei einer Spende darf die Stiftung auch mit einbehaltenen fiktiven Gehältern kein Grundstockvermögen bilden und so eine dauerhafte Zweckerfüllung sichern – vielmehr sind sie zeitnah aufzubrauchen.

(d) Zwischenergebnis zu den außergewöhnlichen Nutzungen

Nutzungen des Stiftungsvermögens sind damit auf jeden Fall, auch bei besonders geschickter Anlage durch die Stiftung, herauszugeben. Die Stiftung kann jedoch ein angemessenes Gehalt für die ehrenamtliche Tätigkeit ihrer Organe einbehalten. Dieses im Rahmen der Unternehmensträgerstiftung entwickelte Prinzip lässt sich auch auf andere Stiftungen und ihre Organe übertragen. Hatten sich die Organe verpflichtet, ehrenamtlich tätig zu sein, verbleibt dieses Vermögen auch nach Rückforderung des Stifters bei der Stiftung. Jedoch müssen diese Mittel wie Spenden zeitnah verwendet werden. Sie können die Zweckverfolgung nicht dauerhaft sichern.

Sonstige Möglichkeiten der Stiftung, weiteres Vermögen zu gewinnen, sind nicht ersichtlich.

dd) Zwischenergebnis

Die Stiftung hat nur über Zustiftungen die Möglichkeit, ihr Grundstockvermögen zu vermehren und so die Zweckverfolgung dauerhaft zu sichern. Spenden dienen nur der unmittelbaren Verwendung und können eine dauerhafte Zweckerfüllung nicht garantieren. Erträge des ursprünglichen Stiftervermögens sind immer zusammen mit dem Vermögen an den Stifter auszukehren. Auch besondere Bemühungen der Stiftung können nicht dazu führen, dass ein Teil der Erträge bei der Stiftung verbleibt. Anders ist dies auch nicht im Falle der Übertragung eines Unternehmens in das Stiftungsvermögen zu beurteilen. Hier müssen auch die Gewinne des Unternehmens, welche sich eventuell aus der besonderen Leistung des Stiftungsvorstands ergeben, an den Stifter rückübertragen werden. Von den Nutzungen einbehalten kann die Stiftung nur, was ihre ehrenamtlichen Organe als Gehalt hätten erlangen können, wenn nicht die Stiftung diesen Betrag als Entlohnung ohnehin an ihren Vorstand ausgekehrt hat. Allerdings darf die Stiftung diese Mittel nicht dauerhaft anlegen, sondern muss sie zeitnah zur Zweckerfüllung aufbrauchen. Eine dauerhafte Existenz der Stiftung kann durch diese Mittel nicht erreicht werden.

b) Auswirkungen auf die zusätzlich erlangten Mittel

Kann die Stiftung ihren Zweck trotz der zusätzlich erlangten Mittel nicht weiter verfolgen, so stellt sich die Frage, wie die Stiftung mit diesen zu verfahren hat.

aa) Zustiftungen

Insbesondere die Zustifter können ihr Vermögen möglicherweise ebenso wie der Stifter zurückfordern. Dies kann sich aus § 527 BGB oder aber aus sonstigen allgemeinen Anspruchsgrundlagen ergeben.

> Dazu folgendes <u>Beispiel 26:</u> *S gründet eine Stiftung zum Erhalt eines 250 Jahre alten Wasserturmes in Hamburg. Er stattet die Stiftung zunächst mit einem Vermögen von 1 Million Euro aus, dessen Erträge ausreichen, die jährlich erforderlichen Unterhaltskosten zu decken. Z stiftet 10.000 Euro zu. Nachdem S erfährt, dass das Stiftungsgeschäft unwirksam ist, fordert er sein Vermögen zurück. Alleine mit dem zugestifteten Vermögen des Z kann der Wasserturm nicht erhalten werden.*

(1) Anspruch aus § 527 BGB

Der Zustifter hat einen Anspruch aus § 527 BGB auf Rückübertragung des Vermögens, wenn es sich um eine Schenkung unter Auflage im Sinne des § 525 BGB handelt und diese Auflage nicht erfüllt wird.[939]

Der Zustifter überträgt das Vermögen zwar ohne Gegenleistung auf die Stiftung[940], meist jedoch nicht bedingungslos. Er möchte vielmehr, dass sein Vermögen in den Grundstock eingegliedert wird.[941] Daher ist die Zustiftung als Schenkung unter Auflage nach § 525 BGB zu qualifizieren.[942] Eine Auflage

---

939 Zu den Voraussetzungen des § 527 BGB: *Herrmann*, in: Erman, § 527 Rn. 2; *Koch*, in: MünchKomm, § 527 Rn. 2.

940 Womit das Schenkungsrecht Anwendung findet, siehe oben D.III.2.a)aa).

941 So *Hof*, in: v. Campenhausen/Richter, § 9 Rn. 13; *Reuter*, in: MünchKomm, §§ 80, 81 Rn. 36; *Schwake*, in: MünchHdbGesR Bd. V, § 79 Rn. 41 (Stiftung dauerhaft zugute kommen); *Hüttemann/Rawert*, in: Staudinger, Vorbem zu §§ 80 ff. Rn. 265 (im Bestand erhalten und es selbst oder seine Erträge dem Zweck entsprechend nutzen); *A. Werner*, S. 42 ff.

942 Vgl. *Reuter*, npoR 2009, 55, 55; *Rawert*, DNotZ 2008, 5, 7; *Jakob*, S. 164; a.A. *A. Werner*, S. 124 ff., die in der Regel von einer Zweckschenkung ausgeht und nur bei zusätzlichen Auflagen eine Schenkung unter Auflage nach § 525 BGB bejaht.

ist eine einklagbare vertragliche Nebenbestimmung, durch welche auch der Beschenkte zu einer Leistung verpflichtet wird.[943] Das bedeutet aber auch, dass der Zustifter nach § 527 BGB sein Vermögen zurückverlangen kann, wenn die Auflage endgültig nicht erfüllt wird.[944]

Die Auflage umfasst allgemein die Verpflichtung der Stiftung, das zugestiftete Vermögen in seinem Bestand zu erhalten und es dem Stiftungszweck entsprechend zu verwenden.[945] Das zugestiftete Vermögen wird in das zu erhaltende Grundstockvermögen der Stiftung integriert.[946] Solange die Stiftung auch nach Rückforderung des Stifters weiter bestehen und ihren Zweck mit Hilfe der Zustiftung vollumfänglich weiter verfolgen kann, ergeben sich in der Regel keine Schwierigkeiten. Die Stiftung kann die Auflage erfüllen.[947]

Ist aber nach Rückforderung des Stifters die Zweckverfolgung insgesamt und trotz der erhaltenen Zustiftung(en) nicht mehr möglich, kann die Auflage keinesfalls erfüllt werden. Damit steht dem Zustifter ein Anspruch auf Rückübertragung unter den Voraussetzungen des Rücktrittrechts zu, § 527 Abs. 1 BGB. Diese sind nach § 326 Abs. 5 BGB erfüllt, weil der Vollzug der Auflage durch die Rückforderung des Stiftervermögens tatsächlich unmöglich geworden ist.[948]

Die Rechtsfolgen ergeben sich nach der Verweisung in § 527 Abs. 1 BGB aus dem Bereicherungsrecht. Die Stiftung muss also die Zustiftung samt der daraus gezogenen Nutzungen herausgeben, § 818 Abs. 1 BGB.[949] Der Anspruch des Zustifters kann aber ebenso wie der des Stifters nach § 818 Abs. 3 BGB reduziert sein.[950]

Der Anspruch des Zustifters nach § 527 BGB verjährt regelmäßig nach §§ 195, 199 BGB in drei Jahren ab Ende des Jahres, in dem er von den den Anspruch begründenden Umständen Kenntnis erlangt hat oder hätte erlangen müssen.[951]

---

943 *Koch*, in: MünchKomm, § 525 Rn. 1; vgl. auch: *Chiusi*, in: Staudinger, § 525 Rn. 1.

944 Zu den Voraussetzungen des § 527 BGB siehe: *Koch*, in: MünchKomm, § 527 Rn. 2.

945 So *Rawert*, DNotZ 2008, 5, 7; *Hüttemann/Rawert*, in: Staudinger, Vorbem zu §§ 80 ff. Rn. 265; so wohl auch *Jakob*, S. 164.

946 *Reuter*, npoR 2009, 55, 59.

947 Zur Frage, ob auch eine andere Ansicht vertretbar ist, siehe unten: D.III.3.a)aa).

948 Vgl. *Weidenkaff*, in: Palandt, § 527 Rn. 4; Siehe dazu mit Hinweis auf die relevanten Normen bei der Insolvenz: *Roth/Knof*, KTS 2009, 163, 172.

949 Vgl. zum Umfang des Herausgabeanspruchs bereits oben hinsichtlich des Stifters D.II.2.c)aa) – diese gelten auch für die Rückforderungsansprüche des Zustifters.

950 Vgl. auch dazu bereits die Ausführungen zu § 818 Abs. 3 BGB im Rahmen des Stifteranspruchs: D.II.2.c)bb).

951 Dies ergibt sich aus dem Charakter als rechtgeschäftlichem Anspruch sowie dem Fehlen von Sondervorschriften, vgl. dazu: *Grothe*, in: MünchKomm, § 195 Rn. 4.

(2) Sonstige Anspruchsgrundlagen

Sonstige Möglichkeiten des Zustifters, sich vom Zustiftungsvertrag zu lösen, bestehen nicht.

Ein Widerruf analog § 81 Abs. 2 BGB scheitert daran, dass die §§ 80 ff. BGB auf Zustiftungen nicht anwendbar sind.[952]

Der Zustifter kann das von ihm zur Verfügung gestellte Vermögen nicht nach § 812 Abs. 1 S. 2 Alt. 2 BGB zurückfordern. Diese Anspruchsgrundlage tritt bei der Schenkung unter Auflage hinter § 527 BGB als Sondervorschrift zurück. In dessen Anwendungsbereich finden andere Rückforderungsansprüche grundsätzlich keine Anwendung.[953]

Ein Anspruch könnte jedoch aus § 313 Abs. 3 BGB folgen. Dieser wird nach der überzeugender Ansicht dann nicht von § 527 BGB verdrängt, wenn andere als die in § 527 BGB vertypte Konstellation betroffen sind.[954] Im Falle der Stiftung, die ihren Stiftungszweck aufgrund mangelnden Vermögens nicht weiter verfolgen kann, besteht der Grund für die Rückforderungsmöglichkeit der Zustifter in der Regel gerade darin, dass die Auflage nicht mehr erfüllt werden kann. Demnach muss § 527 BGB auch dem § 313 Abs. 3 BGB in der hier dargestellten zweiten Fallgestaltung als Spezialregelung vorrangig greifen. Etwas anderes kann nur dann gelten, wenn der Zustifter und die Stiftung die gemeinsame Verwendung des zugestifteten und des ursprünglichen Stiftervermögens als Grundlage ihrer Vereinbarung ansahen.[955] In diesem Fall könnte der Zustifter nach einer Rückforderung des Stifters seine Mittel auch aufgrund Wegfalls der Geschäftsgrundlage zurückverlangen. Dazu müsste der Zustifter jedoch darlegen, dass eine solche Geschäftsgrundlage bestand und ihm ein Festhalten am Vertrag unzumutbar ist – er trägt hier die Beweislast.[956] Angesichts der meist einfacher darzulegenden Auflage des § 527 BGB und der Tatsache, dass er eine

952 Siehe oben D.III.2.a)aa).

953 Vgl. BGH, Urt. v. 14.02.1952, NJW 1952, 620; *Herrmann*, in: Erman, § 527 Rn. 4; *Koch*, in: MünchKomm, § 527 Rn. 4 m.w.N.; *Chiusi*, in: Staudinger, § 527 Rn. 15.

954 BGH, Urt. v. 17.01.1990, NJW-RR 1990, 386, 387; BGH, Urt. v. 21.12.2005, NJW-RR 2006, 699, 700; *Chiusi*, in: Staudinger, § 527 Rn. 15; *Koch*, in: MünchKomm, § 527 Rn. 4; *Mühl/Teichmann* [12], in: Soergel, § 527 Rn. 6; *Herrmann*, in: Erman, § 527 Rn. 4; *Mezger*, in: RGRK, § 527 Rn. 1; a.A. noch: RG, Urt. v. 23.02.1939, HRR 1939 Nr. 678; OLG Düsseldorf, Urt. v. 12.07.1965, NJW 1966, 550, 551.

955 Ausführlich dazu noch unten D.III.3.a)aa)(2).

956 BGH, Urt. v. 30.11.1994, BGHZ 128, 125, 134; BGH, Urt. v. 15.03.1995, NJW 1995, 1892; BGH, Urt. v. 8.11.2002, NJW 2003, 510, 510; *Grüneberg*, in: Palandt, § 313 Rn. 43.

Unzumutbarkeit im Sinne des § 313 BGB nicht wird nachweisen können, wird der Zustifter sich meist auf den Wegfall der Auflage stützen.

Darüber hinausgehende Anspruchsgrundlagen sind nicht ersichtlich.

(3) Zwischenergebnis

Die Zustifter haben nach § 527 BGB einen Anspruch auf Rückübertragung der Schenkung, weil die Auflage, das zugestiftete Vermögen in das Grundstockvermögen einzugliedern und damit dem Stiftungszweck entsprechend dauerhaft zu verwenden, in der hier untersuchten zweiten Fallgestaltung nicht mehr erfüllt werden kann, wenn der Stifter sein Vermögen zurück verlangt.

Der Rückforderungsanspruch kann sich auch aus § 313 BGB ergeben, wenn gerade die gemeinsame Vermögensverwendung Geschäftsgrundlage war. § 313 BGB tritt aber ebenso wie § 812 Abs. 1 S. 1 Alt. 2 BGB im Anwendungsbereich des § 527 BGB hinter dieser spezielleren Norm zurück. § 81 Abs. 1 S. 2 BGB findet keine Anwendung.

bb) Spenden

Auch den Spendern könnte ein Anspruch auf Rückzahlung ihrer Spende zustehen. Hier kommt ebenfalls § 527 BGB als Anspruchsgrundlage in Betracht. Bei der Spende handelt es sich in der Regel ebenfalls um Schenkungen unter Auflage[957] – die Auflage besteht in der zeitnahen Verwendung für den Stiftungszweck.[958] Der Spender kann seine Zuwendung aber nur dann gemäß § 527 BGB zurückfordern, wenn diese Auflage der Stiftung tatsächlich unmöglich geworden ist. Es ist daher im jeweiligen Einzelfall zu entscheiden, ob die Spende bereits zur Verfolgung des Stiftungszwecks aufgebraucht wurde, ob dies auch nach der Rückforderung des Stiftervermögens noch möglich ist oder ob die Stiftung ihr gesamtes operatives Geschäft bereits aufgegeben hat und so die Spende sicher nicht mehr zur Zweckverfolgung wird nutzen können. Aufgrund der ab der Kenntnis

---

957 In Abgrenzung zu einem Treuhandverhältnis, bei welchem der Zuwendungsempfänger keine eigene Entscheidungsmacht darüber hat: BGH, Urt. v. 10.12.2003, NJW 2004, 1382, 1383; *Hüttemann/Rawert*, in: Staudinger, Vorbem zu §§ 80 ff. Rn. 299; eingehend und in Abgrenzung zu anderen rechtlichen Einordnungen: *Rawert*, NPLY 2005, 165, 170 ff.; Zur Anwendbarkeit des Schenkungsrecht allgemein auf Zuwendungen an eine Stiftung: *Koch*, in: MünchKomm, § 516 Rn. 100 ff.

958 Wie sich bereits aus der Definition der Spende ergibt: *Hof*, in: v. Campenhausen/Richter § 9 Rn. 22; *Ebersbach*, S. 116; *Schwake*, in: MünchHdbGesR Bd. V, § 79 Rn. 42.

der Stiftung bestehenden verschärften Haftung für den Rückzahlungsanspruch[959] ist in der Regel von einem unmittelbaren Übergang in das Liquidations- oder Insolvenzverfahren auszugehen.[960] In diesem Fall muss der Stiftungsvorstand oder Insolvenzverwalter allein die Abwicklung der Stiftung vorantreiben. Eine Verwendung der Spende zu den ursprünglichen Stiftungszwecken ist dagegen ausgeschlossen. Soweit die Spende demnach noch nicht verwendet wurde, kann die Auflage nicht mehr erfüllt werden und dem Spender steht ebenfalls ein Anspruch auf Rückzahlung der geleisteten Beträge nach § 527 BGB zu.

cc) Fiktive Organgehälter

Auch die Organe, für deren Tätigkeit die Stiftung gegenüber dem Stifter bei der Rückzahlung fiktive Gehälter einbehalten kann, könnten einen Anspruch aus § 527 BGB geltend machen. Wie gesehen, sind die Tätigkeiten ebenfalls als Spende der Organe die Stiftung zu sehen. Als solche können sie als Schenkung unter Auflage einzuordnen sein. Tatsächlich muss die Auflage auch als Verwendung der Tätigkeit zugunsten des Stiftungszweckes gesehen werden. Diese Auflage ist jedoch mit der Handlung selbst erfüllt worden. Ein Rückzahlungsanspruch nach § 527 i.V.m. § 818 Abs. 2 BGB steht den Organen nicht zu.

c) Auswirkungen auf die Stiftung

Es ergeben sich hinsichtlich der Existenz der Stiftung keine Besonderheiten zu der oben dargestellten ersten Fallgestaltung. Da die Zustifter bei Unmöglichkeit der weiteren Zweckverfolgung einen Rückforderungsanspruch gegen die Stiftung geltend machen können, entsprechen die Rechtsfolgen hier dem Fall, in dem die Stiftung von Anfang an kein weiteres Vermögen erlangt hatte. Es muss daher wie in der ersten Fallgestaltung danach unterschieden werden, ob neben den Forderungen von Zustifter und Stifter noch weitere Forderungen gegen die Stiftung vorliegen.

Bestehen zum Zeitpunkt der Rückforderung durch Stifter und Zustifter noch offene Verbindlichkeiten, so muss die Stiftung nach § 86 i.V.m. § 42 BGB aufgelöst werden.[961] Die Masseprüfung wird auch hier in der Regel positiv ausfallen, da der Stiftung zumindest das Vermögen des Stifters und auch des Zustifters zur Verfügung steht. Stifter und Zustifter sind einfache Insolvenzgläubiger im

959 Siehe dazu oben D.II.2.c)bb)(2).

960 Zum Ablauf der jeweiligen Verfahren ausführlich: D.III.1.b).

961 Zur Frage der Insolvenz und der sich daraus ergebenden Aufhebung siehe oben D.III.1.b)aa).

Sinne des § 38 InsO, die nicht bevorzugt befriedigt werden.[962] Demnach muss das Vermögen, welches sie zurückfordern, zunächst der Befriedigung der Masseverbindlichkeiten – insbesondere der Kosten des Insolvenzverfahrens – dienen. Erst danach wird allen Gläubigern eine Quote zugesprochen.

Bestehen dagegen keine offenen Forderungen gegen die Stiftung, so muss sie dennoch nach § 87 Abs. 1 BGB aufgehoben werden, weil sie ohne das Vermögen des Stifters den ursprünglichen Zweck nicht mehr weiter verfolgen kann.[963] Da auch der Zustifter sein Vermögen zurückverlangt und der Stiftung damit keine Mittel bleiben, irgendeinen Zweck dauerhaft zu verfolgen, kann auch eine neue Zweckbestimmung gemäß § 87 Abs. 1 BGB durch die Stiftungsbehörde nicht erfolgen. Es bleibt allein die Möglichkeit der Aufhebung. Diese erfolgt dann im Wege der Liquidation nach § 88 S. 3 i.V.m. §§ 47 ff. BGB. Da den Zustiftern Rückforderungsansprüche zustehen und sie der Stiftung bekannt sind, müssen sie von den Liquidatoren nach § 50 Abs. 2 BGB auf die Liquidation und ihre Ansprüche hingewiesen werden.

d) Zwischenergebnis 2. Fallgestaltung

Kann die Stiftung mit Hilfe des gesammelten zusätzlichen Vermögens den Zweck nicht weiter verfolgen, so haben die Zustifter und Spender einen Anspruch auf Rückerstattung nach § 527 BGB.[964] Der Umfang dieses Anspruchs richtet sich nach Bereicherungsrecht und umfasst daher ebenfalls auch die Nutzungen, soweit die Stiftung nicht entreichert ist. Bei Spendern kann der Anspruch entfallen, wenn die Mittel bereits zur unmittelbaren Förderung des ursprünglichen Stiftungszwecks verwendet wurden oder dies noch möglich ist. Die Organe, die die Arbeit ehrenamtlich leisteten, können dafür keinen Wertersatz nach § 527 i.V.m. § 818 Abs. 2 BGB verlangen, da die Auflage der tatsächlichen Zweckförderung hier erfüllt wurde.

Damit muss die Stiftung also sowohl den Stifter als auch den Zustifter komplett ausbezahlen, wenn sie den Zweck nicht weiter verfolgen kann. Sie selbst wird dann entweder nach § 87 BGB oder nach § 88 i.V.m. §§ 47 ff. BGB aufgehoben. Welche Normen Anwendung findet ist abhängig davon, ob noch weitere Verbindlichkeiten der Stiftung bestehen (dann Insolvenz) oder nicht (dann einfache Liquidation).

---

962 Vgl. *Roth/Knof*, KTS 2009, 163, 173.

963 Siehe dazu näher oben D.III.1.b)bb).

964 D.III.2.b)aa).

3. Fallgestaltung: Stiftung hat genügend Mittel zur Zweckverfolgung

Schließlich ist zu bestimmen, welche Auswirkungen die Rückforderung des Stifters auf das Bestehen der Stiftung hat, wenn die zusätzlich erlangten Mittel grundsätzlich genügen, den Stiftungszweck weiterhin zu verfolgen. Dabei soll zunächst auf die Auswirkungen auf die erlangten Mittel (unter a)) eingegangen werden, ehe die Folgen für die Existenz der Stiftung dargestellt werden (unter b)).

Dazu folgendes Beispiel 27: *S gründet eine Stiftung zur Förderung der Wissenschaft, welche er mit 100.000,- € ausstattet. Die Stiftung soll insbesondere Druckkosten von wissenschaftlichen Publikationen übernehmen. Z stiftet 100.000,- € zu. S fordert, als die Unwirksamkeit des Stiftungsgeschäfts zu Tage tritt, sein Vermögen zurück. Der Stiftung ist es auch mit dem von Z zugestifteten Vermögen alleine möglich, die Druckkosten einiger wissenschaftlicher Publikationen jährlich zu übernehmen.*

a) Auswirkungen auf die zusätzlich erlangte Mittel

aa) Zustiftungen

Die Stiftung kann durch Zustiftungen ihr Grundstockvermögen vermehren.[965] Ob den Zustiftern auch dann ein Rückforderungsrecht zusteht, wenn das von ihm zugestiftete Vermögen alleine genügt, den Stiftungszweck weiter zu verfolgen, ist zu untersuchen.

(1) § 527 BGB

Zustiftungen sind als Schenkungen unter Auflage einzuordnen.[966] Die Auflage wird nach allgemeiner Ansicht durch die Eingliederung ins Stiftungsvermögen und die dauerhafte Verwendung entsprechend dem Stiftungszweck erfüllt.[967] Damit hätten Zustifter in der letzten, nun zu besprechenden, Fallkonstellation kein Recht ihr Vermögen nach § 527 BGB zurückzufordern. Da die Stiftung ihren Zweck auch allein mit den zugestifteten Mitteln dauerhaft verwirklichen kann, ist die Auflage grundsätzlich erfüllt.

Jedoch könnte dem Zustifter ein Rückforderungsanspruch zustehen, wenn eine weitergehende Auflage vereinbart wurde, die trotz der weiteren Zweckverfolgung durch die Stiftung nicht erfüllt würde. Insbesondere könnten die Parteien

---

965 Siehe oben D.III.2.a)aa).

966 Siehe oben D.III.2.a)aa).

967 Siehe oben D.III.2.a)aa); *Hüttemann/Rawert*, in: Staudinger, Vorbem zu §§ 80 ff. Rn. 265 m.w.N.; *Rawert*, DNotZ 2008, 5, 7; *Reuter*, npoR 2009, 55, 59.

vorsehen, dass das Stiftungsgeschäft wirksam oder der Stifter persönlich oder finanziell weiter an der Stiftung beteiligt sein muss.[968] Mit der Rückforderung des Stifters könnte eine solche Auflage nicht mehr erfüllt werden und dem Zustifter stünde doch ein Anspruch nach § 527 BGB zu.

Eine solch „qualifizierte" Auflage kann aber nicht automatisch bei jeder Zustiftung angenommen werden. Dies käme zwar der oben dargestellten Ansicht *Muschelers*[969] entgegen, überzeugt jedoch nicht endgültig. Ordnet man mit *Muscheler* Zustiftungen als Mitstiftungen ein und wendet daher die §§ 80 ff. BGB entsprechend an, so muss bei Ausfall eines Mitstifters (in der hier erläuterten Konstellation: Wegfall des ursprünglichen Stifters) ausgelegt werden, ob auch ein Stifter allein (hier der Zustifter) tätig werden wollte. Allerdings ist eine Zustiftung, wie gesehen, ein Vertrag zwischen Stiftung und Zustifter und die §§ 80 ff. BGB finden keine Anwendung. Die Stiftung ist durch die Anerkennung wirksam zustande gekommen, alle Geschäfte, die sie vornimmt, sind wirksam.[970] Es kann bei der Zustiftung daher nicht automatisch von einer „qualifizierten" Auflage ausgegangen werden, bei der der Zustifter nur zusammen mit dem Stifter tätig werden wollte.

Ein Zustifter könnte seine Schenkung jedoch mit der ausdrücklichen Auflage verbinden, dass sein Vermögen nicht ohne weitere Beteiligung des Stifters zur Verfügung stehen soll. Soweit diese Auflage in den Schenkungsvertrag aufgenommen wurde, steht dem Zustifter ein Anspruch nach § 527 BGB zu. Die Stiftung kann dann nach Rückforderung des Stifters zur Zweckerfüllung auch nicht mehr auf das Vermögen des Zustifters zurückgreifen. Sie müsste möglicherweise wie in den beiden vorherigen Konstellationen aufgehoben werden.

Der Zustifter könnte seine Schenkung auch konkludent[971] mit dieser Auflage verbunden haben. Dazu muss, dass ein objektiver Empfänger den Willen der Parteien, eine solche Auflage in den Schenkungsvertrag aufzunehmen, erkennen können.[972] Dies wäre möglich, wenn eine besondere Verbindung zwischen

---

968 Da es sich bei der Zustiftung um eine einklagbare vertragliche Nebenbestimmung handelt, müssten die Stiftung und der Zustifter sich hier rechtsverbindlich auf eine solche Auflage geeinigt haben.

969 *Muscheler*, WM 2008, 1669, 1670.

970 Siehe oben D.I.2.a).

971 *Koch*, in: MünchKomm, § 525 Rn. 5, geht davon aus, dass die Auflage kann auch konkludent vereinbart werden kann; im Übrigen ergibt sich dies aus der Einordnung der Auflage als vertragliche Nebenbestimmung, Verträge können konkludent geschlossen werden: vgl. nur die typischen Beispiele bei: *Singer*, in: Staudinger, Vorbem zu §§ 116 ff. Rn. 54.

972 Sogenannte „objektive Theorie", vgl. BGH, Urt. v. 26.01.2005, NJW-RR 2005, 639 f.; *Armbrüster*, in: MünchKomm, Vor §§ 116 Rn. 6; *Wolf/Neuner*, § 31 Rn. 7 ff.

Zustifter und Stifter besteht oder bestand. Lag dem Zustifter mehr an der Person des Stifters als an der Verfolgung des Stiftungszwecks, so könnte man davon ausgehen, dass die weitere Beteiligung des Stifters auch als Auflage für die Zustiftung dienen soll. Es sind insoweit mehrere Alternativen denkbar: Zum einen könnte die aktive Führung der Stiftung durch den Stifter entscheidend für die Zustiftung gewesen sein. Der Zustifter würde in diesem Falle auf die Fähigkeiten und das Urteilsvermögen des Stifters vertrauen, das Vermögen in dem gewollten Maße einzusetzen. Würde in diesem Fall der Stifter wegen der Unwirksamkeit des Stiftungsgeschäfts und wegen seines durchsetzbaren Rückforderungsanspruchs nicht (mehr) aktiv mitwirken, so stünde dem Zustifter ein Anspruch nach § 527 BGB zu.

Dazu folgendes Beispiel 28: *S und Z kennen sich schon seit Jahren aus ihrer gemeinsamen Engagement für PETA*[973]*. Z hat an S neben dessen Liebe zu Tieren auch immer dessen Talent zur Geldanlage bewundert. Als S eine Stiftung zum Schutz der Tiere vor Kosmetiktests gründet, in der er auch als Vorstand tätig sein wird, stiftet Z selbst, der sich über finanzielles Missmanagement bei PETA ärgert und gerade dem S dahingehend vertraut, dass er das Vermögen konsequent dem Stiftungszweck zuführt, 100.000,- € zu. Als sich das Stiftungsgeschäft als unwirksam erweist, S daraufhin sein Vermögen zurückverlangt und sich deswegen aus dem Stiftungsvorstand zurückzieht, ist Z geschockt. Auch er verlangt sein Vermögen zurück.*

Zum anderen wäre es auch möglich, dass der Zustifter bei eigener, recht geringer Zustiftung zu einem großen Stiftungsvermögen davon ausgeht, dass ganz andere Projekte unterstützt werden können, als wenn er allein eine Stiftung zur Verfolgung des gleichen Zwecks gegründet hätte. In diesem Falle wäre die Auflage auf die weitere Nutzung auch des Stiftervermögens gerichtet.

Dazu folgendes Beispiel 29: *S gründet eine Stiftung mit einem Grundstockvermögen von 10 Millionen €. Stiftungszweck ist die Unterstützung der älteren Bevölkerung. Z möchte ebenfalls älteren Menschen helfen und ist der Ansicht, dass gerade die Höhe des Stiftungsvermögens die Durchführung effektiver Maßnahmen garantiert. Er stiftet daher 250.000,- € zu. Nachdem die Unwirksamkeit des Stiftungsgeschäfts deutlich wird, fordert S sein Vermögen zurück. Die Stiftung möchte mit dem nun geschrumpften Vermögen kleinere Projekte unterstützen. Auch Z fordert sein Geld zurück.*

---

973 PETA Deutschland e.V. - „People for the ethical Treatment of Animals", Tierschutzorganisation.

In den beiden Beispielen 28 und 29 fällt die Annahme einer konkludenten Auflage zur Zustiftung, die bei Nichteinhaltung einen Anspruch nach § 527 BGB auslösen würde, schwer.

Im Beispiel 28 erscheint es diffizil, allein aufgrund der persönlichen Beziehung zwischen Stifter und Zustifter von einer Auflage der weiteren persönlichen Mitwirkung auszugehen. Die Stiftung wird auch über den Tod des Stifters hinaus bestehen, sodass irgendwann zwangsläufig eine neue Person den Vorstand übernehmen muss und Zustiftungen erfolgen in der Regel zumindest auch aus Verbundenheit zum Stifter. So ist unklar, wie eng die Beziehung sein muss, um von einer solchen Auflage nach § 527 BGB auszugehen. Selbst ein enger Verwandter des Stifters kann trotz Ausscheiden des Stifters sein Vermögen der Stiftung belassen wollen, während ein Zustifter, der den Stifter nur als Person des öffentlichen Lebens kennt, nur die von ihm mitgetragenen Projekte unterstützen möchte. Im Zustiftungsvertrag oder im Zusammenhang mit dessen Abschluss muss der Zustifter daher zumindest angedeutet haben, dass die weitere persönliche Beteiligung des Stifters die Wirksamkeit der Zustiftung bedingen soll. So könnte die Zustiftung „aufgrund der hohen Sachkompetenz des Stifters" oder „dessen besonderer Beziehung zum Stiftungszweck" erfolgen. Nur dann, wenn sich aus der Auslegung der Zustiftung nichts anderes ergeben kann als den besonderen Wunsch des Zustifters, dass der Stifter sich weiter persönlich beteiligt, kann eine konkludente Auflage angenommen werden. Im Übrigen ist davon abzusehen.

Im Beispiel 29 ist ebenfalls zumindest ein Hinweis des Zustifters darauf erforderlich, dass ihm die Verwirklichung solcher großer Projekte am Herzen liegt, die der Zustifter durch Gründung einer eigenen Stiftung gerade nicht erreichen könnte. Hier sind die gleichen Anforderungen an die konkludente Auflagenerteilung zu stellen wie bei der ersten Alternative. Die Umstände müssen den Willen des Zustifters erkennen lassen, sich nur an einer Stiftung mit erheblichen finanziellen Möglichkeiten beteiligen zu wollen. So könnte die Zustiftung „in Anerkennung der bedeutenden Möglichkeiten, die die Stiftung dank der großzügigen Vermögensausstattung, eröffnet" erfolgen.

Wird deutlich, dass die Zustiftung nicht nur unter der Auflage der dauerhaften Zweckverfolgung, sondern gerade der persönlichen oder finanziellen Mitwirkung des Stifters steht, so kann der Zustifter einen Anspruch nach § 527 BGB auch dann geltend machen, wenn die Stiftung theoretisch allein mit seinem Vermögen den Zweck weiter verfolgen könnte.[974]

---

974 Hinsichtlich der genauen Rechtsfolgen und der Verjährung gilt das unter D.III.2.b) aa) Gesagte.

(2) § 313 BGB

Kann eine über die generelle weitere Zweckverfolgung hinausgehende Auflage nicht festgestellt werden, könnte der Zustifter aufgrund des Wegfalls der Geschäftsgrundlage nach § 313 Abs. 3 S. 1 BGB vom Schenkungsvertrag zurücktreten und das zugestiftete Vermögen nach § 346 BGB zurückverlangen.

Zwar verdrängt § 527 BGB als spezielle Norm in seinem Anwendungsbereich alle anderen Rückforderungsrechte,[975] doch lassen sich in der untersuchten Konstellation auch Fälle außerhalb des Regelungsbereiches des § 527 BGB finden. Die Schenkungsnorm wäre daher hier nicht vorrangig.[976] Gegenüber einem Anspruch aus § 812 I 2 Alt. 2 BGB ist § 313 BGB als vertraglicher Anspruch vorrangig zu untersuchen.[977]

Ein Rücktritt nach § 313 Abs. 3 BGB wegen Wegfalls der Geschäftsgrundlage kommt nur in Betracht, wenn entweder die gemeinsame Nutzung von Stiftervermögen und Zustiftung oder die persönliche Mitwirkung des Stifters zumindest für einige Jahre Grundlage des Zustiftungsvertrages gewesen wäre. Ebenso könnte man die Wirksamkeit des ursprünglichen Stiftungsgeschäfts als Geschäftsgrundlage ansehen. Nach der Rechtsprechung wird die Geschäftsgrundlage gebildet durch „die nicht zum eigentlichen Vertragsinhalt erhobenen, aber beim Vertragsschluss zutage getreten gemeinschaftlichen Vorstellungen beider Vertragsparteien, oder die dem Geschäftsgegner erkennbaren und von ihm nicht beanstandeten Vorstellungen der einen Vertragspartei von dem Vorhandensein oder dem künftigen Eintritt gewisser Umstände, auf denen der Geschäftswille

975 Siehe nur *Chiusi*, in: Staudinger, § 527 Rn. 15; *Koch*, in: MünchKomm, § 527 Rn. 4; *Mühl/Teichmann* [12], in: Soergel, § 527 Rn. 6; *Herrmann*, in: Erman, § 527 Rn. 4.

976 BGH, Urt. v. 17.01.1990, NJW-RR 1990, 386, 387; BGH, Urt. v. 21.12.2005, NJW-RR 2006, 699, 700; *Chiusi*, in: Staudinger, § 527 Rn. 15; *Koch*, in: MünchKomm, § 527 Rn. 4; *Mühl/Teichmann* [12], in: Soergel, § 527 Rn. 6; *Herrmann*, in: Erman, § 527 Rn. 4; *Mezger*, in: RGRK, § 527 Rn. 1; für eine ausschließliche Anwendbarkeit des § 527 BGB noch RG, Urt. v. 23.02.1939, HRR 1939 Nr. 678; OLG Düsseldorf, Urt. v. 12.07.1965, NJW 1966, 550, 551.

977 BGH, Urt. v. 29.04.1982, BGHZ 84, 1, 10 f.; BGH, Urt. v. 23.06.1989, BGHZ 108, 147, 149; OLG Celle OLGR 2006, 97, 101 f.; *Finkenauer*, in: MünchKomm, § 313 Rn. 178 ff.; *Grüneberg*, in: Palandt, § 313 Rn. 15; *Jauernig*, § 313 Rn. 13; *Unberath*, in: Bamberger/Roth, § 313 Rn. 24; *Böttcher*, in: Erman, § 313 Rn. 38; *Wolf/Neuner*, § 42 Rn. 23; *Schwab*, ZJS 2009, 115, 118 f.; a.A. wohl BGH, Urt. v. 09.07.2008, BGHZ 177, 193, 206 ff., der ohne nähere Erläuterung auf vor § 313 BGB auf die Ansprüche nach § 812 Abs. 1 S. 2 BGB eingeht.

der Parteien sich aufbaut." [978] Es ist demnach ebenso wie bei der Frage der konkludenten Auflage im Sinne des § 525 BGB eine Auslegung im jeweiligen Einzelfall erforderlich. Dabei müssen die Anforderungen an die Annahme einer Geschäftsgrundlage jedoch entsprechend anders als bei der konkludenten Auflage nach § 525 BGB gestellt werden. Es kommt auf die gegenseitig erkannten Vorstellungen der Parteien und nicht auf die Erkenntnisse eines objektiven Beobachters an.[979] Dies führt jedoch noch mehr als im Rahmen des § 527 BGB dazu, dass pauschale Aussagen kaum zu treffen sind. Es ist aber im Allgemeinen davon auszugehen, dass sich Zustifter und Stiftung übereinstimmend vorgestellt haben, dass die Stiftung genau in der vom Stiftungsgeschäft vorgesehenen Art auf Dauer existieren wird und der Stifter seine Aufgaben als Vorstand zumindest für eine bedeutende Zeitspanne wird wahrnehmen können. Keine der Parteien war sich der Unwirksamkeit des Stiftungsgeschäftes bewusst. Ein Zustifter hat sich in der Regel in umfassenden Maße mit der Frage auseinander gesetzt, welche Stiftung er unterstützen möchte. Auch die Stiftung wird sich darüber im Klaren sein, dass sie gerade aufgrund ihrer konkreten Struktur gefördert wird. Sowohl die persönliche Mitwirkung des Stifters als auch die Höhe des zur Verfügung stehenden Vermögens werden daher in der Regel Geschäftsgrundlage geworden sein.

Die Geschäftsgrundlage müsste sich schwerwiegend geändert haben. Von einer solch schwerwiegenden Änderung ist allgemein auszugehen, wenn nicht ernstlich zweifelhaft ist, dass zumindest eine der Parteien den Vertrag bei Kenntnis der Veränderung nicht abgeschlossen hätte.[980] Dabei ist zwar mit Vorsicht vorzugehen, weil der Grundsatz der Rechtssicherheit besonderer Berücksichtigung bedarf.[981] Doch hätten Zustifter und Stiftung den Schenkungsvertrag mit an Sicherheit grenzender Wahrscheinlichkeit gerade nicht geschlossen, wenn sie erkannt hätten, dass der Stifter sein gesamtes Vermögen zurückverlangen kann. Die genaue Konstruktion der Stiftung sowie ihre Vermögensausstattung sind als entscheidend für die Vornahme der Schenkung anzusehen.

Weiterhin müsste dem Zustifter ein Festhalten an dem Vertrag nach § 313 Abs. 1 BGB aber auch unzumutbar sein. Eine Unzumutbarkeit ist nach Ansicht

---

978 So wörtlich: BGH, Urt. v. 29.04.1982, BGHZ 84, 1, 8 f. unter Verweis auf BGH, Urt. v. 23.10.1957, BGHZ 25, 390, 392.

979 Diese sind nur bei einseitigen Fehlvorstellungen einer Partei relevant, um festzustellen, ob sie dem Vertragspartner erkennbar war: *Finkenauer*, in: MünchKomm, § 313 Rn. 10.

980 Vgl. *Unberath*, in: Bamberger/Roth, § 313 Rn. 25; *Grüneberg*, in: Palandt, § 313 Rn. 18; *Finkenauer*, in: MünchKomm, § 313 Rn. 58, jeweils mit weiteren Nachweisen.

981 Vgl. *Böttcher*, in: Erman, § 313 Rn. 22; *Finkenauer*, in: MünchKomm, § 313 Rn. 58.

der Rechtsprechung nur dann zu bejahen, wenn andernfalls Ergebnisse entstünden, die mit Recht und Gerechtigkeit schlechthin nicht zu vereinbaren sind.[982] Es ist ein Vergleich des Schuldneraufwandes und des Leistungserfolges anzustellen.[983] Gerade aufgrund der Durchbrechung des Grundsatzes „pacta sunt servanda" ist nur in Ausnahmefällen von einem Lösungsrecht einer Partei auszugehen. Dabei sind insbesondere auch die Interessen des Gläubigers zu berücksichtigen.[984] In der vorliegenden Fallkonstellation hat der Zustifter ein Interesse daran, sein Vermögen wegen der neuen Zustände in der Stiftung zurückzuerlangen und es in seinem Sinne anderweitig zu nutzen. Durch Belassen der Mittel bei der Stiftung wird die Existenz des Zustifters aber weder vernichtet noch erheblich beeinträchtigt, was nach allgemeiner Ansicht für eine Unzumutbarkeit sprechen würde.[985] Er hat sein Vermögen der ursprünglich geplanten Stiftung unentgeltlich zur Verfügung gestellt. Er war darauf zur Erhaltung seiner Existenz also nicht angewiesen. Dagegen stehen allerdings die Interessen der Stiftung. Sollte neben dem Stifter auch der Zustifter wegen Wegfalls der Geschäftsgrundlage sein Vermögen herausverlangen können, so würde dies mit großer Wahrscheinlichkeit dazu führen, dass die Stiftung insgesamt wegen Unmöglichkeit der Zweckerfüllung nach § 87 BGB aufgehoben werden muss. Es bleibt ihr gerade nur das zugestiftete Vermögen, um ihren Zweck weiter dauerhaft verfolgen zu können. Verlangt aber auch der Zustifter sein Vermögen zurück, so liegen die Voraussetzungen der oben dargestellten Aufhebungsgründe[986] vor.

Es überwiegen aus diesem Grund die Interessen der Stiftung. Der Zustifter kann mangels Unzumutbarkeit des Festhaltens am Vertrag nicht nach § 313 Abs. 3 BGB vom Vertrag zurücktreten.

(3) § 812 Abs. 1 S. 2 Alt. 2 BGB

Dem Zustifter könnte darüber hinaus ein Kondiktionsanspruch aufgrund Zweckverfehlung nach § 812 Abs. 1 S. 2 Alt. 2 BGB zustehen.

Dazu ist erforderlich, dass der mit einer Leistung bezweckte Erfolg nicht eingetreten ist. Eine Zweckvereinbarung ist zwar keine einklagbare Verpflichtung (im

---

982 BGH, Urt. v. 10.10.1984, NJW 1985, 313, 314 f.; BGH, Urt. v. 25.02.1993, BGHZ 121, 378, 393 f.; BGH, Urt. v. 05.01.1995, BGHZ 128, 230, 238; BGH, Urt. v. 26.09.1996, BGHZ 133, 316, 322 f.; *Finkenauer*, in: MünchKomm, § 313 Rn. 76.

983 *Böttcher*, in: Erman,§ 313 Rn. 27.

984 RG, Urt. v. 21.09.1920, RGZ 100, 129, 133; *Finkenauer*, in: MünchKomm, § 313 Rn. 77.

985 Vgl. *Böttcher*, in: Erman, § 313 Rn. 27; *Finkenauer*, in: MünchKomm, § 313 Rn. 78; so auch schon BGH, Urt. v. 26.05.1955, BGHZ 17, 317, 327.

986 Siehe oben D.III.1.b).

Sinne einer Auflage), doch stellt sie zumindest eine – auch stillschweigende – tatsächliche Willensübereinstimmung der Parteien dar, die auch Vertragsbestandteil geworden ist.[987] Bezweckter Erfolg einer Zustiftung kann es theoretisch auch sein, die Stiftung in ihrer ursprünglichen Form, das heißt unter weiterer finanzieller und persönlicher Mitwirkung des Stifters, zu unterstützen.

Ob dem Zustifter ein Anspruch nach § 812 Abs. 1 S. 2 Alt. 2 BGB zusteht, ist insbesondere von den gerade dargestellten Ergebnissen zu § 527 BGB und § 313 Abs. 3 BGB abhängig. Diese verdrängen in ihren jeweiligen Anwendungsbereichen als speziellere Normen das Bereicherungsrecht.[988] Soweit daher in der Zustiftung eine Schenkung unter „qualifizierter" Auflage zu sehen ist und eben diese Auflage gerade nicht erfüllt wurde, so kommt dem Zustifter neben § 527 BGB kein Bereicherungsanspruch zu. Gleiches gilt, falls die weitere Mitwirkung des Stifters oder der weitere Bestand des gesamten Stiftungsvermögens Geschäftsgrundlage für den Zustiftungsvertrag geworden ist. Ist beides abzulehnen, so könnte sich der Rückforderungsanspruch aus der Zweckverfehlung und damit § 812 BGB ergeben. Zu beachten ist generell, dass allein einseitige Erwartungen des Zustifters nicht zu einer Rückforderung nach § 812 Abs. 1 S. 2 Alt. 2 BGB berechtigen können.[989]

Es ist daher jeweils im konkreten Einzelfall zu untersuchen, ob eine Schenkung unter Auflage, eine gemeinsame Vorstellung von der Geschäftsgrundlage, ein nur einseitiges, unbeachtliches Motiv des Zustifters oder eine tatsächliche Willensübereinstimmung in Form der Zweckbestimmung gegeben ist. Nur im letzten Fall kommt ein Anspruch des Zustifters nach § 812 Abs. 1 S. 2 Alt. 2 BGB in Betracht.

Gerade die Abgrenzung der Zweckverfehlungskondiktion vom Wegfall der Geschäftsgrundlage nach § 313 BGB und der Nichterfüllung einer Auflage nach § 527 BGB führt zu besonderen Schwierigkeiten. So lassen sich die Fälle,

---

987 Vgl. BGH, Urt. v. 23.09.1983, NJW 1984, 233, 233; *Schwab*, in: MünchKomm, § 812 Rn. 374 f.; *Buck-Heeb*, in: Erman, § 812 Rn. 51; *Wendehorst*, in: Bamberger/Roth, § 812 Rn. 84 ff. geht von der Vereinbarung eines auflösend bedingten Behaltensgrundes aus.

988 BGH, Urt. v. 17.01.1990, NJW-RR 1990, 386, 387; BGH, Urt. v. 21.12.2005, NJW-RR 2006, 699, 700; OLG Stuttgart, Urt. v. 04.09.1987, NJW-RR 1988, 134, 135; *Koch*, in: MünchKomm, § 527 Rn. 4; *Schwab*, in: MünchKomm, § 812 Rn. 401; *Herrmann*, in: Erman, § 527 Rn. 4; *Mühl/Teichmann* [12], in: Soergel, § 527 Rn. 6; *Chiusi*, in: Staudinger, § 527 Rn. 15; für eine ausschließliche Anwendbarkeit des § 527 BGB noch RG, Urt. v. 23.02.1939, HRR 1939 Nr. 678; OLG Düsseldorf, Urt. v. 12.07.1965, NJW 1966, 550, 551.

989 Vgl. *Schwab*, in: MünchKomm, § 812 Rn. 401.

in denen die Erwartung des Zustifters, die Stiftung werde aufgrund ihres umfangreichen Vermögens große Projekte unterstützen können, kaum unter § 812 BGB fassen. Es wird sich meist schon um eine vereinbarte Geschäftsgrundlage handeln.[990] Ist die Vorstellung aber ausnahmsweise nicht Vertragsbestandteil geworden – insbesondere weil die Stiftung nicht erkannt hat, dass diese Vorstellung für den Zustifter derart entscheidend ist, dass sie Teil des Vertrages werden sollte – so könnte man auch von einer nur tatsächlichen Willensübereinstimmung und damit Zweckbestimmung ausgehen. Dies ist aber an den Umständen des Einzelfalles zu beurteilen.

In der Literatur wird die Abgrenzung ausführlich diskutiert und es werden Fälle beschrieben, in denen ein Rückgriff auf § 812 Abs. 1 S. 2 Alt. 2 BGB für erforderlich gehalten wird.[991] Dabei könnte die Zustiftung insbesondere unter eine beschriebene Konstellation zu fassen sein: Die Zweckverfehlung wird bei solchen Leistungen angenommen, die getätigt wurden, um den Leistungsempfänger zu einem Handeln zu bewegen, auf das der Leistende keinen Anspruch hat.[992] Handelt der Leistungsempfänger dann in anderer Weise, kann dem Leistenden ein Kondiktionsanspruch zustehen. Auch ein Zustifter hat keinen Anspruch oder auch nur Einfluss darauf, wie sich die Stiftung in Zukunft verhalten wird, könnte mit seiner Leistung jedoch versuchen, auf das weitere Handeln der Stiftung einzuwirken.[993] Die Stiftung selbst handelt jedoch – soweit es ihr möglich ist – ohnehin in der vom Zustifter angestrebten Weise. Das schädigende und dem Willen des Zustifters möglicherweise widersprechende Verhalten geht vielmehr entscheidend vom Stifter aus, der sein Vermögen aufgrund der bestehenden Unwirksamkeit des Stiftungsgeschäftes zurückverlangt und sich persönlich nicht mehr beteiligen möchte. Ihm hat aber der Zustifter keine Leistungen zukommen lassen. Aus dieser Fallgruppe lässt sich daher keine Zweckverfehlung entnehmen.

Es sind daher praktisch kaum Fälle denkbar, in denen dem Zustifter ein Rückforderungsrecht nach § 812 Abs. 1 S. 2 Alt. 2 BGB zustehen würde. Zustifter sind in der Regel schon durch die Ansprüche aus § 527 BGB und § 313 Abs. 3 BGB geschützt.

---

990 Siehe oben D.III.3.a)aa)(2).

991 Vgl. dazu jeweils sehr ausführlich: *Schwab*, in: MünchKomm, § 812 Rn. 382; *Lorenz*, in: Staudinger, § 812 Rn. 105 ff.

992 *Buck-Heeb*, in: Erman, § 812 Rn. 52 f.; *Schwab*, in: MünchKomm, § 818 Rn. 382 ff.

993 Ihm stehen insbesondere nicht automatisch Mitwirkungsrechte zu: vgl. oben D.III.2.a)aa).

Bei ausnahmsweisem Bestehen einer Zweckbestimmung hat der Zustifter jedoch einen Anspruch auf Herausgabe seines geleisteten Vermögens samt der Nutzungen, § 818 Abs. 1 BGB. Insoweit kann auf die Ausführungen zu dem Bereicherungsanspruch des Stifters verwiesen werden.[994]

(4) Zwischenergebnis

Zustiftungen können als zusätzliches Vermögen die weitere Zweckerfüllung einer Stiftung auch nach Rückforderung des Stifters sichern. Sollten Zustifter aber die weitere persönliche oder finanzielle Beteiligung des Stifters zumindest konkludent zur Auflage bzw. Geschäftsgrundlage ihrer Schenkung gemacht oder tatsächlich eine Zweckbestimmung vereinbart haben, so können auch sie ihr Vermögen nach der entsprechenden Norm zurückverlangen. Allerdings ist die Zustiftung nicht automatisch an die Wirksamkeit des Stiftungsgeschäfts gekoppelt. Fordert der Zustifter seine Leistung aufgrund Wegfalls der Geschäftsgrundlage zurück, so muss er zudem deutlich machen, dass ihm ein Festhalten am Zustiftungsvertrag unzumutbar wäre. Dies ist angesichts der Tatsache, dass er das Vermögen unentgeltlich weiter gegeben hat, schwer darzulegen. Fordern auch die Zustifter ihr Vermögen erfolgreich zurück, unterscheidet sich die Stiftung nicht von den vorhergehenden Konstellationen. Auf die dort entstehenden Folgen sei insoweit verwiesen.[995]

bb) Auswirkungen auf Spenden und sonstige Vermögensgewinne

Auch wenn Spenden nicht geeignet sind, das Vermögen der Stiftung auf Dauer zu erhöhen, so ist doch zu klären, wie sich die Rückforderung des Grundstockvermögens durch den Stifter auf sie auswirkt.

Spenden müssen unabhängig von einer Rückzahlungsforderung des Stifters entsprechend ihrem ursprünglichen Sinn aufgebraucht werden. Dies ergibt sich aus der Einordnung der Spenden als Schenkungen unter Auflage.[996] Auflage der Spenden ist es, sie zu dem von der Stiftung verfolgten Zweck zu nutzen. Das umfasst analog § 665 BGB auch die Verfolgung eines ähnlichen Zwecks.[997] Wird die Auflage nicht erfüllt, so hat auch der Spendende einen Anspruch aus § 527 BGB auf Rückzahlung.

---

994 Siehe oben D.II.2.c).

995 D.III.1. und D.III.2.

996 Zur Rechtsnatur: BGH, Urt. v. 10.12.2003, BGHZ 157, 178, 184; zu den rechtlichen Konstellationen ausführlich *Rawert*, NPLY 2005, 165, 170 ff.

997 *Rawert*, NPLY 2005, 165, 179.

In der hier zu besprechenden Fallkonstellation ist es der Stiftung grundsätzlich möglich, ihren Zweck weiter zu verfolgen. Soweit der Spender seine Zuwendung also nicht an ein spezielles, nicht mehr zu verwirklichendes (Groß-)Projekt geknüpft hat, kann die Auflage weiter erfüllt werden. Ein Anspruch nach § 527 BGB besteht nicht.

Gleiches gilt für die Mittel, die die Stiftung erlangt hat, weil ihre Organe unentgeltlich gearbeitet haben. Auch diese können weiterhin dem Zweck zugute kommen, sodass kein Anspruch der Organe auf finanziellen Ausgleich ihrer Leistung in Betracht kommt.

Soweit die Zustifter jedoch ihr Geld zurück verlangen und die Stiftung ihren Zweck daher doch nicht mehr verfolgen kann, steht auch den Spendern der Anspruch aus § 527 BGB zu.

b) Auswirkungen auf die Stiftungsexistenz

Hat die Stiftung unabhängig von den Mitteln des Stifters so viel Vermögen angesammelt, dass sie ihren Zweck weiterhin verfolgen kann und können die Zustifter ihre Mittel auch nicht zurückfordern oder sehen davon ab, so müssen die sonstigen Auswirkungen des unwirksamen Stiftungsgeschäfts geklärt werden. Die Unwirksamkeit alleine genügt grundsätzlich nicht als Aufhebungsgrund nach § 87 BGB.[998] Eventuell können jedoch allgemein verwaltungsrechtliche Normen eine Grundlage für die Aufhebung bieten (aa)). Lehnt man dies ab, so ist zu klären, wie die weitere Stiftungsexistenz auszugestalten ist (bb)). Dabei ist insbesondere danach zu unterscheiden, ob mit dem zusätzlich erlangten Vermögen alle oder nur einer von mehreren Zwecken der Stiftung verfolgt werden kann.

aa) Allgemeine Vorschriften als Auflösungsgründe

Wurde die Stiftung aufgrund eines unwirksamen Stiftungsgeschäfts errichtet, so scheint es auf den ersten Blick unumgänglich, sie wieder aufzuheben. Bei Unwirksamkeit des Stiftungsgeschäfts fehlt von Anfang an eine der zwei in § 80 Abs. 1 BGB genannten Voraussetzungen der Stiftungsgründung. Da die Stiftung nicht hätte errichtet werden dürfen, scheint es einzig konsequent, sie nun wieder aufzuheben.

Die Aufhebung der Stiftung bedarf immer einer staatlichen Mitwirkung, da die Anerkennung als bestandskräftiger Verwaltungsakt nicht ohne Weiteres

998 Vgl. *Reuter*, in: MünchKomm, §§ 80, 81 Rn. 2 m.w.N.

entfallen kann.[999] Sie kann vielmehr nur durch einen gleichwertigen Akt aus der Welt geschafft werden. Die Stiftung besteht also fort, bis sie durch staatliches Handeln aufgehoben wird.[1000]

Zum Erlass eines solchen Aufhebungsverwaltungsaktes benötigt die Stiftungsbehörde aber eine Ermächtigungsgrundlage, da sie in die Rechte der Stiftung – ihren Bestand – eingreift.[1001] § 87 BGB kommt nicht in Betracht, weil die Zweckerfüllung aufgrund der nicht zurückgeforderten Zustiftung(en) nicht unmöglich und auch das Gemeinwohl nicht gefährdet ist. Die Aufhebung der Anerkennung wäre aber möglicherweise nach allgemein verwaltungsrechtlichen Normen, insbesondere nach den §§ 48 ff. VwVfG, möglich. Die Behörde hat eine Stiftung anerkannt, obwohl die gesetzlichen Voraussetzungen nicht gegeben waren. Damit war der Anerkennungsakt rechtswidrig und könnte grundsätzlich als solcher nach § 48 VwVfG zurückgenommen werden.[1002] Da es sich bei der Anerkennung um einen begünstigenden Verwaltungsakt handelt,[1003] müsste die Behörde die Einschränkungen der Absätze 2 bis 4 des § 48 VwVfG beachten.

Allerdings scheint schon die generelle Anwendbarkeit des § 48 VwVfG zweifelhaft. § 87 BGB als spezielle Norm für die Aufhebung der Stiftung könnte die Anwendbarkeit der §§ 48 ff. VwVfG generell sperren.[1004]

Indes: Für eine Anwendbarkeit der allgemeinen Regeln spricht, dass § 87 BGB nach seinem Wortlaut nur die Aufhebung aufgrund nachträglich eingetretener Umstände beziehungsweise gegenwärtiger Gemeinwohlgefährdung umfasst.[1005] Für bereits anfänglich bestehende Mängel des Stiftungsgeschäfts könnten dann die §§ 48 ff. VwVfG gelten. Zudem kommt zumindest den Stiftern, die sich die

---

999 § 43 Abs. 2 VwVfG: vgl. *Sachs*, in: Stelkens/Bonk/Sachs, § 43 VwVfG Rn. 190 ff.; siehe dazu auch schon oben D.I.1.b).

1000 *Mercker*, in: Strachwitz/Mercker, S. 210, 218; *Richter*, in: MünchHdbGesR Bd. V, § 117 Rn. 1; *Hüttemann/Rawert*, in: Staudinger, § 88 Rn. 2; *Reuter*, in: MünchKomm, § 88 Rn. 1; *Backert*, in: Bamberger/Roth, § 88 Rn. 2.

1001 Zum Begriff des Vorbehalts des Gesetzes aus Art. 20 Abs. 3 GG vgl. *Grzeszick*, in: Maunz/Dürig, Art. 20 VI. Abschnitt Rn. 75 f.

1002 Zur Frage der Rechtswidrigkeit des Verwaltungsaktes *Sachs*, in: Stelkens/Bonk/Sachs, § 48 Rn. 49; *Kastner*, in: Fehling/Kastner/Strömer, § 48 VwVfG Rn. 25 ff.

1003 Siehe oben D.I.1.b).

1004 Zur Frage, wann die §§ 48 ff. VwVfG aufgrund Spezialität verdrängt werden: *Sachs*, in: Stelkens/Bonk/Sachs, § 48 Rn. 4 ff.

1005 „Ist die Erfüllung des Stiftungszwecks unmöglich geworden …" - So BayVGH, Urt. v. 12.10.2005, BayVbl. 2006, 149 ff.; vgl. zur Möglichkeit des Landesgesetzgebers, das Bundesrecht zu ergänzen: BVerwG, Urt. v. 12.02.1998, BVerwGE 106, 177, 179.

Genehmigung durch arglistige Täuschung „erschlichen" haben, kein Vertrauensschutz zu.[1006] Sie müssen vielmehr mit einer Rücknahme rechnen. Dem schutzwürdigen Vertrauen Dritter auf den Bestand der Stiftung wird nach dieser Ansicht durch den nur ex nunc wirkenden Widerruf ausreichend Rechnung getragen.[1007]

Gegen eine Anwendbarkeit der §§ 48 ff. VwVfG spricht die größere Sachgerechtigkeit des § 87 BGB. Er ermöglicht statt der Aufhebung der Stiftung auch eine Anpassung des Zwecks, falls dies weniger einschneidend ist und die Gründe für eine Aufhebung damit entfielen.[1008] Zudem ist es nicht sachgerecht, eine Aufhebung nach § 87 BGB zu verweigern und statt dessen auf die allgemeinen Regelungen der §§ 48 ff. VwVfG zurückzugreifen. § 87 BGB dient gerade dazu, die Stiftung nur in engen Ausnahmefällen wieder aufheben zu können.[1009] Durch die Anwendung der §§ 48 ff. BGB würden diese engen Möglichkeiten aber ausgeweitet und der Sinn des § 87 BGB untergraben.

Darüber hinaus muss § 87 Abs. 1 BGB eine teleologische Ausweitung in Bezug auf die Umstände erfahren, die zwar zur Zeit der Anerkennung bereits vorlagen, jedoch erst danach zu Tage treten.[1010] Dafür spricht neben der schon erwähnten größeren Sachnähe[1011] entscheidend, dass die Stiftung auch bei anfänglicher Unmöglichkeit durch die Anerkennung voll wirksam entstanden ist.[1012] § 87 BGB ist daher auch im Falle der ursprünglichen Unmöglichkeit anzuwenden.[1013]

Schließlich wurde schon in den Materialien zum BGB § 87 BGB als abschließende Ermächtigungsgrundlage für den Fall der Stiftungsaufhebung genannt.[1014] An dieser grundsätzlichen Einordnung hat sich bis heute nichts geändert, was sich insbesondere daraus ergibt, dass der Staat von seiner konkurrierenden Gesetzgebungskompetenz aus Art. 72, 74 Abs. 1 Nr. 1 GG Gebrauch gemacht und

1006 Vgl. ebenfalls BayVGH, Urt. v. 12.10.2005, BayVbl. 2006, 149 ff.

1007 Vgl. BayVGH, Urt. v. 12.10.2005, BayVbl. 2006, 149, 150.

1008 Vgl. zur Zweckänderung *Hüttemann/Rawert*, in: Staudinger, § 87 Rn. 12; *Reuter*, in: MünchKomm, § 87 Rn. 9; *Werner*, in: Erman, § 87 Rn. 4.

1009 Vgl. auch *Gantenbrink*, S. 329 f.

1010 *Andrick*, Anm. zu BayVGH v. 12.10.2005, ZSt 2006, 41, 42; *Backert*, in: Bamberger/Roth, § 87 Rn. 2 a.E.; *Hüttemann/Rawert*, in: Staudinger, § 87 Rn. 6; *Reuter*, in: MünchKomm, § 87 Rn. 7; *Gantenbrink*, S. 331 ff.

1011 Auf diese entscheidend abstellend: *Gantenbrink*, S. 331 f.

1012 Vgl. oben D.I.2.a)bb).

1013 So die h.M.: *Reuter*, in: MünchKomm, § 87 Rn. 7; *Hüttemann/Rawert*, in: Staudinger, § 87 Rn. 6; *Backert*, in: Bamberger/Roth, § 87 Rn. 2 a.E.; *Hof*, in: v. Campenhausen/Richter, § 11 Rn. 61; *Mirbach*, S. 68.

1014 *Mugdan* I. Band, S. 962 f.

insoweit als Annex auch öffentlich-rechtliche Vorgänge geregelt hat.[1015] Es ergibt sich eine „kompetenzrechtliche Sperrwirkung des § 87 BGB"[1016] und der Landesgesetzgeber darf also keine abweichenden Regelungen treffen.[1017]

Damit wird deutlich, dass eine Stiftung nur aufgrund der in § 87 BGB genannten Gründe aufgehoben werden darf. Er findet grundsätzlich als lex speciales Anwendung vor §§ 48 ff. VwVfG, wenn es um Stiftungen geht.[1018]

Dieser Vorrang des § 87 BGB ist nicht davon abhängig, ob dessen Tatbestandsvoraussetzungen erfüllt sind. Denn bereits die Eröffnung des Anwendungsbereichs sperrt den Rückgriff auf andere Normen.[1019] Bei einer abweichenden Beurteilung würden die stiftungsspezifischen Vorschriften umgangen.

Eine Stiftung kann also nur nach § 87 BGB aufgehoben werden; Er geht den allgemein verwaltungsrechtlichen Regelungen in jedem Fall vor.[1020] Da seine Voraussetzungen nicht gegeben sind, wenn die Stiftung noch genügend Mittel zur Verfügung hat, kann die Behörde sie in dieser dritten Fallkonstellation nicht aufheben.

bb) Ausgestaltung des weiteren Bestehens

Die Stiftung bleibt damit mangels Ermächtigungsgrundlage für ihre Aufhebung weiter bestehen, auch wenn das Stiftungsgeschäft unwirksam ist. Ihr muss lediglich genügend Vermögen verbleiben, um ihren Zweck zu verfolgen. Dadurch wird die Praxis vor schwerwiegende Probleme gestellt. Trotz unwirksamer Rechtsgrundlage muss die Stiftung einen Zweck fördern. Neben den Problemen, die die Organisation bereitet, muss gefragt werden, ob der zu fördernde Zweck aus dem unwirksamen Stiftungsgeschäft stammen darf.

1015 Vgl. dazu *Andrick*, Anm. zu BayVGH v. 12.10.2005, ZSt 2006, 41, 42; *Gantenbrink*, S. 85 ff. geht davon aus, dass § 87 BGB eine Vorfrage der Beendigung des Privatrechtssubjekts „Stiftung" enthält und daher direkt dem Bürgerlichen Recht nach Art. 74 Abs. 1 Nr. 1 GG zuzuordnen ist; siehe auch *Happ*, S. 141; kritisch zu der Gesetzgebungskompetenz des Bundes dagegen: *Achilles*, ZRP 2002, 23 ff.

1016 *Gantenbrink*, S. 329.

1017 Vgl. *Andrick/Suerbaum*, § 7 Rn. 99; *Mirbach*, S. 73.

1018 BVerwG, Urt. v. 26.04.1968, BVerwGE 29, 314, 317; *Schlüter*, in: Henssler/Strohn, § 87 Rn. 2; *Volkholz*, S. 337; *Andrick/Suerbaum*, § 7 Rn. 98 ff.; mit einer ausführlichen Darstellung des Problems: *Karper*, S. 104–109; *Schlüter/Stolte*, Kap. 3 Rn. 38; *Burgard*, S. 626 f.; a.A. BayVGH, Urt. v. 12.10.2005, BayVBl. 2006, 149 ff.; wohl auch *Ebersbach*, S. 143.

1019 Zur Erläuterung der Verdrängung allein bei Eröffnung des Anwendungsbereichs: *Larenz*, Methodenlehre, S. 175.

1020 Vgl. *Hof*, in: v. Campenhausen/Richter, § 11 Rn. 61; *Hüttemann/Rawert*, in: Staudinger, § 87 Rn. 6 m.w.N.

Vor allem beim Fortbestehen der Stiftung aufgrund von Zustiftungen kann es zu Schwierigkeiten kommen. Der Wille der Zustifter kann nun deutlich mehr Einfluss erlangen, als eigentlich vorgesehen. Im Allgemeinen gibt der Zustifter das Vermögen zur Unterstützung aller Stiftungszwecke hin ((1)). Wollte der Zustifter dagegen nur einen von mehreren Zwecken unterstützen, können sich Abweichungen von der ursprünglichen Form der Stiftung ergeben ((2)).

(1) Unterstützung aller Stiftungszwecke

Auch ohne Aufhebung der Stiftung stellt die Rückforderung des Stifters ein einschneidendes Moment für die Stiftung dar. Die Behörde ist in diesem Fall verpflichtet, eine erneute Prognose der Überlebensfähigkeit zu stellen.[1021] Sie muss überprüfen, ob die Zweckverfolgung auch weiterhin möglich ist. Hat die Stiftung durch Zustiftungen Vermögen erlangt und genügt dieses zur Sicherung derselben, so kann der Zweck auch in Zukunft erfüllt werden. Die Stiftung besteht – wie schon gesehen – fort.

Problematisch erscheint jedoch, ob das Stiftungsgeschäft weiterhin Grundlage der Stiftungsorganisation sein darf.[1022] Als unwirksames Rechtsgeschäft dürfte es eigentlich keine Wirkungen entfalten.[1023] Für den vermögensrechtlichen Teil des Stiftungsgeschäfts ist diese Forderung erfüllt. Der Stifter kann mangels Rechtsgrund nach § 812 Abs. 1 S. 1 Alt. 1 BGB zurückverlangen, was er der Stiftung überlassen hat.[1024] Für den organisationsrechtlichen Teil könnte aber etwas anderes gelten, weil die Stiftung weiter nach den im Stiftungsgeschäft getroffenen Regelungen geführt wird. Jedoch richtet sich die Organisation gerade danach, was in der Anerkennung bestimmt wurde. Mit ihr besteht ein bestandskräftiger und vor allem privatrechtsgestaltender Verwaltungsakt, welcher eine Stiftung mit der Konstruktion, die der Stifter ihr gegeben hat, zur Entstehung bringt.[1025] Er bestätigt die Stiftung unabhängig vom Stiftungsgeschäft, da er sich gerade nicht auf dieses bezieht.[1026] Nach der ganz überwiegenden und zutreffenden Meinung behält die Stiftung ihre Rechtsfähigkeit unabhängig von einer

---

1021 Das ergibt sich aus der Pflicht zur Rechtsaufsicht, vgl. *Schlüter/Stolte*, Kap. 3 Rn. 4.

1022 So jedenfalls *Reuter*, in: MünchKomm, §§ 80, 81 Rn. 2; so wohl auch *K. Schmidt*, Stiftungswesen, S. 14 f.

1023 *Larenz/Wolf* [9], § 44 Rn. 4; *Flume*, AT II, S. 547.

1024 Siehe dazu oben D.II.2.

1025 Deutlich: *Reuter*, in: MünchKomm, §§ 80, 81 Rn. 2.

1026 Vgl. oben D.I.2.a)bb).

später entdeckten Unwirksamkeit des Stiftungsgeschäfts.[1027] Auch die von der Anerkennung bestätigte Organisation bleibt bestehen, um die Rechte tatsächlich wahrnehmen zu können. Das Stiftungsgeschäft hat damit aber in Bezug auf die Organisation keine Wirkungen mehr – diese sind allein auf die Anerkennung zurückzuführen.

Dieses Ergebnis ist auch aus anderen Gründen nicht zu beanstanden: Zum einen hat sich der Zustifter die Stiftungsorganisation zu eigen gemacht, als er sich die konkrete Stiftung ausgesucht hat. Zum anderen können auch einem unwirksamen Rechtsgeschäft die tatsächlichen Folgen nicht abgesprochen werden.[1028] Diese kann auch die Rechtsordnung nicht ungeschehen machen. Das Stiftungsgeschäft hat zumindest bewirkt, dass die Behörde die Anerkennung ausgesprochen und damit einen privatrechtsgestaltenden Verwaltungsakt geschaffen hat.

Die Stiftung kann demnach mit der in dem unwirksamen Stiftungsgeschäft festgelegten Organisation und dem vom Zustifter zur Verfügung gestellten Vermögen den ebenfalls im Stiftungsgeschäft bestimmten Zweck weiterhin verfolgen. Sie besteht in ihrer ursprünglichen Form fort, solange sie ausreichend Vermögen hat, auch ihren anfänglichen Zweck weiter zu erfüllen und damit keiner der Gründe des § 87 BGB eingreift.

(2) Verfolgung nur eines von mehreren Stiftungszwecken möglich

Erlaubt das Stiftungsgeschäft auch die Annahme von Zustiftungen, welche nur einen von mehreren Stiftungszwecken unterstützen, so können sich, wenn der Stifter sein Vermögen zurückfordert, abweichende Folgen für die Ausgestaltung der Stiftung ergeben.[1029] Wollte der Zustifter mit seinem Vermögen tatsächlich nur einen der Zwecke fördern und hat die Stiftung kein zusätzliches Vermögen zur Verfolgung der anderen Zwecke erlangt, so ist die Erfüllung der anderen Zwecke unmöglich. Die Prüfung der Überlebensfähigkeit durch die Behörde nach der Rückforderung des Stifters muss dann in Bezug auf diese anderen Zwecke negativ ausfallen. Im Folgenden wird die von der Behörde durchzuführende Prüfung nach § 87 BGB detailliert dargestellt und erläutert, welche Auswirkungen sich daraus für die Stiftung ergeben.

1027 *Hüttemann/Rawert*, in: Staudinger, § 80 Rn. 6; *Reuter*, in: MünchKomm, §§ 80, 81 Rn. 2; *Hof*, in: v. Campenhausen/Richter, § 6 Rn. 262; *Werner*, in: Erman, § 80 Rn. 6; *Neuhoff*, in: Soergel, § 80 Rn. 10; *Ebersbach*, S. 56; *K. Schmidt*, Stiftungswesen, S. 14 f.

1028 Vgl. *Larenz/Wolf* [9], § 44 Rn. 7.

1029 Zur Zulässigkeit von Zustiftungen zu nur einem von mehreren Stiftungszwecken und deren rechtliche Konstruktion: *Hüttemann/Rawert*, in: Staudinger, Vorbem zu §§ 80 ff. Rn. 275.

(a) Tatbestandsvorausssetzungen des § 87 BGB

Wie gesehen, kann sich die Unmöglichkeit sowohl auf tatsächliche als auch auf rechtliche Aspekte beziehen.[1030]

Die tatsächliche Unmöglichkeit spielt unter folgenden Gesichtspunkten eine Rolle: Der Stifter fordert das Vermögen, welches er der Stiftung zur Verfügung gestellt hat, nach § 812 BGB zurück. Die zusätzlichen Mittel, die die Stiftung in der Zeit ihrer Existenz ansammeln konnte, sollen nur einem von mehreren Zwecken dienen. Sie stehen als gesonderte Vermögensmasse nur dem geförderten Zweck zur Verfügung.[1031] Damit ist die Verfolgung jener Zwecke tatsächlich unmöglich, die der Zustifter nicht unterstützen will. Für diese steht kein Vermögen mehr zur Verfügung. Die Voraussetzungen nach § 87 BGB sind nur für diesen Teil der Zwecke gegeben. Im Übrigen steht noch Vermögen zur Verfügung; der vom Zustifter unterstützte Zweck kann weiter verfolgt werden.

(b) Rechtsfolgen nach § 87 BGB

Als Folge des § 87 BGB kann die Behörde die Stiftung entweder aufheben oder ihren Zweck entsprechend dem Willen des ursprünglichen Stifters ändern. Ein Ermessen dahingehend, ob die einschreitet, steht ihr entgegen dem irreführenden Wortlaut nicht zu.[1032]

Ist die Verfolgung der im Stiftungsgeschäft ursprünglich vorgesehenen Zwecke unmöglich, so bleibt der Stiftungsbehörde nur die Aufhebung der Stiftung. Ist dagegen einer der Zwecke zulässig und aufgrund der Zustiftung tatsächlich noch zu verfolgen, so fragt sich, ob auch eine Zweckänderung möglich ist. Die Aufhebung ist immer nur ultima ratio. Die Behörde muss prüfen, ob die Stiftung nicht anderweitig bestehen kann.[1033] So wäre etwa zu untersuchen, ob nicht durch Verzögerung der Ausschüttungen (bei gemeinnützigen Stiftungen nur unter den Voraussetzungen des § 58 AO[1034]) oder Reduzierung der Kosten das Stiftungsvermögen so weit gestärkt werden kann, dass alle Zwecke wieder verfolgt werden können.[1035] Dies kommt in der gegebenen Konstellation aber nicht in Betracht, da für einen Teil der Zwecke genügend Kapital vorhanden ist und dieses für die

---

1030 Siehe oben D.III.1.b)bb)(1)(a).

1031 *Hüttemann/Rawert*, in: Staudinger, Vorbem zu §§ 80 ff. Rn. 275.

1032 Siehe oben D.III.1.b)bb)(1)(b).

1033 Vgl. *Hüttemann/Rawert*, in: Staudinger, § 87 Rn. 9; *Ellenberger*, in: Palandt, § 87 Rn. 2; *Hof*, in: v. Campenhausen/Richter, § 10 Rn. 352; *Richter*, in: MünchHdbGesR Bd. V, § 117 Rn. 29.

1034 Siehe dazu schon oben D.II.2.c)bb)(2)(c).

1035 *Hof*, in: v. Campenhausen/Richter, § 10 Rn. 353.

anderen Zwecke nicht genutzt werden darf. Eine Aufhebung scheint jedoch auch wenig sachgerecht.

Bei der Zweckänderung handelt es sich auf den ersten Blick um die weniger einschneidende Rechtsfolge des § 87 Abs. 1 BGB, die auch auf die zu besprechende Konstellation vermeintlich besser passt.[1036] Die Behörde könnte die Zwecke der Stiftung auf denjenigen beschränken, den auch der Zustifter unterstützen wollte.

> Dazu folgendes <u>Beispiel 30:</u> *S gründet mit 1.000.000 € eine Stiftung zur Förderung der Wissenschaft und des Sports. Z stiftet 500.000 € zu, möchte jedoch nur den Sport unterstützen. Nachdem S von der Unwirksamkeit seines Stiftungsgeschäfts Kenntnis erlangt hat, fordert er sein Vermögen zurück. Die Behörde beschränkt den Zweck der Stiftung daraufhin auf die Förderung des Sports.*

Nach § 87 Abs. 2 BGB soll bei der Zweckänderung jedoch auch der Wille des Stifters berücksichtigt werden.[1037] Die Stiftung soll nicht entgegen seiner ursprünglichen Vorstellungen weiter bestehen. Aufgrund dieses Stifterwillens könnte die Aufhebung ausnahmsweise der Zweckänderung vorzuziehen sein.[1038] Hierzu ist er anhand des Stiftungsgeschäfts auszulegen: War es dem Stifter besonders wichtig, die festgelegten Zwecke in ihrer speziellen Zusammensetzung zu unterstützen, so wird die Behörde den Zweck bei Wegfall auch nur eines Teils nicht ändern, sondern vielmehr die gesamte Stiftung aufheben müssen. Eine Zustiftung zu einem von mehreren Zwecken darf jedoch aufgrund ihres Charakters als Grundlagengeschäft ohnehin nur dann von den Organen der Stiftung angenommen werden, wenn sie dem Stifterwillen entspricht. Dass der Vorstand die Zustiftung angenommen hat, spricht also dafür, dass auch nur ein Zweck allein weiterhin verfolgt werden darf. Käme es dem Stifter gerade auf die Verbindung der verschiedenen Zwecke seiner Stiftung an, so würde er nur die Zustiftungen annehmen, die alle von der Stiftung verfolgte Zwecke unterstützen. So könnte er die besondere Verbindung verdeutlichen.

Dem noch lebenden Stifter steht zur Ermittlung seines ursprünglichen Willens – soweit keine besonderen landesrechtlichen Regelungen bestehen – ein

---

1036 So insbesondere: *Hof*, in: v. Campenhausen/Richter, § 10 Rn. 356.

1037 *Backert*, in: Bamberger/Roth, § 87 Rn. 3; *Hüttemann/Rawert*, in: Staudinger, § 87 Rn. 13; *Reuter*, in: MünchKomm, § 87 Rn. 9; *Pennitz*, in: HKK, §§ 80–89 Rn. 31 a.E.

1038 *Reuter*, in: MünchKomm, § 87 Rn. 2, 10; *Mirbach*, S. 69 f.; a.A. *Hof*, in: v. Campenhausen/Richter, § 10 Rn. 376 unter Berufung auf ein Existenzrecht der Stiftung unabhängig vom Stifterwillen.

Anhörungsrecht nach § 28 VwVfG zu.[1039] Abzugrenzen ist der aktuelle Wille von jenem zum Zeitpunkt der Stiftungserrichtung.[1040] Der Stifter muss demnach zu seinen Vorstellungen in der Vergangenheit befragt werden. Diese können von seinen gegenwärtigen Überzeugungen abweichen.[1041]

Nach § 87 Abs. 3 BGB muss schließlich der Vorstand der Stiftung vor Zweckänderung gehört werden. Die Sollvorschrift ist nach herrschender Meinung als zwingend anzusehen.[1042] Auch der Vorstand soll Sorge dafür tragen, dass die Behörde den Zweck nicht weiter ändert, als es mit dem ursprünglichen Anliegen des Stifters vereinbar ist.

Je nachdem wie der Stifter das Stiftungsgeschäft gefasst hat, kann eine Zweckänderung ausgeschlossen sein. Es ist aber davon auszugehen, dass sie in der zu prüfenden dritten Fallkonstellation möglich ist, weil der Stifter bereits mit der Zustiftung zu nur einem von mehreren Zwecken einverstanden war. Die Behörde muss die Stiftung daher nicht aufheben, wenn zumindest einer von mehreren Zwecken weiter verfolgt werden kann. Der Zweck ist nach § 87 Abs. 1 BGB so zu ändern, dass die Stiftung nur noch das Ziel verfolgt, das auch von der Zustiftung unterstützt wurde.

cc) Ergebnis

Grundsätzlich kann eine Stiftung ihr Bestehen trotz Rückzahlungsforderung des Stifters über Zustiftungen sichern. Sie besteht mit der Organisation, die das unwirksame Stiftungsgeschäft ursprünglich vorgegeben hat und die durch die Anerkennung bestätigt wurde, fort, wenn die weitere Zweckverfolgung nicht unmöglich geworden ist. Wollte der Zustifter mit seinem Vermögen nur einen von mehreren Stiftungszwecken unterstützen, so hat die Stiftungsbehörde – soweit der Stifterwillen es zulässt – den Zweck nach § 87 Abs. 1 BGB zu ändern. Die

---

1039 *Hüttemann/Rawert*, in: Staudinger, § 87 Rn. 15; *Backert*, in: Bamberger/Roth, § 87 Rn. 4; *Hof*, in: v. Campenhausen/Richter, § 11 Rn. 59.

1040 Nach der Anerkennung ist der Wille des Stifters, wie er sich im Stiftungsgeschäft darstellt, festgeschrieben, vgl. BVerfG, Bes. v. 11.10.1977, BVerfGE 46, 73, 85; BayVGH, Urt. v. 26.02.1969, StiftRspr. II 2, 15.

1041 Anders sah dies wohl der ehemalige Hamburger Justizsenator Carsten-Ludwig Lüdemann, der in einem Interview mit dem Hamburger Abendblatt vom 18.07.2007 erklärte, dass der Stifter zu Lebzeiten in Hamburg „relativ frei über sein Stiftungsvermögen“ verfügen könne – zitiert nach *Mirbach*, S. 54.

1042 *Hüttemann/Rawert*, in: Staudinger, § 87 Rn. 14; *Backert*, in: Bamberger/Roth, § 87 Rn. 4.

Stiftung verfolgt von ursprünglich mehreren dann nur noch den Zweck, den der Zustifter unterstützen wollte.

4. Zusammenfassung

Die Folgen, die die Unwirksamkeit des Stiftungsgeschäfts und die dadurch ermöglichte Rückforderung des Stifters bei der Stiftung auslösen, richten sich danach, ob die Stiftung in der Zeit ihrer Existenz weitere Mittel einwerben konnte. Gegebenenfalls kann sie dadurch ihren Zweck weiter verfolgen und so ihre Existenz retten. Kann die Stiftung ihren Zweck nicht mehr erfüllen, so ist sie aufzuheben. Eventuell zusätzliche offene Verbindlichkeiten entscheiden, welcher Auflösungs-/Aufhebungstatbestand eingreift und ob überhaupt und wenn ja, welche Art der Abwicklung für die jeweilige Stiftung in Betracht kommt.

Zustiftungen spielen in diesem Zusammenhang eine entscheidende Rolle.[1043] Durch sie erlangt die Stiftung zusätzliches Vermögen. Reicht dieses aus, den Stiftungszweck weiter zu verfolgen, so können die Zustifter ihr Vermögen nicht herausverlangen, es sei denn, sie haben mit der Stiftung eine entsprechende Auflage, einen entsprechenden Zweck vereinbart oder eine entsprechende Geschäftsgrundlage war gegeben und das Festhalten am Vertrag war ihnen unmöglich. Die weitere Organisation der Stiftung richtet sich nach dem, was im unwirksamen Stiftungsgeschäft niedergelegt war und durch die Anerkennung bestätigt wurde.[1044] Jedoch haben die Zustifter zumindest Einfluss auf die Frage, welche Zwecke gefördert werden sollen. Die Behörde ändert gemäß § 87 Abs. 1 BGB den Zweck, wenn die Zustifter nur einen von mehreren Zwecken der Stiftung fördern möchten.[1045] Für die übrigen Zwecke fehlt es an Vermögen und ihre Verfolgung wird tatsächlich unmöglich.

Kann der Zweck nicht weiter verfolgt werden, so steht auch den Zustiftern ein Rückübertragungsanspruch zu. Dieser ergibt sich aus § 527 BGB.[1046] Zustiftungen werden in der Regel unter der Auflage getätigt, dass sie auf Dauer erhalten und ihre Erträge zur Zweckerfüllung genutzt werden. Wird die Stiftung aber aufgehoben, so kann sie diese Auflage nicht erfüllen.

Ist die Stiftung im Vertrauen auf ihr weiteres Bestehen und die Nutzungsmöglichkeit der Erträge weitere Verpflichtungen eingegangen, die bei Rückforderung

---

1043 D.III.2.a)aa).

1044 D.III.3.b)bb).

1045 D.III.3.b)bb)(2).

1046 D.III.2.b)aa)(1).

durch den Stifter noch offen sind, so wird die Stiftung insolvent.[1047] Andernfalls muss sich die Aufhebung aus der tatsächlichen Unmöglichkeit der Zweckverfolgung, § 87 Abs. 1 BGB, ergeben.[1048]

Damit ist stets im Einzelfall zu untersuchen, ob eine Fortführung der Stiftung möglich ist und wenn nicht, wie sie abgewickelt werden kann. Das unwirksame Stiftungsgeschäft allein führt nicht zu einer Aufhebung.

IV. Rechtsfolgen für die Stiftung ohne Rückforderung des Stifters

Abschließend soll die Situation erläutert werden, in der der Stifter sein Vermögen trotz der Unwirksamkeit des Stiftungsgeschäfts nicht zurückverlangt oder die Stiftung einer solchen Forderung die Einrede der Verjährung entgegenhalten kann.

1. Generelle Ansicht

Da die Unwirksamkeit des Stiftungsgeschäfts an sich keine Auswirkungen auf die Existenz der Stiftung hat,[1049] muss ein anderer Aufhebungsgrund vorliegen, um einen Eingriff in das Bestehen der Stiftung zu rechtfertigen. Durch die Anerkennung der Behörde ist die Stiftung wirksam zustande kommen. Die Lage der Stiftung entspricht der der dritten Fallkonstellation, in welcher sie genügend zusätzliche Mittel zur Erfüllung aller Zwecke erlangt hat. Die Stiftung generiert dank des Stiftungsvermögens weiterhin Erträge zur Sicherung des Zwecks. Sie besteht damit grundsätzlich in der anerkannten Form fort.

Allerdings kann der Grund für die Unwirksamkeit des Stiftungsgeschäfts auch einen Aufhebungsgrund für die Stiftung darstellen. Dies wird im Folgenden untersucht.

2. Unwirksamkeit des Stiftungsgeschäfts aufgrund von Fehlern des Stiftungszwecks

Liegt ein Aufhebungsgrund nach § 87 BGB vor, so kann trotz der Möglichkeit weiterer Vermögensnutzung eine Aufhebung unumgänglich sein. Zwar besteht die Stiftung grundsätzlich fort, wenn das Stiftungsgeschäft aufgrund eines Fehlers unwirksam ist, der in der Person des Stifters oder der Art und Weise der

---

1047 D.III.1.b)aa).
1048 D.III.2.b)bb).
1049 Vgl. oben D.I.2.a)bb).

Vornahme liegt. Gemäß § 87 BGB können aber Fehler des Stiftungszwecks auch ohne Rückforderung des Stifters zur Aufhebung führen.

Kommt es nicht zu einer Rückzahlung des Vermögens an den Stifter, sind insbesondere Fälle der rechtlichen Unmöglichkeit wegen Verstoßes gegen §§ 134, 138 BGB als Aufhebungsgründe in Betracht zu ziehen. Eine Stiftung etwa, die den Nationalsozialismus propagiert, muss unabhängig von der Frage, ob der Stifter sie trotz der Nichtigkeit des Stiftungsgeschäfts unterstützen möchte, aufgrund von § 134 BGB aufgehoben werden. Solch klare Fälle werden selten in der Praxis zu finden sein, da die Behörde derartige Stiftungen primär nicht anerkennen wird. Doch kann auf die oben genannten Beispiele verwiesen werden, die auch dann Relevanz erhalten, wenn der Stifter sein Vermögen nicht zurückfordert.[1050]

Auch wenn das Stiftungsgeschäft keine ausreichende Zweckbestimmung vornimmt, käme eine Aufhebung nach § 87 Abs. 1 BGB in Betracht: Kann nicht bestimmt werden, welchen Zweck die Stiftung verfolgen will, so entspricht dies einer fehlenden Zweckbestimmung und eine Zweckverfolgung ist tatsächlich unmöglich im Sinne des § 87 BGB.

Die Liquidation erfolgt nach dem Aufhebungsbeschluss der Behörde nach den allgemeinen Regelungen der §§ 47 ff. BGB. Alle Forderungen können beglichen werden, weil der Stiftung jedenfalls das Vermögen des Stifters weiter zur Verfügung steht. Die Mittel, die nicht zur Begleichung der Forderungen benötigt werden, werden an den Anfallberechtigten ausgekehrt. Die Stiftung ist dann endgültig aufgelöst.[1051]

3. Zusammenfassung Rechtsfolgen ohne Rückforderung

Fordert der Stifter das Vermögen trotz Unwirksamkeit des Stiftungsgeschäfts nicht zurück oder kann die Stiftung die Einrede der Verjährung erheben, so besteht die Stiftung fort. Ihre Form richtet sich aufgrund der privatrechtsgestaltenden Anerkennung danach, was das Stiftungsgeschäft vorgegeben hat. Es macht grundsätzlich keinen Unterschied mehr, ob eine wirksame oder eine unwirksame Grundlage besteht.

Die Gründe, die die Unwirksamkeit des Stiftungsgeschäfts ausgelöst haben, können aber auch einen Aufhebungsgrund nach § 87 Abs. 1 BGB darstellen. Dies gilt für solche Gründe, die im Zusammenhang mit dem Zweck der Stiftung stehen. Auf einen möglichen Aufhebungsbeschluss folgt die Liquidation nach § 88 S. 3 i.V.m. §§ 47 ff. BGB.

1050 Siehe oben C.I.4.

1051 Siehe zu Ablauf des Liquidationsverfahrens oben unter D.III.1.b)aa).

V. Zusammenfassung Rechtsfolgen der Unwirksamkeit

Es hat sich gezeigt, dass die Unwirksamkeit des Stiftungsgeschäfts allein das Bestehen der Stiftung nicht beeinflusst, wenn diese bereits wirksam anerkannt wurde.

Vielmehr entfällt nur der Rechtsgrund für das Behaltendürfen des Stiftungsvermögens.[1052] Fordert der Stifter sein Vermögen aber nach § 812 Abs. 1 S. 1 BGB zurück, so kann dies zur Auflösung der Stiftung führen, wenn sie nicht mehr genügend Mittel zur weiteren Zweckverfolgung gesammelt hat. Entweder folgt die Auflösung aus der Eröffnung beziehungsweise Ablehnung des Insolvenzverfahrens nach § 86 i.V.m. § 42 Abs. 1 S. 1 BGB,[1053] oder aber die Stiftung wird aufgrund der tatsächlichen Unmöglichkeit der Zweckerfüllung nach § 87 BGB aufgehoben.[1054] Jedenfalls muss entweder ein Liquidationsverfahren oder aber ein Insolvenzverfahren durchgeführt werden, um die noch bestehenden Rechtsverhältnisse abzuwickeln und Rechtsklarheit zu schaffen.

Hat die Stiftung weitere Mittel gesammelt, die aber nicht zur weiteren Zweckverfolgung genügen, so steht den Zustiftern ein Anspruch auf Rückübertragung ihres Vermögens nach § 527 BGB zu.[1055] Reichen die Mittel dagegen zur weiteren Zweckverfolgung aus, so können die Zustifter nur dann ihr Vermögen zurückverlangen, wenn die weitere persönliche oder finanzielle Beteiligung des Stifters Auflage (dann Anspruch aus § 527 BGB) oder Zweck ihrer Leistung (Anspruch aus § 812 Abs. 1 S. 2 Alt. 2 BGB) war oder eine entsprechende Geschäftsgrundlage vorlag und ihnen das Festhalten am Vertrag unzumutbar war (Anspruch aus § 313 Abs. 3 i.V.m. § 346 BGB).[1056]

Fordert der Stifter sein Vermögen nicht zurück, so ist zu untersuchen, ob der Grund der Unwirksamkeit des Stiftungsgeschäfts auch einen Aufhebungsgrund nach § 87 Abs. 1 BGB darstellt.[1057] Ist dies der Fall, wird die Stiftung nach den allgemeinen Regelungen aufgehoben und abgewickelt. Andernfalls besteht sie in der ihr durch das Stiftungsgeschäft gegebenen Form fort.

1052 D.I.2.b).
1053 D.III.1.b)aa).
1054 D.III.1.b)bb).
1055 D.III.2.b)aa)(1).
1056 D.III.3.a)aa).
1057 D.IV.

E. Ergebnisse

I.

Das Stiftungsgeschäft ist als einseitiges Rechtsgeschäft zu qualifizieren. Es besteht aus einem Vermögens- und einem Organisationsteil.[1058] Da es eine nicht empfangsbedürftige Willenserklärung ist, finden die Regelungen des allgemeinen Teils des BGB darauf Anwendung.[1059] Vertraglich kann sich niemand zur Gründung einer Stiftung verpflichten, sodass die Erfüllung einer dennoch eingegangenen vertraglichen Pflicht nicht einklagbar ist.[1060]

1.

Die Unwirksamkeitsgründe des allgemeinen Teils des BGB lassen sich auf das Stiftungsgeschäft anwenden.

a)

Der Stifter muss generell voll geschäftsfähig sein.[1061] Das Stiftungsgeschäft nicht voll geschäftsfähiger Stifter ist nichtig, § 105 BGB. Für ihn können aufgrund von §§ 1641, 1804 BGB auch keine gesetzlichen Vertreter stiften.[1062] Juristische Personen können nur Stiftungsgeschäfte unter Lebenden vornehmen.[1063]

b)

§ 81 Abs. 1 S. 1 BGB erfordert die Schriftform für das Stiftungsgeschäft unter Lebenden. Das Stiftungsgeschäft von Todes wegen muss den besonderen erbrechtlichen Formen entsprechen. Werden diese Formvorschriften nicht eingehalten, ist das Stiftungsgeschäft nach § 125 BGB nichtig.[1064] Eine darüber hinaus gehende Form ist auch dann nicht erforderlich, wenn das Stiftungsgeschäft eine Verpflichtung zur Übertragung eines Grundstückes oder von GmbH-Anteilen

1058 B.I.
1059 B.II.
1060 B.II.2.
1061 C.I.1.a) und b).
1062 C.I.1.a)bb) und C.I.1.b)aa).
1063 C.I.2.
1064 C.I.3.a).

enthält. Die besonderen Vorschriften der § 311b BGB und § 15 Abs. 4 GmbHG gelten nicht.[1065]

c)

§§ 134, 138 BGB ziehen Grenzen für den Stiftungszweck. Der Gemeinwohlvorbehalt des § 80 Abs. 2 BGB hat neben diesen allgemeinen Normen keinen Anwendungsbereich, weil er verfassungswidrig und daher unanwendbar ist.[1066]

d)

Der Stifter kann sein Stiftungsgeschäft unter Lebenden nach den allgemeinen Regeln der §§ 119 ff. BGB anfechten.[1067] Beim Stiftungsgeschäft von Todes wegen bedarf er einer solchen Anfechtungsmöglichkeit in seiner Lebzeit jedenfalls dann nicht, wenn er es durch Testament errichtet hat. Dieses kann er jederzeit widerrufen, § 2253 BGB. Im Falle eines Erbvertrages verweisen §§ 2281 ff. BGB den Stifter auf die Anfechtungsmöglichkeiten der §§ 2078 ff. BGB. Auch für ein verbindlich gewordenes gemeinschaftliches Testament greifen die §§ 2078 ff. BGB.[1068] Die gesetzlichen Erben können ein Testament anfechten, wenn sie durch die Stiftungserrichtung benachteiligt wurden. Dann gelten die §§ 2078 ff. BGB direkt.[1069] Die Nichtigkeitsfolge ergibt sich jeweils aus § 142 BGB.

e)

Ein Verstoß gegen Treu und Glauben gemäß § 242 BGB führt nicht zur Nichtigkeit des Stiftungsgeschäfts, weil Rechtsfolge eines Verstoßes nur die Anpassung des Rechtsgeschäfts ist.[1070] Auf diese Weise werden § 138 BGB und § 242 BGB verschiedene Anwendungsbereiche zugeordnet.

f)

Das Stiftungsgeschäft unter Lebenden kann bis zur Anerkennung jederzeit nach § 81 Abs. 2 S. 1 BGB widerrufen werden und verliert so seine Gültigkeit. Das

1065 C.I.3.a).
1066 C.I.4. und C.I.5.
1067 C.I.6.a).
1068 C.I.6.b)aa).
1069 C.I.6.b)aa).
1070 C.I.7.

Stiftungsgeschäft von Todes wegen ist nach den allgemeinen erbrechtlichen Regelungen jederzeit widerruflich.[1071]

g)

Schließlich kann die Unwirksamkeit des Stiftungsgeschäfts daraus folgen, dass eine aufschiebende Bedingung endgültig nicht mehr eintreten kann oder eine auflösende Bedingung tatsächlich eingetreten ist.[1072]

2.

Spezielle Unwirksamkeitsgründe ergeben sich zum einen aus §§ 80 ff. BGB und zum anderen aus den Konkretisierungen von Rechtsprechung und Literatur.

a)

Aus den §§ 80 ff. BGB können einige Anforderungen entnommen werden, die bei Nichteinhaltung zur Unwirksamkeit des Stiftungsgeschäfts führen. Nach § 81 Abs. 1 S. 2 BGB sind insbesondere das Vermögen und der Zweck ausdrücklich Voraussetzungen eines wirksamen Stiftungsgeschäfts. Sie müssen im Stiftungsgeschäft genannt werden und der Zweck muss einen gewissen Grad an Bestimmtheit erreichen.[1073] Trifft der Stifter nur allgemeine Aussagen, die dem Vorstand keine Orientierung bieten, so kommt dies einer fehlenden Zweckbestimmung gleich und ist damit unzulässig. Jedoch muss der Zweck im Hinblick auf das lange Bestehen der Stiftung weit genug sein, sich auch veränderten gesellschaftlichen Rahmenbedingungen anpassen zu können. Aus dem Zusammenhang von Zweck und Vermögen in § 81 Abs. 1 S. 2 BGB ergibt sich, dass als Zweck nur zulässig ist, was zur Erfüllung eines Vermögens bedarf.[1074] Darüber hinaus ergibt die Erwähnung in § 81 Abs. 1 S. 2 BGB, dass das Vermögen zur Erfüllung des Zwecks ausreichen muss. So wird die erforderliche Höhe des Vermögens bestimmt.

Das Fehlen der Anforderungen des § 80 Abs. 2 BGB führt hingegen nicht zur Unwirksamkeit des Stiftungsgeschäfts, sondern nur zum Wegfall der Anerkennungsfähigkeit der Stiftung.[1075] Dies ergibt sich sowohl aus dem Wortlaut als auch aus dem Zusammenhang der Norm.

1071 C.I.8.
1072 C.I.9.
1073 C.II.2.a)aa)(1).
1074 C.II.2.a)aa)(1).
1075 C.II.2.a)bb)(2).

Aus § 86 BGB und dem darin enthaltenen Verweis ins Vereinsrecht ergeben sich keine zwingenden Anforderungen an das Stiftungsgeschäft.[1076]

b)

Aus den Konkretisierungen von Rechtsprechung und Literatur ergibt sich, dass das Stiftungsgeschäft immer Bestimmungen zu Vermögen, Zweck und Organisation beinhalten muss. Eine Stiftung muss darüber hinaus stets auf Dauer angelegt und ihr Zweck fremdnützig sein.

Verbrauchsstiftungen werden durch das Element der Dauer nicht ausgeschlossen.[1077] „Dauer" ist nicht mit Ewigkeit gleichzusetzen und der Stifterwille kann daher auch bestimmen, dass eine Stiftung nur für eine gewisse Zeit besteht. Dies ergibt sich nun eindeutig aus dem Gesetz (§§ 80 Abs. 2, 81 Abs. 1 S. 2 BGB), welches jedoch eine Mindestdauer von zehn Jahren vorsieht.

In der Ausgestaltung der Organisation ist der Stifter grundsätzlich frei.[1078] Er muss lediglich einen Vorstand benennen, welcher die Geschäfte führt. Darüber hinaus ist der Stifter auch bei einer umfangreichen Stiftung nicht gezwungen, zusätzliche Organe zu bilden.

Ein Mindestkapital ist nicht erforderlich.[1079] Die notwendige Höhe des Vermögens kann nicht pauschal bestimmt werden. Es ist vielmehr im Einzelfall abzuwägen, ob das versprochene Vermögen genügt, den Zweck zu erfüllen.

Das Fremdnützigkeitserfordernis schließt einige Stiftungszwecke aus. So darf der Zweck niemals allein das Wohl der Stiftung selbst oder allein des Stifters verfolgen.[1080]

Neben den allgemeinen Unwirksamkeitsgründen aus dem BGB sind damit die speziellen Anforderungen an das Stiftungsgeschäft gesetzlich geregelt. Es ergeben sich zusätzliche Voraussetzungen aus den Konkretisierungen von Rechtsprechung und Literatur.

II.

Die Rechtsfolgen der Unwirksamkeit stehen im engen Zusammenhang mit dem Anerkennungsakt.

1076 C.II.2.c).
1077 C.II.3.b)bb)(2).
1078 C.II.3.b)aa).
1079 C.II.3.b)bb)(1).
1080 C.II.3.a).

1.

Wurde eine Stiftung trotz unwirksamem Stiftungsgeschäft anerkannt, so ist sie rechtsgültig entstanden.[1081] Eines Rückgriffs auf das Konstrukt der „fehlerhaften Stiftung“ bedarf es nicht. Zwar werden die Mängel des Stiftungsgeschäfts durch die Anerkennung nicht geheilt, doch bezieht diese sich gerade nicht auf das Stiftungsgeschäft, sondern auf die Stiftung selbst. Die Stiftung entsteht durch den öffentlich-rechtlichen, privatrechtsgestaltenden Verwaltungsakt in der Weise, die das Stiftungsgeschäft vorgibt. Sie erhält damit volle Rechtsfähigkeit. Jedoch erhält die Stiftung keinen Anspruch gegen den Stifter auf Übertragung des versprochenen Vermögens nach § 82 BGB.[1082] Wegen der Unwirksamkeit des Rechtsgeschäfts entfällt die Rechtsgrundlage für diesen Anspruch.

2.

Dem Stifter steht ein Rückübertragungsanspruch nach § 812 Abs. 1 S. 1 Alt. 1 BGB zu, falls er das Vermögen trotz Unwirksamkeit des Stiftungsgeschäfts auf die anerkannte Stiftung übertragen hat.[1083]

Dabei muss die Stiftung das erlangte Vermögen samt aller daraus gezogenen Nutzungen an den Stifter rückübertragen, § 818 Abs. 1 BGB. Die Stiftung kann sich jedoch gemäß § 818 Abs. 3 BGB auf Entreicherung berufen, soweit sie das Vermögen oder die Nutzungen gutgläubig weggegeben hat ohne dafür eine Gegenleistung zu erhalten. Dies betrifft insbesondere die Nutzung der Erträge zur Erfüllung des Stiftungszwecks.[1084] Diese Privilegierung entfällt aber nach § 819 Abs. 1 BGB vor allem dann, wenn der Vorstand Kenntnis davon erlangt, dass der Stifter nicht zur Überlassung des Vermögens verpflichtet war. Es ist dem Vorstand dann zu raten von einer weiteren Verwendung der Mittel abzusehen.

Der Anspruch des Stifter aus § 812 BGB unterliegt nicht dem Sperrjahr des § 51 BGB.[1085] Der Stifter kann nicht mit dem Anfallberechtigten gleichgesetzt werden. Vielmehr steht er der Stiftung nach Anerkennung wie jeder andere Gläubiger gegenüber und ist daher in gleichem Maße schutzwürdig. Der Stifter kann seinen Anspruch sofort durchsetzen.

Hat die Stiftung unentgeltlich einen Teil des Vermögens an Dritte gegeben, so kann der Stifter nach dem Anfechtungsgesetz vorgehen, um seinen Anspruch

---

1081 D.I.2.a).
1082 D.I.2.b).
1083 D.II.2.
1084 D.II.2.c)bb).
1085 D.II.2.e).

weiter zu realisieren.[1086] Dazu muss die Zwangsvollstreckung in das Vermögen der Stiftung aufgrund einer Rechtshandlung, welche nicht mehr als vier Jahre zurückliegt, aussichtslos sein. Nach § 4 AnfG müssen Dritte dann Zwangsvollstreckung in jenes Vermögen dulden, das sie unentgeltlich von der Stiftung erhalten haben.

3.

Fordert der Stifter sein Vermögen tatsächlich zurück, so kann dies gravierende Auswirkungen auf die Stiftung haben. Die genauen Folgen sind abhängig davon, ob es der Stiftung in der Zeit ihrer Existenz gelungen ist, weitere Mittel zu erlangen, sodass sie ihren Zweck auch ohne das Vermögen des Stifters erfüllen kann.

a)

Hat die Stiftung nie zusätzliches Vermögen erlangt, so muss sie bei der Rückforderung des Stifters nach § 86 S. 3 i.V.m. § 42 BGB aufgelöst oder § 87 Abs. 1 BGB aufgehoben werden.[1087] Welche Norm einschlägig ist richtet sich danach, ob weitere Forderungen gegen die Stiftung bestehen.

Bestehen zum Zeitpunkt der Rückforderung des Stifters weitere Verbindlichkeiten, so kann die Stiftung nicht alle gegen sie gerichteten Forderungen erfüllen. Es ist von einer Insolvenz auszugehen. Die Stiftung wird dann nach § 86 S. 3 i.V.m. § 42 BGB und nach den Regeln des Insolvenzverfahrens aufgelöst.[1088] Bestehen keine weiteren Verbindlichkeiten, so muss die Stiftung dennoch aufgehoben werden. Dann ist § 87 Abs. 1 BGB einschlägig, da der Stiftung keine Mittel zur Zweckverfolgung mehr zur Verfügung stehen und diese daher tatsächlich unmöglich ist.[1089] Die Auflösung richtet sich dann nach den allgemeinen Liquidationsvorschriften, § 86 S. 3 i.V.m. §§ 47 ff. BGB.

b)

Die Auswirkungen, die bestehen, wenn die Stiftung zwar zusätzliches Vermögen erlangt hat, dieses jedoch nicht zur weiteren Verfolgung des Stiftungezweckes ausreicht, sind unterschiedlich zu beurteilen.

1086 D.II.3.
1087 D.III.1.b).
1088 D.III.1.b)aa).
1089 D.III.1.b)bb).

Dabei ist zunächst festzustellen, dass die Stiftung zusätzliches Grundstockvermögen nur über Zustiftungen erlangen kann.[1090] Nicht hilfreich bei der Frage der Sicherung der weiteren Zweckverfolgung sind Spenden, da diese immer kurzfristig verwendet werden müssen und nicht in das Grundstockvermögen eingegliedert werden dürfen.[1091] Zudem kann auf weitere Spenden nicht vertraut werden, da es sich um freiwillige Leistungen handelt. Auch besonders hohe Nutzungen, die nur durch den einzigartigen Einsatz der Stiftung erlangt werden konnten, dürfen nicht in ihrem Vermögen verbleiben.[1092] Im Falle der Übertragung eines Unternehmens müssen auch die Gewinne desselben an den Stifter herausgegeben werden. Erhalten bleibt der Stiftung hingegen ausnahmsweise ein angemessenes Geschäftsführergehalt, da die Arbeitsleistung eines ehrenamtlichen Vorstandes nicht dem Stifter zusteht und somit abgegolten werden muss. Auch dieses muss aber zeitnah verwendet werden und darf das Grundstockvermögen nicht erhöhen.

Reicht das Vermögen der Zustifter nicht aus, den Zweck weiter zu verfolgen, so haben sie einen Rückerstattungsanspruch gegen die Stiftung.[1093] Dieser beruht auf § 527 BGB. Zustiftungen sind nach allgemeiner Ansicht als Schenkungen unter der Auflage zu qualifizieren. Die Auflage besteht allgemein darin, den Zweck der Stiftung dauerhaft zu verfolgen und kann in der zweiten Fallgestaltung bei Rückforderung des Stifters nicht erfüllt werden. Der Inhalt des Rückübertragungsanspruchs richtet sich nach Bereicherungsrecht. Demnach sind auch die Erträge erfasst.

Die Stiftung muss ebenso wie in der ersten Fallgestaltung nach § 83 S. 3 i.V.m. § 42 BGB oder nach § 87 Abs. 1 BGB aufgehoben werden.[1094] Es macht keinen Unterschied, ob die Stiftung niemals zusätzliche Mittel erlangt hat oder sie zusätzliche Mittel gesammelt hat, diese aber ebenfalls wieder zurückgeben muss.

c)

Hat die Stiftung über Zustiftungen genug zusätzliche Mittel erlangt, ihren Zweck weiter zu verfolgen, so besteht sie in ihrer bisherigen Form trotz Unwirksamkeit des Stiftungsgeschäfts fort.[1095] Die Organisation richtet sich aufgrund der

1090 D.III.2.a)aa).
1091 D.III.2.a)bb).
1092 D.III.2.a)cc).
1093 D.III.2.b)aa)(1).
1094 D.III.2.c).
1095 D.III.3.b)bb).

privatrechtsgestaltenden Anerkennung auch weiterhin danach, was im Stiftungsgeschäft vorgesehen war.

Wollte der Zustifter mit seinen Mitteln nur einen von mehreren Zwecken der Stiftung unterstützen, so muss die Behörde eine Zweckänderung nach § 87 Abs. 1 BGB durchführen.[1096] Die Zwecke, die nicht durch das Vermögen des Zustifters gefördert werden sollen, können nicht mehr weiter verwirklicht werden. Die Behörde muss daher, soweit der ursprüngliche Stifterwille dies zulässt, den Zweck der Stiftung auf nur den beschränken, der durch das Vermögen des Zustifters weiter verfolgt werden kann.

Den Zustiftern steht hier grundsätzlich kein Anspruch auf Rückzahlung ihres Vermögens nach § 527 BGB zu, weil der Zweck gerade dauerhaft weiter verfolgt werden kann. Etwas anderes ergibt sich nur dann, wenn die weitere persönliche oder finanzielle Beteiligung des Stifters Auflage ihrer Leistung war (dann Anspruch aus § 527 BGB), als Geschäftsgrundlage einzuordnen ist und ein Festhalten am Vertrag dem Zustifter nicht zuzumuten ist (dann Anspruch aus § 313 Abs. 3 BGB i.V.m. § 346 BGB) oder die weitere persönliche oder finanzielle Beteiligung des Stifters Zweck ihrer Leistung war (Anspruch aus § 812 Abs. 1 S. 2 Alt. 2 BGB).[1097] In diesem Fall wäre die Stiftung wiederum nach § 86 S. 3 i.V.m. § 42 BGB oder § 87 BGB aufzuheben.

d)

Verlangt der Stifter sein Vermögen trotz Unwirksamkeit des Stiftungsgeschäfts nicht zurück, so stellt die Unwirksamkeit alleine keinen Aufhebungsgrund dar.[1098] Allerdings können die Umstände, die das Stiftungsgeschäft unwirksam machten, auch dazu führen, dass die Stiftung aufgelöst werden muss. Dann gilt § 87 Abs. 1 BGB.

1096 D.III.3.b)bb)(2).
1097 D.III.3.a)aa).
1098 D.IV.

www.ingramcontent.com/pod-product-compliance
Ingram Content Group UK Ltd.
Pitfield, Milton Keynes, MK11 3LW, UK
UKHW021908290926
8980IPUK00015B/1127

9 783631 663110